기도 체험과 영적 지도

기도 체험과 영적 지도

초판 1쇄 발행   2007년 8월 30일
초판 9쇄 발행   2023년 8월 25일

지은이   유 해 룡
발행인   김 운 용

발행처   장로회신학대학교 출판부
등 록   제1979-2호
주 소   (우)04965 서울시 광진구 광장로5길 25-1(광장동)
전 화   02-450-0795
팩 스   02-450-0797
이메일   ptpress@puts.ac.kr
홈페이지   http://www.puts.ac.kr

ⓒ장로회신학대학교출판부 2007

값 15,000원

ISBN 978-89-7369-193-7 93230

Experiences of Prayer and Spiritual Direction

by Hae Yong You
Published by Unyong Kim
Presbyterian University and Theological Seminary Press
25-1, Gwangjang-Ro(ST) 5-Gil(RD), Gwangjin-Gu, Seoul, 04965,
The Republic of Korea
Tel. 82-2-450-0795 Fax. 82-2-450-0797 e-mail: ptpress@puts.ac.kr
http://www.puts.ac.kr

Copyright ⓒ2007 All rights reserved

＊파본은 구입처에서 교환해 드립니다.
＊이 책은 저작권법의 보호를 받는 저작물이므로 복제를 금합니다.

기도 체험과 영적 지도

유해룡 지음

장로회신학대학교출판부

차 례

머리말 · 6

Ⅰ. 경건 생활: 신학과 체험 ·· 9

Ⅱ. 갱신되어야 할 교회의 사명 ································· 17
   1. 하나님과 친밀한 교제의 삶의 필요성 · 18
   2. 복음화와 영적 지도의 관계 · 24
   3. 복음화로서 영적 지도 · 28
   4. 영적 지도의 출발점 · 30

Ⅲ. 그리스도인의 기도의 의미 ································· 33
   1. 기도는 주님과의 교제이다 · 36
   2. 기도는 자기를 변화시킨다 · 46
   3. 기도는 주님과 관계 형성이다 · 49

Ⅳ. 성경 말씀과 함께 기도하기 ································ 59
   1. 왜 말씀과 함께 기도해야 하는가? · 60
   2. 성경을 어떻게 읽을 것인가? · 66

3. 성경이 어떻게 기도 자료로 사용되는가? · 73
4. 성경과 어떻게 만나는가? · 92

Ⅴ. 기도 경험 ·· 99
1. 기도는 어떻게 출발되는가? · 100
2. 어떻게 생동력 있는 기도를 이끌어 갈 것인가? · 107
3. 말씀으로 기도하면서 무엇을 경험하는가? · 115
4. 성령님은 기억을 어떻게 사용하시는가? · 120

Ⅵ. 현재적 사건으로서 기도 ·· 125

Ⅶ. 기도의 능동성과 수동성 ·· 135

Ⅷ. 자기 몰입형 기도와 자기 초월형 기도 ·· 155

Ⅸ. 관상 기도 ·· 171

Ⅹ. 반추와 식별 ·· 183
1. 반추의 필요성과 방법 · 184
2. 식별의 일반적 원칙 · 195
3. 하나님의 음성에 관하여 · 204
4. 식별과 영적 지도 · 207
5. 식별과 선택 · 213

Ⅺ. 기도와 상상력 ·· 219

Ⅻ. 기도의 실제: 복음서를 따라 기도하기 ·· 233
1. 준비 기도: 하나님 은총의 역사 경험하기 · 235
2. 회개를 위한 기도 · 240
3. 그리스도의 생애와 함께 기도하기 · 251
4. 예수님의 수난·죽음과 함께 기도하기 · 264
5. 예수님의 부활·영광과 함께 기도하기 · 268

머리말

저서에는 지적인 축적의 결과물도 있고, 경험이 축적되어 이루어진 결과물도 있다. 본 저서는 후자에 속하는 책이다. 본 저서는 필자가 몸담고 있는 장로회신학대학교의 신학대학원생과 교단 내외의 목회자와 남다른 영적 갈망을 느끼는 평신도를 대상으로 영적 지도를 하면서 축적되어 온 기도 경험을 체계적으로 정리해 놓은 책이다. 그 동안 지도를 받는 사람들로부터 기도 생활에 실제적인 도움이 될 만한 안내서를 만들어 달라는 요청을 많이 받아 왔다. 그러나 선뜻 용기를 내지 못했다. 왜냐하면 기도에서 일어날 수 있는 문제와 그 현상이 너무나 다양하기에 한 권의 책으로 독자의 욕구를 만족시켜 줄 수 없다고 생각했기 때문이다. 그러나 영적 지도의 경험이 늘어 가면서 어느 정도 원칙적인 안내서는 필요하다는 의무감 때문에 부족하지만 용기를 내어 본 저서를 내기로 했다.

이 책이 나오기까지 필자는 수많은 사람들에게 개인적인 영적 지도를 제공해 왔다. 현대 교회의 영적 지도가 대중적인 설교나 일방적인 가르침에 의존하고 있는 반면, 필자는 적은 수의 사람들을 4일, 6일, 혹은 한

달 동안 함께 한 곳에 머물면서 일 대 일의 형태로 영적 지도를 해 오고 있으며, 일상 생활을 하면서 1년여 기간에 걸쳐 영적 지도를 해 오고 있다. 이러한 일 대 일 영적 지도를 해 오면서 대중적 지도 방식을 택하고 있는 현대 목회의 한계성을 보게 되었고, 그 보완책으로 개인적인 영적 지도가 시급하다는 것을 느끼게 되었다. 그래서 이 책의 시작 부분은 현대 목회적 상황에서 개인별 영적 지도가 왜 필요하며, 그 의미가 무엇인지를 다루었다. 영적 지도를 주거니 받거니 하기 위해서는 지도를 위한 재료가 필요한데, 그것이 곧 기도의 경험이다. 그런데 오늘 대부분의 그리스도인들은 기도가 주님과의 인격적인 만남이며 교제라고 인식은 하면서도 실천적인 차원에서는 기도의 주술적 의미에 더 깊이 몰두하고 있다. 그러한 편협된 기도에 대한 실천적 이해를 보다 넓히고 보다 건강한 기도 생활에 대한 이해를 전해 주기 위해서 기도의 다양한 역할을 다루었다. 즉 기도는 청원적 역할뿐만 아니라 인격적 교제요 자기 변화적 역할을 가지고 있다. 성숙한 기도에 이르기 위해서 기도의 동기를 자기 자신의 욕구에서 찾지 말고, 말씀으로부터 그 동기를 부여받아야 하는 이유를 제시했다. 그리고 이 책의 대부분은 그러한 기도를 어떻게 발전시켜 가야 하는지에 대해 실제적인 안내와 예를 제시했다.

필자는 이 책을 자기 변화와 자기 성숙을 목표로 보다 심화된 기도 생활을 하고자 하는 모든 독자를 염두에 두면서 썼다. 그러나 이 책의 I, II장은 교회 현장을 생각하면서 쓴 이론적인 글이기에 전문적인 목회자나 신학생 외에는 읽기에 부담이 되거나 별로 흥미를 자아내지 못하는 글일 수도 있다. 그러므로 평신도라면 본 책의 본론이라고 할 수 있는 III장부터 읽어 가도 이 책의 중심을 이해하는 데는 전혀 지장이 없다. 그리고 후에 마음의 여유가 생기면 다시 돌아와서 앞부분을 천천히 읽어 보는 것이 좋겠다. 일반적인 독서 습관대로 별로 관심이 없는 부분임에도 처음부터 글을 읽어 내려가다 보면 자칫 본론에 들어가기도 전에 흥미를 잃어버릴 수 있다.

　이 책을 읽는 동안 보다 진보된 영적 생활을 하는 데 도움을 받을 수 있다면, 그것은 전적으로 오늘날까지 나의 영적 여정을 여기까지 이끌어 오신 성삼위일체 되신 우리 하나님의 은혜요, 영적 지도를 받으며 그 동안 부족한 나의 손길을 거쳐 지나간 일일이 기억할 수 없는 수많은 영적 여정의 동반자들의 공(功)이다. 그들이 있었기에 오늘 나의 영적 여정이 있었고, 이러한 결과물도 나올 수 있었다. 오류가 있고 흠이 있어 독자를 불만족스럽게 하는 부분이 있다면, 그것은 전적으로 필자의 재주 없음과 게으름으로부터 비롯된 것이다. 부디 넓은 아량과 이해와 기도를 부탁드린다. 그리고 부족한 글을 거듭 읽으면서 수정 보완하는 데 수고한 이은영, 이종순, 주선영 전도사님에게 감사드린다.

기도 체험과 영적 지도 I
경건 생활
신학과 체험

경건과 학문의
연결 고리는 기도이다.
기도는 습득한 지식을
체험이 되도록 하고,
영적 지도는
그 체험을 분별하고
또 다른 세계로 안내해 주는
역할을 한다.

경건 생활 : 신학과 체험

지난 십수 년간 신학 교육에 몸담아 오면서 주변의 신학자, 신학생, 혹은 목회 현장에 있는 목회자로부터 지속적으로 받아 온 질문이 있다. "신학함이 무엇을 의미하는가?"이다. 그 질문에 대하여 필자가 몸담고 있는 장로회신학대학교의 교훈이 하나의 답이 될 수 있다. 곧 신학함이란 '학문과 경건'을 갈고 닦고 연마하는 것이다. 신학 교육에 있어서 '학문'이란 하나님에 대한 지성적 반추를 말한다. 우리는 신학함을 통하여 하나님을 다각적인 측면에서 이해하려고 노력한다. 즉 조직신학, 성서신학, 실천신학, 역사신학적 측면에서 하나님에 대하여 연구하고 배우고 그래서 지식을 습득하는 지성적인 작업이 신학이다. 그러면 '경건'이란 무엇인가? 경건이란 앞서 말한 그 학문에 기초하여 삶을 살아 내는 것을 의미한다. 경건은 사변적인 용어가 아니라 실천적인 용어이다. 각 사람이 지성적으로 소화해 낸 신학적 이해를 기초로 하여 그리스도인으로서 그렇게 살아가는 것, 곧 그리스도인으로서의 정체성을 정립하고, 그리스도인으로서의 인격을 형성해 가고, 타인과 사랑의 관계를 형성해 가는 삶의 전 과정을 총괄하여 경건 생활이라고 말한다.

그러면 학문이 어떻게 경건 생활로 이어지는가? 우리가 경험하는 바와 같이 학문이 저절로 경건 생활로 이어지지는 않는다. 오늘날의 신학교육에서 가장 큰 문제로 지적되는 것이 학문과 실천의 괴리이다. 끊임없이 학문을 지성적으로 발전시킨다고 해서 경건 생활이 보장되지 않는다. 그러므로 학문과 경건이라는 이 두 영역을 통합할 수 있는 어떤 연결고리가 필요하다. 영성신학은 바로 이러한 문제를 다룬다. 영성신학은 조직신학, 역사신학, 성서신학, 실천신학 등과 더불어 또 하나의 새로운 신학적 영역이라기보다는 이 모든 신학적 영역을 어떻게 경건 생활로 연결시켜 줄 수 있는지에 주의를 기울이는 학문이다. 중세의 탁월한 신학자요 신비가 중 하나인 안셀름은 이 두 분야를 이렇게 연결시켜 주고 있다. 예를 들어 후대의 신학자들이 조직신학적 측면에서 이해하고 있는 『제일 원리』(Proslogium)를 자세히 들여다보면 그의 진지한 기도가 신학으로 바뀌고, 신학이 또한 풍성한 기도의 삶으로 전환되는 과정을 보게 된다. 이 책이 다루고 있는 그 유명한 신 존재 증명은 단순한 지성적 산물이 아니라 안셀름의 기도의 결과물이다. 즉 기도를 통한 안셀름의 경건의 삶이 그의 신학을 배태시켰다.[1] 이러한 측면에서 안셀름의 신학은 영성신학이라고 할 수 있으며, 그의 신학이 영성신학으로 연결되도록 하는 핵심적인 요소가 곧 기도이다.

매우 포괄적인 의미를 내포하고 있는 경건이란 실천적인 차원에서 간

---

1) St. Anselm, *Basic Writings, Proslogium* (La Salle, IL: Open Court Publishing Co., 1988), pp. 52-53 : "나에게 당신을 찾는 법을 가르쳐 주소서. 그리고 내가 당신을 찾을 때 당신을 나에게 드러내 주소서. 왜냐하면 당신이 나를 가르치시지 않으면 당신을 찾을 수도 없고, 당신 자신이 나에게 드러내 주시지 않으면 당신을 만날 수도 없기 때문입니다. … 나로 하여금 사랑 속에서 당신을 찾게 하시고, 당신을 찾을 때 당신을 사랑하도록 하소서. … 나는 믿기 위해서 이해를 추구하지 않고 알기 위해서 믿습니다."

단하게 말하면 기도의 삶이다. 기도는 신학을 경건 생활로, 경건 생활을 신학으로 연결시켜 주는 가장 핵심적인 행동 중 하나이다. 여기서 말하는 기도는 단순히 자신의 내면의 욕구를 충족시켜 주는 도구적이고도 수단적인 행동을 말함이 아니다. 기도는 하나님에 관한 신학적 진리를 하나님 체험으로 바꾸는 행동이자 성경의 진리를 통하여 하나님과 친밀한 관계 형성을 추구하는 행동이다. 이 기도는 자기 만족적인 차원을 넘어서 성경이나 신학이 제시하는 목표점에 도달하고자 하는 내적인 갈망의 표현이다. 기도가 의식적이고 습관으로 자리잡을 때 기도하는 사람은 기도자를 향한 하나님의 의사 전달에 민감하게 되며, 기도자의 내면은 그러한 의사 전달에 정직하게 반응하고자 하는 열망을 느끼게 된다. 그러한 일이 반복되어 가면서 하나님과의 관계는 보다 친밀하게 되고 성숙하게 되며, 신학은 생동력 있는 경건의 삶으로 연결된다. 이처럼 하나님의 의사 전달에 대해서 역동적으로 반응하기 위해서는 내면의 움직임과 경험에 민감해야 한다.

우리는 자주 체험적 신앙을 가져야 한다는 말을 듣는다. 그런데 무엇이 체험인가? 사전적 의미로 체험이란 "개개의 주관 속에서 직접적으로 경험된 의식 내용이나 의식 과정"이다. 경험이란 "감관(感官, senses)을 통하여 얻은 사물에 대한 지각"이다. 이 두 정의를 볼 때, 체험적 신앙이라는 말의 의미를 이렇게 정리해 볼 수 있다. 체험적 신앙이란 "이성을 통하여 지각된 믿음의 내용이 어떤 계기나 내적 충동에 의해서 각 사람의 감관 안에서 주관적이고 직접적으로 경험되는 것"이다. 체험은 객관적인 사실에 비해서 주관이라고 말할 수 있지만, 사실 체험은 주관도 객관도 아닌 중간 지점의 어떤 경험이라고 할 수 있다. 왜냐하면 보편적으로 받아들이고 있는 지식의 내용을 객관이라고 한다면, 알 수 없는 내면의 움직임을 주관이라고 할 수 있는데, 바로 이 지식의 내용과 내면의 움직임

사이에서 신앙적 체험이 구성되기 때문이다. 따라서 이러한 제삼의 작용을 체험적 신앙이라고 할 수 있다. 체험적 신앙을 자각적으로 인식할 때 비로소 그 체험이 직접적으로 인격적 변화나 성숙에 영향을 미친다. 일반적으로 우리 삶 속에서 지식과 경험을 비교해 보면 지식이 훨씬 넓은 범위를 차지하고 있다. 우리는 알고 있는 모든 지식을 체험화할 수는 없다. 그러나 일부의 체험이 나머지 관련된 지식을 보다 더 깊게 이해하고 수용할 수 있도록 해 준다. 기도에서 순간의 체험이 수많은 성경적, 신학적 지식을 생동감 있게 만드는 역할을 할 수 있다. 따라서 각 사람은 자기 내면에서 일어나고 있는 체험을 다시금 객관적으로 자각하는 노력이 필요하다. 영적 지도는 주관화된 체험을 다시 한 번 객관화된 지식으로 전환시켜 인식하도록 하는 데 도움을 준다. 이와 같이 어떤 체험에 대한 객관적 자각을 통하여 또 다른 체험에로 안내해 주는 일이 영적 지도이다. 그러므로 영적 지도는 피지도자의 주관적인 영적 체험을 전제로 한다.

그렇다면 하나님에 대한 주관적 체험이 우리 자신의 생각의 산물이 아니고, 하나님으로부터 비롯된 것임을 어떻게 확인할 수 있는가? 심층 심리학적 입장에서 보면 우리의 무의식 세계는 인간의 오감(五感)으로 감지할 수 없는 초월적 세계로부터 비롯된 수많은 충동의 영향을 받고 있다. 그러나 그것이 의식 세계로 넘어오기 전까지는 체험으로 감지되지 못한다. 그러한 충동은 의식 세계에서 문화나 후천적으로 형성된 지식 구조와 심리 구조를 통해서 구체적으로 해석되어서 체험으로 전달된다. 그러므로 어떠한 체험을 할지라도 그 체험에 대한 객관적 순수성에 대해서는 의문이 생길 수밖에 없다. 자신이 가지고 있는 사고나 문화적 틀의 영향을 받고 있기 때문이다. 하지만 그 본래적인 충동의 기원은 분명히 존재한다. 말하자면 의식적으로 드러나지 않은 체험 이전의 체험적 지식이 있다는 사실이다. 칼 라너의 용어를 빌리면 이것은 주제화되지 않은 지식(unthematic knowledge)[2]이라고 말할 수 있다. 그러므로 영성 식별의 과제는 의식적으로 전달된 체험이 그 이전의 주제화되지 않은 지식과 어떤 관계를 맺고 있으며, 그 기원이 무엇인가를 찾아 내는 일이다.

성 프란체스코는 이러한 예를 보여 준다. 그가 산 다미아노(San Damiano) 성당에서 기도하는 동안 분명히 하나님 음성으로 느껴지는 어떤 소리가 그에게 들려 왔다. 그것은 "무너져 가는 내 전을 수축하라."는 음성이었다. 그는 그것을 우주적으로 해석하지 못하고, 당장 자기 앞에 놓여 있는 퇴락한 그 성당을 생각했다. 그래서 그 성당을 수리하고 다시 세우기 위해 무모한 일을 저지르기도 했다. 그러나 후에 그는 그것이 중세 유럽의 무너져 가는, 보이지 않는 교회를 개혁하고 세워 가라는 주님의 명령이라는 것을 알아차렸다. 중세의 권위주의적인 교회 분위기와 십자군 전쟁으로 인하여 봉건주의가 무너지고 도시의 상업주의가 형성됨으로써 물질주의로 타락되어 가고 있는 유럽 사회에 그리스도의 가치관을 새롭게 세워 가라는 하나님의 명령이었다. 그는 결국 그 가치를 실현하기 위한 예언적 행동으로 철저한 가난을 추구하는 탁발 공동체를 세웠다.

영적 지도란 하나님과 개인적인 관계가 발전하도록 도와 주는 일이다. 하나님과 만남의 태도는 관계적이고 신앙적이고 체험적이어야 한다. 하나님과 관계가 발전하면 성경의 말씀이 의미적인 개념 언어로부터 생생하게 살아 움직이는 체험 언어로 발전된다. 개념 언어란 하나님에 대한

---

[2] William V. Dych, "Theology in a New Key," in *A World of Grace: An Introduction to the Themes and Foundations of Karl Rahner's Theology*, Edited by Leo J. O' Donovan (New York: Crossroad, 1989), pp. 4; Karl Rahner, *Foundations of Christian Faith: An Introduction to the Idea of Christianity* (New York: Crossroad, 1989), pp. 24-43 참고.

지성적 이해를 의미한다. 개념 언어란 하나님은 전지전능하신 분이라든가, 창조주시라든가, 스스로 계신 분이라든가 하는 보편적이고 비인격적인 개념을 담아 내는 용어이다. 그러나 체험 언어란 예수님과의 관계 속에서 하나님은 친구, 사랑하는 분, 치유하시는 분, 용서하시는 분이라는 등 인격적인 관계로부터 흘러 나오는 체험을 담는 용어이다. 이처럼 개념 언어를 체험 언어로 바꾸어 주고, 주님과의 관계 형성을 가능하게 함으로 개인의 영적 성숙에로 이끌어 가는 데 결정적인 역할을 하는 것이 기도이다.

기도 체험과 영적 지도 II

갱신되어야 할 교회의 사명

신앙을 철저히 자기의 것으로
만들어 가는 믿음의 내면화가
이루어질 때
각 개인의 영적 성숙이 가능하다.
이를 위해
개별적인 영적 지도가 절실하다.

1. 하나님과 친밀한 교제의 삶의 필요성

만약 그리스도인이 일상적인 삶에서 하나님과 개별적이고 인격적인 관계를 말하는 것을 꺼려한다면, 그들이 어떻게 하나님과 관계를 자유롭게 발전시켜 갈 수 있겠는가? 신앙 생활의 중심이 "그리스도인이 하나님과 관계를 어떻게 세워 가야 할 것인가?"에 있다면 그리스도인은 하나님과 관계를 말하는 데 익숙해야 한다. 그런데 만약 하나님이 인간에게 자신의 의사를 전달하시는 독특한 방식이나 언어, 구조, 뉘앙스를 이해하지 못한다면, 하나님과 관계를 맺는 것이 지루하고 단조로운 일이 되며, 때로는 위협적으로 느껴지기도 한다. 그리스도인은 하나님과 관계에 귀를 기울이고, 자신의 삶을 의미 있게 하나님에게 전달하는 법을 배우기 위하여 하나님의 언어(God-speech)를 계발해야 한다.[3]

그리스도인이라면 누구나 예수 그리스도 안에서 발견된 하나님의 사랑과 관련하여 자신의 삶의 의미를 표현하고자 하는 욕구가 있다. 그리

---

3) Ben Campbell Johnson, *Speaking of God: Evangelism as Initial*, (Louisville, Kentucky: Westminster/Knox Press, 1991), p. 13.

스도인이 이러한 욕구를 지니고 있다면, 목회자는 그러한 성도와 하나님과 개별적인 관계에 대해서 이야기할 수 있어야 하며, 다른 사람들이 그렇게 할 수 있도록 훈련시켜 줄 수 있어야 한다. 우리가 하나님이 말씀하시는 그 언어를 배우고 우리가 하나님 앞에서 어떻게 살고 있으며, 그분과 어떠한 관계를 맺고 살아간다는, 그러한 이야기를 서로 나눌 수 있는 분위기가 교회 회중 가운데서 형성된다면 그 목회는 얼마나 활발하게 살아나겠는가? 하나님과 개별적인 관계에 있어서 보다 성숙한 사람들이 그렇지 않은 사람들로 하여금 그러한 삶을 살아가도록 연속적으로 도와 줄 수 있다면, 그것이 자연스러운 제자화의 모델이 된다.

오늘의 교회 공동체는 공동으로 믿음을 고백하고, 그 믿음을 지적으로 확인시켜 주고, 하나님과의 관계가 암묵적으로 각자의 삶에 영향을 미치리라는 확신을 갖게 하는 데는 상당한 역할을 하고 있다. 그러나 공동체에서 고백하는 믿음이 각 개인에게서 어떻게 자라 가고 성취되어 가고 있는지에 대해서는 거의 관심을 기울이지 않는 듯하다. 심지어는 각 개인이 하나님과 개인적인 관계를 실현하도록 도와 주는 일에 대해서는 주저하거나 소극적인 태도를 취하는 경향이 있다. 두 가지 이유에서 그러하다. 첫째는 교회 안에 각 개인의 영적 상태를 충분히 돌볼 수 있는 제도나 인적 자원이 없기 때문이다. 둘째는 자유로운 하나님과의 관계 발전이 오히려 공동체를 어렵게 할 수 있다는 우려 때문이다. 그래서 교회 공동체는 하나님과의 개별적인 관계를 맺고자 하는 내적 갈망을 약화시키거나 좌절시키는 분위기를 조성하기도 한다.

그리하여 오늘날의 목회자는 총 관리자 혹은 최고 경영자로서의 이미지가 더 강하게 부각되고 있다. 즉 목회자는 목표를 설정하고, 그 목표를 순조롭게 달성하기 위해서 효과적인 전략을 세우는 사람이라는 이미지가 강하다. 만약 이러한 일이 목회자가 수행해야 할 제일 목표라면 하나님과의 개별적인 관계에 대한 지식이 전혀 없어도 대중을 이끌어 가는 식의 목회는 충분히 가능하다. 오늘의 교회가 이러한 경향을 띠는 데는 그 동안 교회를 지배하고 있던 신학이 끼친 영향도 적지 않다. 이 신학은 절대 타자로서의 하나님을 강조한 나머지 하나님과 개별적인 관계나 개별적인 신앙 경험에 대해서는 의문의 눈초리로 바라보게 했으며, 공동체의 질서를 무너뜨리는 주관주의자의 위협으로 받아들이도록 했다. 그러나 사실 그러한 분위기가 조성된 것은, 개별적인 하나님 체험 자체에 대한 문제로부터 비롯되었다라기보다 교회 안에서 그것을 공적으로 수용할 수 있는 분별적 능력이 부족하다는 것이 더 큰 이유가 된다. 공동체 안에서 선포되고 가르친 하나님의 말씀이 하나님과 개인적인 관계를 맺는 데 있어서 각 개인에게 어떤 영향을 미치는지를 고려하지 않을 뿐만 아니라, 그 말씀 이후에 계속되어야 할 후속 조치를 소중히 여기지 않는 데 그 문제가 있다. 이러한 문제를 극복하기 위해 교회는 선포된 말씀이 각 개인에게 어떻게 작용하고, 하나님과 관계에 어떠한 영향을 미치는지를 확인해 주는 장치가 필요하다. 그럴 때 각 개인은 자신의 삶의 자리에서 선포된 말씀에 따라서 적합하게 응답하게 되며, 그러한 과정을 통해서 하나님과 개인적인 관계를 형성해 갈 수 있다.

    교회가 각 개인의 영적 삶을 돌보아 주어야 할 또 다른 이유가 있다. 오늘날은 공동체성이 점점 상실되고 개인주의가 팽배해져 가고 있다. 언제부터인가 서양에서는 디지털 코쿤(Digital Cocoon)족이라는 말이 등장하였다. 본래 코쿤족이란 안전한 곳에서 자신만의 생활 공간을 즐기는 칩거 증후군을 말한다. 디지털 시대가 되면서 인터넷을 통하여 외부와 끊임없이 의사 소통을 하며 칩거하는 사람들이 생겨나기 시작했다. 이들을 일컬어 디지털 코쿤족이라고 한다. 이러한 사람들이 겪을 신앙 양태의 변화를 생각해 보라. 바람직한 상태는 아니지만, 이것을 현실로 받아들일 수밖에 없는 상황에 이르렀다. 그러한 사람들에게 개별적으로 하나님과의 관계를 이야기할 수 있도록 도와 주지 않는다면, 그들이 지속적으로 신앙 생활을 해 가면서 내적인 성숙을 이루는 데 상당한 한계성을 지닐 수밖에 없다. 이런 시대 한가운데서 살아가는 새로운 세대를 위해, 교회는 그들이 어떻게 신앙 생활을 유지하게 하며, 또 어떻게 그들을 영적으로 돌볼 수 있는지에 대한 적절한 답을 가지고 있어야 한다.

캠벨 존슨(Ben Campbell Johnson)은 오늘의 교회가 하나님과 관계를 자연스럽게 이끌어 가야 하는 또 다른 변화의 시대 속에 있음을 자각해야 한다고 지적한다. 그는 오늘날 미국 교회의 영적 흐름을 진단하면서 베이비부머 세대[4]에 주목하고 있다. 그들 중에는 다음과 같은 세 종류의 사람들이 있다. 첫째는 믿음을 가지고 있으나 특정한 집단에 소속되지 않는 사람들이다. 둘째는 특정한 교파에 소속되지 않는 단체나 근본주의적인 단체의 회중이나 자기 중심주의적인 경험을 중시하는 뉴에이지 운동이나 동양의 신비 종교에서 내면성을 추구하는 구도자들이다. 셋째는 역동적인 하나님 체험 없이 교회 안에서 그대로 머물러 있는 사람들이다. 그런데 최근 이러한 베이비부머 세대의 사람들이 교회로 돌아오면서 자신들이 어떻게 하나님과 관계를 맺을 수 있는가에 대하여 진지한 물음을 제기하기 시작했다. 이 그룹은 전통적인 교리나 교회적 권위나 책 속에 갇힌 가르침을 구하는 것이 아니고, 개별적으로 하나님을 어떻게 경험하고 말할 수 있는가를 묻고 있다.[5]

그런데 이러한 현상은 우리 사회에서도 비슷하게 일어나고 있다. 현재 우리 사회의 주축을 이루는 세대도 역시 베이비부머 세대들이다(1955-

---

4) 제2차 세계 대전 후 1946-1964년 사이에 태어난 세대들로서 이들이 현재 미국 각 분야의 지도력 역할을 하고 있으며, 미국 총 인구의 26.9%인 7800만 명에 이른다고 한다.
5) Ben Campbell Johnson, 위의 책, pp. 19-20.

1963년생). 이들은 지난 세월 동안 사회 경제적으로 안정적인 삶을 누리다가 점점 실존적 불안에 직면하면서 새롭게 교회를 찾기 시작하고 있다. 한국 교회는 선교 초기부터 미국 교회로부터 지대한 영향을 받아 왔다. 그런데 그 영향의 구도는 시대에 따라서 다르게 움직여 왔다. 최근에는 전통적 교단에 속한 교회보다는 탈교파주의, 탈권위주의, 탈형식주의를 표방하면서 독립 교회로 성장한 교회로부터 사람들이 많은 영향을 받고 있다(새들백교회, 윌로우크릭교회 등). 그러한 독립 교회는 미국 사회 안에서 계속적으로 일어나고 성장하고 있다. 그들은 비교적 형식화된 교리주의보다는 성경이 각 개인의 일상적인 삶에서 어떻게 영향을 미치고 작용하고 있느냐에 초점을 맞추어 성경을 가르치고 설교하는 교회이다. 이러한 교회가 21세기 한국 교회에 새로운 바람을 일으켜 주는 데는 그만한 이유가 있다. 미국의 베이비부머나 한국의 베이비부머 세대가, 시대적 차이는 있을지라도 비슷한 욕구를 지니고 있기 때문이다. 그들은 어느 정도 경제적 안정을 누리며 비교적 자유로운 사고에 익숙한 사람들이다. 그러나 오늘의 세대는 이전 세대보다 더 불안감을 느끼고 있으며, 내면적 성찰에 관심을 기울일 수 있을 만큼 지성적인 사람들이다. 그들은 그 어느 때보다도 교회가 각 개인의 불안과 내적 갈망에 대해 적합한 답을 제시해 줄 것에 목말라하고 있다.

그런데 이러한 상황에 대해 사람들은 다음과 같은 우려를 나타낸다. 개인적인 영적 지도나 신앙 경험을 강조할 때 개인주의화되어 가는 현대의 시대적 조류를 더 나쁜 상태로 끌어갈 수 있다는 것이다. 뿐만 아니라 공동체적 특징을 지닌 기독교적 신앙을 철저히 개인주의화된 신앙 형태로 전락시킬 수 있다는 우려도 한다. 하지만 개인주의화된 신앙 형태라고 표현한 그것을 '믿음의 내면화'라는 말로 바꾸어 생각해 보자. 이처럼 각도를 바꾸어 생각하면, 믿음의 내면화는 신앙을 철저히 자기 것으로 만드는 것을 의미한다. 하지만 그것이 곧 공동체와 상관없는 개인주의화된 신앙 형태로 가는 길목이라고 말해서는 안 된다. 오히려 내면화된 믿음은 영혼의 깊은 심연에서 영감의 샘물을 발견하도록 하고, 그 안에서 인간 존재의 의미와 목표를 깨우쳐 주며, 새로운 사회와 새로운 세계를 향한 비전을 품게 해 준다. 기독교의 믿음은 언제나 개인적일 수밖에 없으나, 그것은 결코 사유화(私有化)되지는 않는다. 믿음은 공동체 안에서 배태되고, 공동체 안에서 양육되며, 공동체를 통하여 표현되는 법이다.[6] 이렇게 볼 때 각 개인의 심연으로의 여행인 기도 훈련이나 명상 수련, 침묵 수련 등은 각 개인으로 하여금 공동체 참여를 강화시켜 주는 역할을 한다. 성서의 인물(예를 들면 구약의 예언자)이나 기독교 영성사에 나타난 수많은 신앙의 영웅들이 바로 그러한 사람들이다. 그들 대부분은 하나님과의 만남을 통하여 자기 자신의 내면의 개혁을 이루었고 그것을 출발점으로 세상을 향해서 정의와 공의를 외치는 사명자로 부름을 받았다.

---

6) 위의 책, p. 20.

2. 복음화와 영적 지도의 관계

　교회가 시대를 막론하고 감당해야 할 일차적인 사명은 무엇보다도 복음화이다. 복음화란 무엇인가? 그것은 각 교회의 전통과 신학적 입장에 따라서 해석이 다양하다. 그러나 복음화의 공통적 핵심은 예수 그리스도의 삶과 가르침에 영향을 받아, 인간의 의식이 개혁되어 하나님의 삶에 참여하게 되는 상태를 의미한다. 복음화는 입술의 동의 이상이며, 일정한 틀을 갖춘 구원에 관한 공식을 되풀이하며 확인하는 것 이상이며, 반복되는 예전에 습관적으로 참여하는 그 이상의 의미를 지니고 있다. 복음화는 전 존재가 그리스도의 삶과 가르침에 의식적으로 귀를 기울이며 날마다 새롭게 변화되어 가는 삶을 의미한다. 그러한 과정에서 그리스도의 참제자가 되어 갈 때 복음화는 완성되어 간다. 단순히 선포된 말씀이 들리는 것으로 복음화가 이루어진다고 보는 것은 천진난만한 판단이다. 또한 복음화를 충성스러운 교인이 되도록 하는 것이라고 생각하는 것도 교회 지상주의적인 발상에서 비롯된 생각일 뿐이다. 그러한 것들이 복음화의 발판이 되는 것은 사실이지만, 어느 특정한 교회의 충성스러운 일꾼이라고 해서 반드시 주님의 참제자가 되는 필요 충분 조건은 될 수 없다. 종교개혁자 칼뱅의 지적과 같이, 교회는 보이는 교회뿐만 아니라 보이지 않는 교회도 있다. 보이는 교회는 모여든 성도들을 복음화하고 참제자화함으로써 보이지 않는 교회 즉 온전한 하늘나라의 일꾼으로 성숙시켜 가야 한다. 이것이 교회를 이끌어 가는 목회자의 꿈이라 할 때, 우리는 오늘의 목회적 상황에서 무엇이 부족한지를 찾아 내야 한다.

복음이 선포되고 교회 공동체의 일원이 됨으로써 사람들은 각각 자기 영혼 안에서 성령님의 영향을 받는다. 모든 사람들은 각자 개인 안에서 이러한 활동과 영향력에 대해 일깨움을 받아야 하며, 또 어떻게 분별하고 반응해야 하는가에 대해 도움을 받아야 한다. 바로 여기서 개별적인 영적 지도가 필요하며, 이것은 결코 한 개인의 복음화와 무관하지 않다. 헨리 나우웬은 "영적 지도란 각 사람으로 하여금 각자의 삶 안에서 성령님의 활동을 분별하게 하고, 그래서 이 움직임에 대하여 기꺼이 순종하여 영적인 삶을 향하여 중대한 결단에 이르도록 도와 주는 작업이다."[7]라고 한다. 윌리엄 베리는 영적 지도를 "개인으로 하여금 하나님께서 개인적으로 의사를 전달하시는 것에 주의를 기울이고, 이렇게 의사 전달하시는 하나님께 응답하며, 하나님과 친교를 깊게 하고, 그 관계에 바탕을 둔 삶을 살아가도록, 한 사람이 다른 사람에게 베푸는 도움이다."[8]라고 정의한다.

이런 일은 복음 증거자나 목회자가 해야 할 몫이지, 특수한 사람들이 맡아야 할 또 다른 사역은 아니다. 이 점에서 우리는 오늘 교회의 사명 중 사명이라고 믿고 행하는 복음화 과정에서 무엇이 간과되고 있는지 살

---

7) 위의 책, p. 25.
8) 윌리엄 A. 베리, 윌리엄 J. 코놀리,『영적 지도의 실제』, 김창재 · 김선숙 옮김 (경북 왜관: 분도출판사, 1995), P. 20.

펴보아야 한다. 현대 교회는 개인적으로 하나님이 그들에게 어떻게 말씀하고 계시는지, 또 그것에 대해서 각 개인이 어떻게 응답하고 있는지에 대해서 크게 주목하지 않고 있다. 그렇기에 그들은 주님과 더 깊은 친교를 가지기 어려워하며, 그 결과로 의식적인 믿음과 실제적인 삶의 경험 사이에 상당한 괴리를 느낄 수밖에 없다. 교회 공동체는 있으나 일상 생활 속에서 활동하시는 하나님의 역사를 나누고 깨우쳐 나갈 믿음의 공동체가 없는 것이 오늘 교회가 직면한 문제이다.

벤 존슨은 이 부분을 보다 분명히 하기 위해서 복음화와 영적 지도의 관계를 성찰하면서, 그 공통점과 차이점을 이렇게 말한다.[9] 먼저 공통점을 생각해 보자. 첫째, 복음화나 영적 지도는 모두 하나님과 인간의 관계에 관심을 가진다. 복음화는 인간이 하나님과 관계를 시작하도록 도와주는 일에 초점을 두며, 영적 지도는 그 이후로 하나님과 관계를 지속적으로 성숙시켜 가는 일에 초점을 두고 있다. 둘째, 복음화나 영적 지도는 모두 인간의 의식 상태를 다루고 있다. 복음화는 그리스도의 임재의 자각으로 인해서 한 인간이 새로운 중심을 향해서 마음을 열도록 도와 준다. 영적 지도는 복음화된 그 사람으로 하여금 그리스도와 관계적 의식을 보다 확장해 가도록 도와 준다. 셋째, 복음화와 영적 지도는 복음 증거를 받거나 영적 지도를 받는 사람들로부터 신뢰라는 반응을 기대한다. 복음화를 시도하는 사람들은 그 대상에게 예수님은 구세주라는 것과 주님이 되시는 그리스도 안에서 믿음의 초기 반응을 기대한다. 영적 지도자는 복음화된 이들이 각자의 삶 안에서 그리스도의 활동하심에 대해서 계속적인 신뢰를 보내도록 요구한다. 복음화나 영적 지도 모두에서 발견되는 진실은, 각 개인에게 이미 짜여진 종교적 진리의 어떤 형식을 받아

---

9) Ben Campbell Johnson, 위의 책, pp. 26-28.

들이도록 요구하는 것이 아니라, 각 개인의 삶 속에서 하나님의 임재를 분별하고, 개개인에게 요구하시는 성령님의 감동에 따라 움직이도록 도와 주어야 한다는 사실이다.

 기존의 개념에 따라 복음화와 영적 지도를 엄밀하게 구분해 보면 차이점 또한 생각할 수 있다. 영적 지도의 목표는 하나님 뜻에 따라 각 개인이 전인적 삶에 변화를 겪도록 도와 주는 데 있다. 한편 복음화의 목표는 그러한 과정을 출발하도록 도와 주는 데 있다. 사실 영적 지도는 그 지도를 받는 사람이 어느 정도 영적 자각을 가지고 있다는 가정 하에서 이루어지는 과정이다. 그러나 복음화의 과정에 있는 사람은 하나님에 대한 완전한 자각이 부족할 수 있다. 영적 지도에서는 복음화된 사람들로 하여금 하나님과 개인적 관계를 지속적으로 형성하도록 하면서, 그들이 보다 분명한 하나님에 대한 자각에 이르도록 도와 준다. 그리고 자신들의 구체적인 삶 속에서 그분의 요구하심이 무엇인지를 알아차리도록 해 준다. 이렇게 볼 때, 이 둘의 관계는 서로 나누어 생각할 수 있는 영역이 아니며, 영적 지도는 복음화의 완성을 향한 길에서 복음화와 떼어 낼 수 없는 과정으로 받아들여야만 한다.

3. 복음화로서 영적 지도

 복음화라는 측면에서 영적 지도를 목회의 핵심으로 생각한다면, 목회자가 강단에서 설교를 통해 대중을 만나는 것으로 그 임무가 완료되었다고 말할 수 없다. 목회자는 신자들이 번민하고 갈등하는 삶의 자리에서 신자들을 만나야 하고, 각 개인이 독특하게 경험하고 있는 영적 갈망 가운데서 만나야 한다. 물론 그 동안 그 역할을 심방이라는 목회적 돌봄을 통하여 담당해 왔다고 할 수 있다. 그러나 심방은 연속적이고 지속적인 과정이 아닐 뿐만 아니라, 내면의 사정을 일일이 들어 주고 도와 주는 데 형식상 제한을 받고 있다. 심방은 주로 일상적인 삶이나 가정 생활, 교회 생활 전반에 관련된 긍정적인 일이나 부정적인 일 등을 들어 주고 조언해 줌으로써 그 역할을 끝낸다. 성도들의 내면 깊은 곳에서 일어나는 내밀한 고민과 영적 갈등은 단회적인 만남을 통해서 쉽게 드러나지 않으며, 동시에 그것을 표출하고자 하는 용기를 갖기도 쉽지 않다. 그런 일이 가능하기 위해서는 쌍방간에 약속된 신뢰가 형성되어야 하고, 개인적이고 지속적인 교제가 진행되면서 영적 지도라는 역할이 자연스럽게 이루어진다. 그 때 비로소 마음과 마음의 교류가 일어나면서 서로가 은밀한 내면의 세계에까지 접근해 들어갈 수 있다. 각각 독특한 상황에 처해 있는 사람들로 하여금 하나님 앞에서 적절하게 응답하도록 해 주는 일은 지난(至難)한 과정임에 틀림없다.

신자들의 믿음의 형태를 두 가지 측면에서 이해할 수 있다. 하나는 객관적인 믿음이 있다. 이는 하나님이 우리에게 선물로 부여해 주신, 그분에 의한 일방적인 관계의 측면이다. 우리는 이러한 관계의 현실을 믿음으로 받아들이고 있을 뿐이다. 다른 하나는 주관적인 믿음이 있다. 이는 객관적인 하나님과의 관계가 우리 안에서 어떻게 경험되고 어떻게 응답되는지를 주관적으로 인식하면서 살아 있는 믿음이 형성된다. 이렇게 객관적인 믿음이 주관적으로 전해질 때, 그 부분을 자각적으로 인지하고 분별함으로써 그것이 개인적인 믿음이 된다. 이러한 경험이 지속적으로 일어날 때 하나님과 개인적인 관계가 더 깊어지고, 질적으로 보다 나은 믿음의 삶을 지향하게 된다.

객관적인 믿음은 강단에서 선포되는 말씀과 가르치는 성경 공부를 통해서 확인되고 강화될 수 있다. 그러나 주관적인 믿음은 각 개인의 경험과 분별의 문제이다. 인간을 향한 하나님의 의사 전달 방식과 언어는 일정할지라도, 각 사람이 처해 있는 삶의 자리에 따라서 다르게 해석되고 다르게 의미가 부여될 수 있다. 그러한 의사 전달이 어떻게 소통되느냐에 따라서 각 개인은 그에 맞는 독특한 선택과 결단을 한다. 따라서 개인적인 영적 지도가 이루어지지 않는다면 각 사람이 지니는 신앙 체계는 객관적인 차원을 벗어나기가 쉽지 않다. 그러므로 영적 지도를 통해서 각 사람이 지니고 있는 영적 패턴을 발견해 주고 찾아 주는 일은 매우 절실하다. 그것을 발견할 때 비로소 영적 지도는 제 궤도에 오른다.

4. 영적 지도의 출발점

 영적 지도의 중요한 목적은 신앙인들로 하여금 의식적으로 하나님과 관계를 맺도록 해 주고, 그 관계를 발전시켜 가도록 하는 데 있다. 그 관계가 깊어짐에 따라, 그것이 개인의 삶에 영향을 미치고, 또 다른 단계의 삶에 이르도록 도와 준다. 모든 인간은 자신이 그 사실을 자각적으로 의식하든 못 하든, 끊임없이 초월자와의 관계를 갈망하며 그 안에서 자신의 존재의 의미를 찾고 있다. 심리 치료자의 관찰에 따르면 "정신 질환자에게서 보편적으로 드러나는 현상은 하나님을 두려워하고 증오하는 경향을 보인다."는 사실이다. "목회자도 목양의 대상인 성도로부터 이러한 현상을 경험하는 것은 보통 있는 일이다."라고 메켄지는 말한다.[10] 이러한 현상은 하나님 경험을 자각적으로 느끼지는 못할지라도, 이미 그들이 자신의 내면 안에서 하나님을 경험하고 있다는 증거이다.
 세바스찬 무어는 그의 책 『너희 안에 이 마음을 품으라』(Let This Mind

---

10) William A. Barry, *Discernment in Prayer: Praying Attention to God,* (Notre Dame, Indiana: Ave Maria Press, 1999), pp. 16-17.

Be in You)에서 우리 모두는 "내가 무엇이라고 말할 수 없는(I know not what) 그것을 알고자"[11] 하는 갈망이 있다고 했다. 그것은 뚜렷이 이것이다 저것이다 말할 수 없는 것이며, 내가 분명히 좋아하고 사랑하는 그러한 것도 아니다. 그것은 이름을 붙일 수도 없는, 즉 우리가 하나님이라고 부르는 그 모든 것, 신비 그 자체이다. 우리는 그러한 갈망이 어느 순간 갑자기 우리 존재 안에서 실현되는 경험을 한다. 아름다운 대자연에 취하는 동안, 혹은 깊은 겨울에서 깨어나는 듯한 어느 봄날 파릇파릇하게 솟아나는 그 연약한 생명의 기운을 만나는 순간, 우리는 그것들과 하나 되는 경험을 하면서 말할 수 없는 행복감을 맛보기도 한다. 그럴 때 우리 내면에서는 이런저런 보이는 대상이나 그 무엇이라고 정의할 수 없는 궁극적인 실재를 향하여 강렬한 갈망이 일어나는 것을 느끼게 된다.

그러한 경험은 우리를 더욱 깊은 심연으로 들어가게 하며, 우리 삶에 새로운 가치를 창출하고, 생명감을 충만케 하는 역동성을 일으켜 준다. 그런데 그러한 경험은 오직 인간에게 다가오고 계시는 하나님만이 만들어 내실 수 있다. 시편 139편은 피조물인 인생들을 향하여 끊임없이 영향력을 미치고 계시는 창조주 하나님의 사랑을 경험한 한 인간의 이러한 감동을 전하는 노래이다.

> 내가 주의 영을 떠나 어디로 가며 주의 앞에서 어디로 피하리이까
> 내가 하늘에 올라갈지라도 거기 계시며
> 스올에 내 자리를 펼지라도 거기 계시니이다
> 내가 새벽 날개를 치며 바다 끝에 가서 거주할지라도
> 거기서도 주의 손이 나를 인도하시며

---

11) Sebastian Moore, *Let this Mind Be in You: The Quest for Identity through Oedipus to Christ* (Minneapolis, Minnesota:Winston Press, 1985), p. 15.

주의 오른손이 나를 붙드시리이다
....
내가 주께 감사하옴은 나를 지으심이 심히 기묘하심이라
주께서 하시는 일이 기이함을 내 영혼이 잘 아나이다
....
하나님이여 나를 살피사 내 마음을 아시며
나를 시험하사 내 뜻을 아옵소서
내게 무슨 악한 행위가 있나 보시고
나를 영원한 길로 인도하소서 (시 139)

영적 지도는 인간의 이러한 근본적인 갈망에 주의를 기울이며, 그들로 하여금 창조주 하나님뿐만 아니라 예수님이 경험했던 하나님 아빠(Abba)의 경험을 하도록 해 주는 데 그 의미를 둔다. 이러한 근본적인 체험은 지속적으로 다른 타자를 향하여 관계를 맺고자 하는 하나님 사랑의 체험이며, 인간은 그것을 감지하는 순간 하나님과 관계를 발전시킬 토대를 마련하게 된다. 하나님의 창조적인 사랑은 그것이 완성되도록 지속된다. 피조물이 어떠한 상황에 처할지라도 그 사랑은 멈추지 않으며, 이것을 자각하게 된 이들은 하나님과의 의식적인 관계를 더욱더 갈망하게 된다. 바로 이 지점에서 심연 깊은 곳으로부터 터져 나오는 참된 기도를 경험한다.

기도 체험과 영적 지도 III
그리스도인의 기도의 의미

기도는
주문(呪文)이 아니고 사귐이요
자기 변화의 장소이다.
이러한 차원으로
기도를 받아들이기 위해서는
자신을 내어 주시는
하나님의 사랑에 대한
깊은 신뢰가 있어야 한다.

그리스도인의 기도의 의미

한국 교회 안에서 자주 일어나는 기도에 대한 논란이 있다. 그것은 형식에 대한 것으로서 통성 기도가 바람직한 기도인가 혹은 침묵 기도가 바람직한 기도인가에 대한 논란이다. 물론 대부분의 사람들은 이 둘이 조화를 이룰 때 좋은 기도라고 믿고 있다. 그러나 실제적으로 한국 교회에서는 통성 기도에 더 많은 무게를 두고 있다. 이는 통성 기도가 더 응집력이 있고, 마음에 더 분명한 확신을 불러일으켜 준다고 믿기 때문이다. 경험적으로 볼 때 통성 기도에 익숙한 사람들에게 침묵 기도를 요구하면 머지않아 기도에 흥미를 잃어버릴 수 있다. 익숙하지 않은 침묵 기도를 하다 보면 통성 기도에서 얻는 능력과 만족감을 얻을 수 없기 때문이라고 한다. 만일 그러한 능력과 만족이 하나님으로부터 비롯된 본질적인 것이라면, 하나님은 틀림없이 침묵 기도보다 통성 기도를 더 선호하신다고 말해야 한다. 그러나 그러한 만족의 특성을 깊이 들여다보면, 기도의 응답 여부를 개인의 심리적인 만족에서 찾으려 한다는 사실이다.

사실 성경은 형식에 관한 한 양면성을 말하고 있다. 예레미야에서 "너는 내게 부르짖으라 내가 네게 응답하겠고 네가 알지 못하는 크고 비밀한 것을 보이리라"(렘 33:10)는 말씀에서는 기도할 때 소리내어 부르짖으라고 하는 명령처럼 들린다. 반면에 예수님은 "너는 기도할 때에 네 골방에 들어가 문을 닫고 은밀한 중에 계신 네 아버지께 기도하라"(마 6:6)고 하신다. 이 말씀은 침묵 가운데 내면의 소리를 하나님께 아뢰라는 말씀으로 들린다. 이러한 기도의 양면성을 진지하게 받아들인다면, 침묵 기도로부터 만족감과 어떤 동력을 느끼지 못하는 것은 본질적인 문제라기보다는 적응의 문제요 심리적인 문제이다. 지속적인 기도 생활을 위해 이러한 형식적인 문제보다 더 중요한 것은, 기도에 대한 보다 본질적인 이해이다. 사람들이 기도를 어떻게 이해하고 있는지, 또 그들의 이해에 무엇이 결핍되어 있는지, 무엇을 보완해야 하는지를 찾아 낼 때, 기도는 보다 활기를 띠게 될 것이다.

1. 기도는 주님과의 교제이다

일반적으로 그리스도인들이 지니고 있는 기도에 대한 이해는 이렇다. 첫째는 주문(呪文)적 측면이고, 둘째는 교제(交際)적 측면이다. 그런데 오늘날 그리스도들은 의식적이든 무의식적이든 실제적인 기도 생활에서 기도의 주문적 특성에 더 많이 의존하는 경향이 있다. 이는 전래적으로 우리 민족에게 영향을 미친 샤머니즘적 심성에서 비롯된 면이 적지 않다. 신학자들이 지적하듯이 우리 민족의 토속 신앙의 근간을 이루고 있는 샤머니즘이 오늘 그리스도인들에게 많은 영향을 미치고 있다.[12] "지성(至誠)이면 감천(感天)이다."라는 격언은 주문을 외듯 거듭거듭 기도를 드리면 결국은 원하는 바 소원이 이루어진다는 생각을 반영한 말이다. 그러나 정도의 차이는 인정할지라도, 기도의 주문적 성향이 단순히 독특한 한국적 문화에서 배양된 한국적인 심성으로만 말할 수는 없다. 타고난 인간의 종교적 심성은 보편적으로 맹목적인 내적 갈망을 일으키며, 그것

---

12) Harvey Cox, 『영성·음악·여성: 21세기 종교와 성령 운동』(Fire from Heaven), 유지황 옮김 (서울: 도서출판 동연), 제 11 장, pp. 303-339.

을 해소하기 위해서 쏟아 내는 기도는 주로 주문적인 성격을 띠게 된다.

하나님은 인간을 지극히 제한적이고 한계성이 분명한 존재로 지으셨다. 하나님이 인간을 그렇게 지으신 데는, 인간이 스스로 자신을 지탱할 수 없음을 절감할 때 하나님을 향하여 부르짖도록 하기 위한 하나님의 숨겨진 의도가 있다. 하나님은 인간을 기도하는 존재로 지으셨다. 그러므로 인간이 한계적 상황에 처하면 그 형식과 내용이 어떠하든지 기도의 행위를 거절할 수 없다. 기도는 성취하고자 하는 내면의 욕구로부터 비롯된다. 성취되어야 할 대상이 자신이 처한 환경이나 능력의 범위를 뛰어넘어 스스로 통제할 수 없는 때일수록 그 기도는 더욱 강렬해진다. 그리고 그 갈망이 끊어지지 않는 한 기도는 지속된다.

더 나아가 기도가 지속되기 위해서는 그 갈망 너머에 있는, 기도를 하도록 하시는 하나님을 향한 믿음이 있어야 한다. 물론 사람들에게 있어서 그 하나님은 인격적인 하나님이 될 수도 있고, 때로는 비인격적인 주체일 수도 있다. 그러나 그분이 듣고 응답할 것이라는 확신의 정도만큼 기도는 시들지 않고 지속된다. 샤머니즘적 기도이든 기독교적인 기도이든, 이러한 믿음이 없이는 기도는 지속되지 못한다. 그리고 그러한 믿음은 간접적이든지 직접적이든지 기도의 효험에 대한 경험을 그 근거로 하고 있다. 간접적인 효험이란 지속적으로 기도를 하는 동안 내면의 움직임을 해석할 때 나타나는 것들이다. 보통 이러한 효험으로 사람들이 자주 경험하는 내적인 움직임은 평안함과 확신이다. 그리고 직접적인 효험이란 지속적인 기도로 인해서 간구하는 내용과 그 응답이 일치할 때 얻는 경험이다.

그런데 만일 지금까지 언급한 대로 본능적인 내적 욕망(desires)을 쏟아 놓고 그 결과를 기다리는 식의 간구가 기도의 전부라 한다면 그리스도인들이 드리는 기도와 이방 종교와 샤머니즘적 의식에서 행하는 기도와 무슨 차이가 있는가? 어떤 전통에서 비롯된 기도이든지 기도에는 주문적(呪文的) 특성이 있다. 주문적 특성이란 이미 언급했듯이 거듭거듭 기도를 드리면 하나님이 우리의 정성을 보시고 우리의 소원에 응답하신다는 믿음이다. 그러나 그리스도인의 기도는 여기에 머물러서는 안 된다. 그리스도인은 자신의 기도를 통해서 삶의 주인이신 주님과의 인격적인 교제와 대화를 갈망해야 한다. 만약 그리스도인의 기도가 인격적인 대화와 교제의 차원이 결여된 채 오직 주문적 차원에만 매달려 있다면, 그것은 샤머니즘적 기도와 아무런 차이가 없다. 보통 주문적인 기도는 자기 감정에 충실하거나 공적주의적(功績主義的)인 생각으로 가득 차 있다. 그러한 기도자들은 기도를 하는 동안 자기의 심리적인 만족을 기도의 가장 우선 순위로 둔다. 그리고 그러한 만족의 정도에 따라서 기도의 성공 여부를 가늠하려 한다.

갈멜산에서 엘리야와 바알과 아세라 선지자 850명이 기도로 대결하는 장면을 살펴보라. 바알과 아세라 선지자가 드리는 기도의 모습은 어떠했는가? 그들은 제단 주위를 돌면서 뛰놀았다. 그들은 큰 소리로 부르고 피가 흐르기까지 칼과 창으로 그들의 몸을 상해하면서 부르짖고 또 부르짖었다. 결과는 무응답이었다. 우리는 여기서 그들의 기도가 전혀 응답이 없었다는 것 이전에 그들의 기도가 어떻게 진행되고 있었는지, 기도를 드리는 그들의 태도가 어떠했는지에 주목해 볼 필요가 있다. 그들은 기도를 드리는 동안 자신의 욕구로부터 결코 자유롭지 못했다. 그들은 자신의 기도가 이루어지고 있는지에 대한 근거를 자기 감정에 두고 있었다. 그래서 몸을 상하게 하기까지 자신의 감정에 몰입했다. 물론 그들은 그 결과에 대해서도 전혀 자유롭지 못했다. 반면에 엘리야의 기도는 전혀 다른 양상을 보이고 있다. 그는 단 앞에 나아가서 이렇게 기도한다. "아브라함과 이삭과 이스라엘의 하나님 여호와여 주께서 이스라엘 중에서 하나님이신 것과 내가 주의 종인 것과 내가 주의 말씀대로 이 모든 일을 행하는 것을 오늘 알게 하옵소서"(왕상 18:36) 그는 자기의 감정에 의존하지 않았다. 오직 조상들과 교제했던 그 하나님을 신뢰하면서 하나님과의 인격적인 교제를 시도하였다. 이 기도는 결과를 철저히 하나님께 내어 맡기는 자유로움과 그분의 처분에 맡기는 인내와 기다림이었다. 거기에는 조급함이나 서두름이 없었다. 그래서 자신의 감정의 만족과도 상관없는 믿음의 기도였다.

기도를 주로 주문적(呪文的) 성격으로만 이해하려는 교회 내의 경향은 그 동안 개혁교회 안에서 통용되고 있는 신학과도 무관하지 않다. 초월적이고 전권적인 자유를 누리시는 절대 타자이신 하나님이 강조됨으로써 한낱 보잘것 없는 피조물에 불과한 우리가 그분의 대화의 상대가 될 수 있는지에 대한 의문이 있다. 쉽게 움직일 수 없는 하나님, 자신 밖의 어떠한 것에 의해서도 영향을 받지 않으시는 그분을 향해서 우리의 기도가 무슨 의미가 있는지에 대해 회의를 가질 수 있다. 만약 그러한 신관(神觀)에 붙들려 있다면 하나님과의 인격적인 교제는 거의 가능하지 않다. 그 결과로 그리스도인은 별로 기도의 필요성을 느끼지 않게 된다. 기도의 열망도 사라진다. 왜냐하면 전지전능하신 하나님의 뜻은 인간의 어떠한 간구로도 변하게 할 수 없다고 느끼기 때문이다. 그럼에도 불구하고 다른 한편으로는 여전히 타고난 종교적 심성에 의존해서 일방적으로 자신의 내면의 욕구를 거듭 구하게 된다. 그러나 이러한 내면의 열망이 주님과의 대화의 매개체로 전환되기는 쉽지 않다. 단순히 기도의 응답이라고 이해되는 그 결과를 통해서 암시적으로 하나님과의 교제를 할 뿐이다.

그러나 그리스도인은 운명론(fatalism)을 믿는 것이 아니라 섭리론(providence)을 믿는다. 하나님은 그의 피조물과 인류 역사 속에서 구체적으로 간섭하시면서 이미 시작하신 창조 역사와 인류 역사를 완성시켜 가신다. 그 과정 가운데 하나님은 인간의 갈망과 바람에 귀를 기울이신다. 하나님은 절대 타자로서 자신의 전권적인 자유만 누리시는 분이 아니다. 하나님은 예수 그리스도를 통해서 자신이 어떠한 분이신가를 드러내셨다. 그분은 전능자로서 스스로 전권적인 자유를 누리시는 분이지만, 동시에 인생들을 향한 사랑과 사랑이라는 본성 때문에 스스로 제한을 받기도 하신다. 또한 인간의 갈망과 욕구에 의해서 영향을 받기도 하신다. 하나님은 이미 예수 그리스도를 통해서 그분 자신이 인간에게 어떻게 다가오시는가를 충분히 보여 주셨다. 예수 그리스도 안에 나타나신 하나님은 어떻게든지 제한적인 우리 존재를 향해서 기꺼이 다가오시는 분이다.

모든 피조물은 넘쳐나는 하나님의 사랑의 결과로부터 비롯되었다. 우리가 구약과 신약의 말씀을 하나님의 말씀으로 진지하게 받아들인다면, 하나님은 우리와 친밀한 관계를 맺기 위해서 자신을 기꺼이 우리에게 내주신다. 하나님과 교제를 한다는 것은 우리가 그에 대한 지식을 얼마나 가지고 있느냐가 아니라, 자신을 우리에게 내주신 그 하나님의 사랑에 대해서 얼마나 신뢰를 보내느냐에 달려 있다. 우리가 하나님과 교제를 한다는 것은 그의 지식에 대한 교류가 아니고 사랑의 교류이다. 그러므로 주님과 교제를 한다고 할 때 지적인 통찰력과 더불어 감성적 교류에도 관심을 기울여야 한다.

과학주의와 이성주의 시대에 살고 있는 현대인들에게 감성적 교류를 하나님과 교제의 중요한 척도로 생각하는 것에 대해서 불편하게 생각할 수도 있다. 왜냐하면 순간순간 변하는 인간 감정의 흐름에 대한 신뢰성에 의문이 있기 때문이다. 그러나 신구약에 걸쳐서 하나님은 인간과의 관계를 자주 우정(friendship)이라는 말로 표현하신다. 모세와 보내신 선지자와의 관계를 그렇게 표현하셨고, 또 예수님은 자신의 선택받은 백성들을 향해 "나는 너희를 친구라 하노니"라고 선언하셨다. 우정을 쌓아 가는 과정에서는 솔직함이 무엇보다도 중요한 요소이다. 사실 하나님과 관계를 가지고자 할 때 지성적이고 객관적인 나의 모습을 하나님께 샅샅이 알려 드릴 필요는 없다. 그분은 모든 것을 아시는 분이기 때문이다. 단지 사귐의 차원에서 자아의 지식(self-knowledge)이 필요할 뿐이다. 하나님을 향한 감성적인 흐름은 바로 이 자아의 지식 속에 포함되어 있다. 그러므로 하나님과의 친밀감이 자라 가도록 하기 위해서는 내가 그분을 어떻게 느끼는지, 즉 지성적인 차원이 아니고 감성적인 차원에서 내가 그분을 얼마나 원하는지를 표현하는 것이 무엇보다도 필요하다.[13]

우리는 보통 기도할 때 그 동안 간구했던 문제가 어떻게 응답되었는지 여부를 통해서 하나님의 의도를 파악하고 그분에 대한 지식을 얻으며, 그럴 때 하나님과 교제가 이루어졌다고 믿는다. 물론 그것도 교제임에 틀림없다. 그러나 그것은 매우 소극적이고 제한적인 교제의 수단일 뿐이다. 우리가 경험하는 대로 하나님께 간구한 모든 문제가 모두 응답되지는 않는다. 응답된다 할지라도 최종적인 응답이라고 할 수 없는 것들이 많다. 그래서 우리는 자주 우리 처지에 대한 하나님의 분명한 의도를 파악하는 데 어려움을 겪는다. 그래서 우리는 자주 하나님은 모호하고 힘든 분이라는 생각을 가지게 된다. 그것이 기도를 더 어렵게 하고, 하나님과의 관계를 복잡하게 한다.

주문적인 측면에서 기도를 이해하는 사람들은 무슨 기도를 하든지 최종적인 결론에 관심을 기울이면서 기도를 지속해 간다. 그 결과에 초점을 맞추고 있기 때문에 결론에 이르는 과정에 대해서 관심을 갖기가 쉽지 않다. 그러나 어떤 궁극적인 목표를 향해 가는 동안 그 과정에서 얻어

---

13) William A. Barry, p. 21.

야 하는 것이 하나님과의 사귐이다. 이 사귐의 과정에서 필요한 것이 자신의 감정이다. 하나님을 향해 모호하게 느끼는 마음과 자기 자신의 답답한 마음을 토로하고 필요한 것을 돌보아 달라고 하나님께 호소할 수 있다. 여기서 돌봄을 바란다는 것은 친구가 친구를 다루어 주듯이, 부모가 자녀를 다루어 주듯이 그렇게 관심을 가져 달라는 것을 의미한다. 어린아이는 자신이 기대하는 대로 부모의 사랑이 충분히 느껴지지 않으면, 소리를 지르며 떼를 쓴다. 이는 힘들다는 것을 감정적으로 표현하는 행위이다. 어린아이는 객관적인 사실을 설명하려 하지 않는다. 하지만 오히려 그러한 감정적인 표현이 더 솔직하며, 그 표현 가운데 참된 사실성이 내재되어 있다. 감성적인 표현이 담겨 있지 않은 사실성으로는 역동성 있는 하나님과의 내면적인 작용을 기대하기가 어렵다.

　기도를 친밀한 우정을 쌓아 가는 과정으로 생각할 때 감정적 표현은 매우 중요하다. 우정이 담긴 감정의 표현이 없이 그저 반복되는 주문적 기도로 이어 간다면, 하나님을 향한 신뢰를 어디에서 찾아볼 수 있겠는가? 단순히 반복적으로 간구하는 것을 신뢰적 행위라고 생각할 수 없다. 신뢰란 그 결과까지 하나님의 처분에 맡기는 것을 의미한다. 종종 간구 기도가 허구로 끝난다고 느낄 때, 우리는 하나님에 대해서 매우 무감각해지거나 혹은 크게 분노하고 실망하며 기도를 포기하기도 한다. 신뢰란 주문적이고 반복적인 기도로 쌓이지 않는다. 신뢰란 인격적인 교제를 전제로 한다. 신뢰할 수 있는 부분이 무엇이며, 신뢰할 수 없는 부분이 무엇인지를 표현하면서 하나님과 교류할 때 깊은 신뢰가 형성된다. 하나님이 우리를 향하여 자유로우신 것처럼, 우리도 하나님을 향해서 완전히 자유롭게 되기를 하나님은 원하신다. 따라서 하나님은 우리가 기꺼이 자유롭게 마음을 토로하고 하나님과 교제하기를 원하신다.

　인간은 심리적인 동물이기 때문에 심리적인 자기 만족을 무시할 수는 없지만, 더 중요한 것은 내게 임하시는 하나님의 반응에 귀를 기울이는 태도이다. 기도는 마치 침묵 가운데 이루어지는 춤과 같다. 춤에는 춤을 이끌어 가는 사람과 이끌림을 받는 사람이 있다. 춤꾼이 춤을 이끌어 갈 것이요, 초보자는 그 이끌림에 적절하게 응답함으로써 춤의 묘미를 맛보게 된다. 기도에 있어서 춤을 이끌어 가는 능숙한 춤꾼은 영으로 임하신 예수 그리스도이시고, 우리는 이끌림을 받는 초보자이다. 춤과 마찬가지로 기도에도 리듬이 있다. 주님이 스텝을 빨리 이끌어 가시면, 우리는 즉각적으로 반응을 보이면서 따라가야 한다. 어떤 때는 스텝이 느리게 진행되거나 멈추기도 한다. 이 때 우리는 인내하면서 천천히 따라가거나 그 자리에 멈추어 선다. 이러한 기도의 리듬을 잘 감지하기 위해서 우리는 기도 후에 반드시 기도의 진행 상태를 반추할 필요가 있다. 거듭되는 반추를 통하여 기도의 흐름을 파악한다면 성령님의 이끄심을 감지할 수 있다. 혹은 이끌림을 받는 자세를 점검함으로써 더 능숙한 춤꾼, 더 성숙한 기도자가 되어 간다.

　이처럼 그리스도인의 기도는 심리적인 만족을 인위적으로 얻으려 하기보다는 성령님께 내어 맡기는 기도이다. 이런 참된 기도 가운데 성령님은 때때로 기도자를 사막에 버려 두는 듯한 깊은 메마름과 고독 속에 두기도 하신다. 그럴 때 그것을 벗어나기 위해서 갖가지 수단에 의존하여 심리적인 만족을 만들어 내려 한다면 그것은 곧 바알과 아세라 선지자의 모습과도 비슷하다. 만약 그리스도인의 기도가 주님과의 교제라는 사실을 인정한다면, 기도자는 심리적으로 고독하고 메마를지라도 그분의 반응을 주시하면서 인내로 기다리는 자세가 필요하다. 이것이 그리스도인의 기도의 특성이다.

　기도의 결과에 대해서도 자기 욕구와 일치 정도에 따라서 기도의 효험성이나 능력을 평가하려 한다면, 그런 태도 역시 샤머니즘의 기도와 차이가 없다. 그리스도인의 기도의 효험을 말하고자 한다면 그것은 다차원적으로 다루어야 한다. 기도의 다차원적인 특성이란 기도가 갖는 청원적 성격, 하나님과 친밀한 관계 형성적 성격, 그리고 자기 변화적 성격을 말한다. 우선 기도를 실용적 성격으로 바라본다면 무엇보다도 거룩한 것이든 세속적인 것이든 자기 내면의 욕구를 성취하는 수단으로 생각할 수 있다. 그런데 그 결과가 자신의 청원 내용과 일치하지 않는 경우라면 기도의 효용성은 어디에서 찾아야 하는가? 주문적 성격의 기도라면 그런 경우 어떠한 의미도 부여하기가 어렵다. 그러나 그리스도인의 기도는 간구한 청원 목록이 성취되지 않았을지라도 더 나아가야 할 또 다른 목적이 있다.

그리스도인이 청원적 기도를 할 때 동일한 내용을 거듭해서 올려야 하는 이유는 무엇인가? 몇 마디로는 우리 뜻이 제대로 전달되지 않기 때문일까? 샤머니즘적 차원에서 드리는 기도라면 그러한 반복은 주문을 외우듯 공을 들이기 위한 행위이다. 그래서 마침내 하나님을 감동시켜 움직여 보자는 것이다. 지성이면 감천이라는 말은 바로 여기에서 통하는 표현이다. 그런데 만약 그리스도인의 반복적 기도도 그러한 태도로 드린다면, 하나님의 은혜는 어디에서 찾아볼 수 있겠는가? 사실 그리스도인이 동일한 내용을 가지고 매일매일 반복적으로 기도하는 것은 결코 공을 들이거나 하나님을 감동시키기 위함이 아니다. 그리스도인에게 있어서 기도는 그 기도 자체에 어떤 공적(功績)의 의미를 부여할 수 없다. 기도는 단지 우리 자신의 존재로 하나님의 자유로운 영의 역사하심에 자연스럽게 응답하는 행위이이며, 하나님을 향하여 우리의 마음을 개방하는 일이다. 자유롭게 하나님을 향하여 마음이 개방되었을 때 비로소 성령의 역사를 감지하며, 비로소 기도자는 하나님과의 자유로운 교제를 시작한다. 그리스도인이 거듭거듭 동일한 내용을 하나님께 아뢰는 행위는 굳게 닫힌 자신의 마음을 하나님께 활짝 열어 드리기 위함이다. 하나님을 향한 우리의 마음은 자주 왜곡되어 있고, 상처로 인해서 굳게 닫혀 있다. 그러나 동일한 내용의 기도일지라도 거듭해서 반복적으로 기도를 드리다 보면, 그 동안에 하나님을 향하여 굳게 닫혔던 마음이 열리고, 왜곡된 마음이 수정되고, 고집스럽던 마음이 관대해지는 것을 경험한다. 그러므로 그 기도의 결과가 자기의 욕구와 일직선상에 놓여 있지 않다 할지라도, 그리스도인의 기도는 그 결과만이 아닌 또 다른 차원에서 그 의미를 찾을 수 있다.

2. 기도는 자기를 변화시킨다

그리스도인의 기도는 자신의 의지를 하나님의 뜻에 완전히 굴복시켜 하나님의 처분에 맡기는 행위이다. 샤머니즘적 기도는 결코 기도의 대상을 향하여 자신의 의지를 굴복시키지 않는다. 오히려 자기를 강하게 세워 가고 자신의 뜻을 관철시키려 한다. 만약 자기 뜻이 성취되지 않는다면, 그 기도에서 아무 의미를 찾고자 하지 않는다. 그러나 기도가 살아 계신 하나님과의 인격적 교제라 한다면, 우리는 기도를 통해서 다양한 결과를 기대할 수 있다. 그 중에서 무엇보다 중요한 기도의 결과는, 자기를 포기하고 자신을 변화시켜 가는 일이다. 무슨 기도를 했든지 그 기도가 지속되기만 한다면, 기도자는 자신의 심령이 열리면서 자신이 누구인가를 경험하게 된다. 매튜 헨리(Matthew Henry)는 『기도의 방법』이라는 책에서 "기도란 하나님을 움직이거나 강요하는 것이 아니라 우리 자신을 움직이게 하고 우리 자신을 강요하는 것이다."[14]라고 했다. 기도는 하나

---

14) Howard L. Rice, *Reformed Spirituality: An Introduction for Believers* (Louisville, Kentucky: Westminster/John Knox Press, 1991), p. 74.

님께 우리를 이해해 달라고 강요하는 것이 아니라, 우리가 우리 자신을 보다 더 잘 이해하는 데 그 일차적인 목적이 있다. 왜냐하면 기도를 하는 동안 자기 자신을 초월하여 자기 자신을 관조(觀照)할 수 있게 되고, 하나님이 부여해 주신 인간의 영성이 현저하게 신장되기 때문이다.

욕구가 기도 생활의 기본적인 동기가 되는 것은 사실이지만, 우리가 집요하게 그 욕구에 대한 만족과 안위만을 고집한다면, 기도는 맹목적인 욕구 실현의 도구가 되어 버릴 수 있다. 맹목적 욕구란 비인격적인 간구를 의미한다.[15] 욕구를 맹목적으로 충족시키기 위한 기도 속에서는 하나님과의 의도적인 인격적 관계를 추구하지도 않으며, 그 관계를 이룰 수도 없다. 그러나 청원적 목적을 뛰어넘어 하나님과 인격적 교제를 위한 개방된 상태의 기도라면, 그런 기도에서는 기도를 하는 동안 자기 자신이 얼마나 연약한 존재인지를 깨닫고, 그렇기에 그 연약함 속에서 하나님을 더욱 신뢰하고 순종하게 된다. 만약 이러한 신뢰와 순종이 없이 자기 욕구에 집착한 기도를 한다면, 그 기도는 자기 암시적인 효과를 주기 때문에 그 욕구와 안정을 보장해 주기 위한 왜곡된 하나님의 이미지를 만들게 되며, 그렇게 투사된 이미지로 말미암아 기도자의 인격이 부정적으로 형성될 수도 있다.

그러므로 기도는 분명 우리의 소원을 하나님께 청원하는 것 이상의 의미를 지닌다. 하나님은 결코 변덕스러운 신이 아니며, 기도는 그런 하나님께 소원 목록을 상정하는 수단이 아니다. 기도는 우리 시선을 바꾸어 우리를 향하신 하나님의 비전과 그 뜻을 이해하고 발견하도록 해 준다. 기도는 하나님이 인간에게로, 인간이 하나님에게로 나아가는 움직임이며, 두 실체가 만나는 행위이다. 어떠한 방식으로든지 이 만남이 이루어

---

15) Ann & Barry Ulanov, *Primary Speech: A Psychology of Prayer* (Atlanta: John Knox Press, 1982), p. 14.

지면 그것이 참기도의 행위이다. 그러므로 건강한 기도는 맹목적인 욕구로부터 벗어나 하나님과의 인격적인 관계 형성을 이루어 가며, 하나님이 주신 통찰력을 통하여 어렴풋이나마 하나님이 우리 안에 두고 계신 그 소원이 무엇인지를 알아차리고, 기도 가운데서 그것을 이루어 가기를 갈구한다. 예를 들어 "내가 무엇을 원합니다." "내가 만족과 기쁨을 얻기를 원합니다." 등의 '욕구'가 동기가 되어 기도를 시작했을지라도, 이 기도가 다른 사람들을 포함하고, 나아가서 하나님 자신에게 이른다면 자신의 기도가 자신의 욕구와 일직선상에 있든지 그렇지 않든지 상관없이 이미 기도의 응답은 시작된다. 욕구가 기도에 동기 부여를 해 주기는 하나, 그 욕구의 실현 여부가 기도의 응답 여부를 가늠하는 기준은 될 수 없다. 오히려 그 욕구로부터 출발한 기도자의 마음이 그 욕구로부터 자유로움을 얻을 때, 비로소 그 기도가 살아나기 시작하며, 응답이 시작되었다는 증거로 받아들여야 한다.

3. 기도는 주님과 관계 형성이다:
『영신수련』에 기초한 관계 형성적 기도

　관계 형성에 초점을 둔 기도를 위해, 로욜라의 이냐시오(Ignatius of Loyola)의 『영신수련』은 매우 조직적이고 통찰력 있는 방법을 제시해 준다. 이 책에서 제시하는 방법이 지난 500여 년의 기독교 역사를 거쳐 오늘에 이르기까지 폭넓게 사용되는 것은 그것이 엄격히 고정된 어떤 특정한 방법이 아니기 때문이다. 『영신수련』에서는 일정한 영성 훈련의 방법을 제시하기는 하지만 그 방법을 실천하는 과정에서는 매우 유연성을 지니고 있다. 『영신수련』은 출발점에서 회개를 하도록 안내하며, 그 궁극적인 초점이 그리스도께 맞추어져 있다. 이 기도를 진행하는 동안은 침묵을 유지하도록 권한다. 여기서 침묵은 단순히 말의 멈춤을 의미하지 않는다. 살아 있는 사람이 말을 멈출 수는 없다. 우리 내면은 말로 가득 차 있기 때문이다. 그러므로 말의 대상이 외향적인 것으로부터 내향적으로, 사람으로부터 하나님에게로 전환되는 현상을 총칭하여 침묵이라 한다. 이러한 침묵 가운데 인간은 자기 내면을 직시할 수 있고, 동시에 발가벗은 자아와 주님과의 만남으로 인하여 그 어느 때보다도 주님과의 깊은 내면의 일치를 이룬다.

　이냐시오의 기도법에 있어서 특징적인 것 중 하나는, 우리가 가지고 있는 여러 가지 정신적 기능을 적극적으로 사용하도록 권하는 것이다. 예를 들면 『영신수련』은 기억력, 이해력, 상상력 등을 기도의 진보를 위해서 적극적으로 활용하도록 한다. 이는 『영신수련』의 마지막 기도에서 보여 주는 대로, 우리의 기억력과 이해력과 의지 모두는 하나님으로부터 부여받았기에, 그분과 친밀한 교제를 위하여 적극적으로 그러한 기능을 사용하는 것이 자연스러운 일이다. 그러나 기도의 효율성을 위하여 그러한 기능적인 활동에 전적으로 의존해야 한다는 말은 아니다. 주님의 은혜를 덧입기 위한 인간의 어떠한 조치도 그 은혜에 대한 공로가 될 수는 없다. 이러한 방법은 단순히 하나님이 주신 수단을 자연스럽게 사용하는 것일 뿐이며, 주님의 은혜는 전적으로 주님의 자유로운 의지에 달려 있다는 것을 전제로 한다.

　이냐시오의 『영신수련』이 제공하는 수련의 구체적인 4단계는 다음과 같이 구성된다. 첫째는 자기 정화 혹은 회개의 단계이다. 두 번째는 그리스도의 공생애를 관상한다. 세 번째는 그리스도의 수난과 죽음을 관상한다. 네 번째는 그리스도의 부활의 영광에 대한 관상이다. 첫 단계에서는 원죄와 개인의 죄에 대해 직면하도록 하면서 동시에 용서하시는 하나님의 은혜를 맛보도록 한다. 죄란 역사적인 배경을 가지고 있기 때문에 적극적으로 기억력을 사용하여 죄의 역사를 회상하도록 한다. 그리고 자신이 그 죄의 역사의 주체라는 사실을 인식하면서 죄의 결과에 대한 두려움에 직면하고, 그 두려움으로부터 벗어나기 위해서 필연적으로 다함없는 하나님의 용서의 은총을 구한다.

　이냐시오의 『영신수련』에서 제시하는 훈련의 첫 과정은 회개로부터 출발하도록 권하고 있지만, 영성 훈련의 전문가는 현대인에게는 이러한 첫출발이 잘 작용되지 않는다고 판단한다. 그리하여 이 첫 단계를 보다 부드럽게 진입하도록 하기 위해 일반적으로 준비 단계를 첨가하고 있다. 그것을 보통 '은총의 역사 체험하기' 혹은 '하나님의 사랑 체험하기' 라고 명명한다. 각 개인의 삶의 역사는 죄악된 세월이면서 동시에 은총의 세월이라고 할 수 있다. 이냐시오의 영성 훈련은 원칙적으로 그 참여 조건으로 자발성을 강조한다. 그러므로 훈련자는 비교적 기독교적 믿음에 뿌리를 내리고 있는 사람들이다. 이처럼 기독교적 믿음에 비추어 보는 각 개인의 삶의 역사는 결코 개인의 독창적인 작품이 아니다. 하나님이 이미 개입하셨을 뿐만 아니라 적어도 하나님의 허락하심으로 이루어진 역사이다. 그러한 한 개인의 삶은 기독교적 신앙을 가지고 있던 때든지 그렇지 않은 때든지를 막론하고, 하나님의 섭리에서 벗어날 수 있는 순간이란 결코 존재할 수 없다. 그러므로 아무리 죄악된 삶의 한가운데서라도 하나님의 은혜를 찾아 낼 수 있다.

　교회 전통은 기독교적 삶의 출발점으로 회개를 강조해 왔다. 그런데 회개란 죄악의 역사를 다룰 뿐만 아니라, 그 죄악 뒤에 숨겨져 있는 하나님의 은총의 역사를 찾아 내는 작업도 포함하고 있다. 즉 한편으로는 어두운 그림자를 처리하는 방법이며, 다른 한편으로는 그 그림자를 비추는 빛을 찾아 내는 작업이다. 이 양쪽이 모두 정리되었을 때 비로소 온전한 회개가 이루어졌다고 할 수 있다. 하나님은 죄악된 세월 속에서도 선택 받은 백성들의 삶 속에 여전히 개입하시기에 그러한 세월까지도 당신의 뜻을 이루는 수단으로 삼으신다. 예를 들어 어떤 사람이 지난 청소년 시절을 돌이켜보면서 자신에게 심한 도벽이 있었음을 발견했고 그 이후로 여러 번 그 죄악을 회개했지만 반복해서 그런 일을 저지른다면, 그는 그런 자신을 보고 의아해할 것이다. 과연 내가 진정으로 회개한 것인지, 그 회개는 받아들여진 것인지 의문이 생겨난다. 그런데 이처럼 죄악이 반복되는 이유는 사실 그 도벽 뒤에 숨겨져 있는 하나님의 은혜를 발견하지 못했기 때문이다. 그 도벽 가운데 숨겨져 있는 하나님의 가르침과 인도 하심을 경험하지 못했기에 비슷한 환경에 직면하면 옛날의 속성이 그대로 작용하게 된다. 하지만 그가 깊이 자기 자신을 성찰하면서 하나님의 은혜를 발견하는 데로 나아간다면 그는 쉽게 근절할 수 없는 중독증의 현상을 파악하고, 그러한 일에 시달리는 사람들의 심리를 잘 이해함으로써, 그들을 돕는 사역에의 부름이라는 어렴풋한 하나님의 섭리를 발견할 수도 있다. 그래서 자기가 경험한 도벽은 그러한 사역을 감당하도록 허락하신 하나님의 은혜의 사건이었다는 것을 고백하면서 다시금 그러한 습관으로 돌아가지 않게 된다. 어거스틴은 그의 『고백록』에서 이러한 과정과 경험을 자세히 묘사하고 있다.

이처럼 회개는 죄악의 양면-죄와 하나님의 은혜-을 깊이 경험하는 과정이어야 한다. 이러한 과정을 거쳐 자신의 생애 속에서 하나님의 은혜의 역사를 충분히 맛본 사람은 이제 본격적으로 자신의 삶이 얼마나 배은망덕한 삶이었는가를 자각하는 단계에 이르게 된다. 전 단계와 비슷한 방법을 취하면서 단계적으로 죄악의 역사를 살핀다. 이 단계에 이른 사람들은 이미 하나님의 은혜를 맛본 사람들이기에 그 죄의 본질을 배은망덕한 것으로 이해한다. 이 단계에서 사람들은 심한 좌절감과 당혹감을 맛보기도 한다. 심리적인 침체를 경험하기도 하며, 그래서 기도를 거부하기도 한다. 그럴 때 영적 지도자는 그러한 좌절감과 당혹감 속에서 하나님의 은혜의 손길이 어디에 머물고 있는지를 일깨워 주고 용기를 잃지 않도록 도와 주어야 한다.

그럼에도 불구하고 기도자는 점점 더 크게 죄악이 드러남으로써 기도를 회피하려는 내적 움직임을 느끼게 된다. 그래서 기도하는 동안 쉽게 졸거나 잠에 빠지게 되고, 복잡한 잡념에 사로잡히기도 한다. 이것은 죄악을 정면으로 직면하기를 꺼려하는 본능적인 저항이다. 이 단계에서 훈련자는 거듭되는 죄악의 습성을 바라보면서 자신의 한계성을 인식하고 영적으로 한없이 무기력해짐을 느낀다. 이냐시오는 이 과정에서 천사들과 성인들과 기타 다른 사람들과 비교를 통해서 한층 더 자신은 죄악된 존재라는 것을 경험하도록 하기 때문에, 이 기도에 깊이 들어가면 들어갈수록 영적인 무력감을 피할 수가 없다. 그 때 영적 지도자는 훈련자로 하여금 십자가에 달리신 그리스도 앞에서 자신을 돌아보도록 한다. 즉 "나는 도대체 무엇을 하면서 살았는가? 지금 무엇을 하고 있는가? 앞으로 무엇을 해야만 하는가?"라는 물음에 직면하면서 새로운 결단에 이른다.

이 단계를 거치면서 우리는 주님을 따르라는 요청을 받는다. 우리는 주님으로부터 하나님 나라를 함께 세워 갈 존재라는 인식을 하게 된다. 우리는 우리 주 예수 그리스도의 군사로 초청을 받게 되는데, 그 요청에 응답하기 위해 이미 앞서 가신 예수님의 생애가 어떠했는가를 진지하게 타진해 가야 한다. 이것이 훈련의 두 번째 단계이다. 이 때의 기도 자료는 복음서에 나타난 예수님의 가르침이나 그분의 공생애의 여정이나 그분과 관련된 사건이다. 이 복음서의 자료는 하나의 교훈이나 가르침으로 받아들이지 말고, 우리 앞에 전개되는 사건으로 받아들여서 그 사건 속에 참여하도록 해야 한다. 그래서 이를 통해 주님을 따르고자 하는 이들이 진정으로 예수님을 따르는 것이 무엇인가를 미리 맛보게 한다. 복음서의 자료는 대부분 본래 사건을 기록으로 남겨 둔 것이기 때문에, 가능한 한 주어진 말씀을 사건으로 부딪치도록 한다. 그런데 이미 2천년이라는 시간적, 공간적 차이가 있는 이 기록을 어떻게 다시 현재화하여 그 사건에 참여할 수 있는가?

이냐시오는 상상력을 적극적으로 사용할 것을 권한다. 상상력은 시간과 공간을 뛰어넘어 이미 지나간 사건을 재현하도록 도와 준다. 그래서 우리는 그 사건의 일부가 되어 그 사건 속에 등장하는 인물과 하나가 된다. 이 때 성경에 나타난 한 인물과 자신을 대체할 수도 있고, 성경에 나오지는 않을지라도 상황적으로나 상식적으로 볼 때 있을 법한 인물을 자신으로 설정하여 그 사건에 참여한다. 인물을 설정할 때 중심이 되어야 할 분은 예수 그리스도이시다. 할 수 있으면 주님과 더 가까이 접할 수 있는 역할을 선택한다. 그래서 자신과 예수 그리스도가 나와 당신이라는 일인칭과 이인칭이 되도록 한다. 여기서 예수 그리스도는 더 이상 제삼의 인물이 아니다. 우리가 사건 속에서 한 역할을 맡는 목적은 예수님과 보다 친밀한 교제를 하기 위함이다. 상상 속에서 아무리 훌륭한 배역을 하였을지라도, 그래서 그 사건을 매우 활발하게 전개해 갔을지라도, 주님과의 교제가 없었다면 기도가 잘 되었다고 할 수 없다.

이냐시오 기도법의 또 하나의 특징은 기도 후에 반드시 반추를 하도록 하는 것인데, 훈련자는 이 반추에서 기도의 진전 여부를 확인한다. 이 때 기도가 활발하게 이루어졌는지의 여부는 상상력의 풍부함보다는, 매우 단순할지라도 예수님과의 친밀한 교제가 일어나고 있었는지의 여부에 달려 있다. 그 교제는 직접적인 대화일 수도 있고, 혹은 감성적인 일치일 수도 있다. 예를 들면 어떤 장면에서 말씀을 통해서 주님께서 너도 나를 떠나겠느냐 물으시는 물음에 직면하였다고 하자. 그것에 직면하자 적극적으로 헌신하지 못하는 자신의 모습이 드러나면서 충격을 겪었다면 그것은 주님과의 깊은 일치를 이루는 순간이라 할 수 있다. 이는 내용이 단순할지라도 기도가 이루어지고 있는 예이다.

이러한 주님과의 교제에서 중요한 것은 '듣는 것'이다. 여기서 중요한 식별 과제는 주님이 우리에게 접근해 오실 때 우리가 그것을 어떻게 감지하는가이다. 그런데 주님의 성육신은 바로 하나님이 우리에게 접근해

오시는 한 방식을 시사해 주는 사건이다. 성육신은 하나님이 우리 입장에 서신다는 것을 의미한다. 즉 하나님께서는 우리 감각과 지성이 감지할 수 있는 차원에서 우리에게 다가오신다는 것이다. 예기치 않는 통찰력이나 이미 얻은 상식이나 지식을 통하여, 그리고 성경의 내용을 통하여, 혹은 감각적인 느낌을 통하여 주님은 우리에게 말씀을 걸어 오신다. 이 때 우리는 적극적으로 반응해야 한다. 들려 오는 주님의 음성이 우리 마음에 파장으로 전해 올 때, 그 파장을 놓치지 말고 반응해야 한다. 때때로 주님의 요구는 부당하게 느껴질 수 있고, 힘에 겹다고 느껴질 수도 있다. 주님의 말씀을 듣고 내면에 불만이나 갈등, 두려움 등이 일어난다면 주저하지 말고 토로해야 한다. 그 때 비로소 대화는 활발해질 것이고, 주님과 친밀한 사귐이 지속될 것이며 더불어 영적인 열매를 맺게 된다.

그러나 이처럼 기도에서 경험되는 주님의 음성에 대해서 의혹이 있을 수도 있다. 과연 이것이 성령님의 일인가 혹은 악한 영의 일인가에 대한 의문이다. 이럴 때 가져할 태도는 일단 적극적으로 수용하는 것이다. 자칫 소극적으로 대함으로써 대화의 기회를 놓칠 수 있기 때문이다. 적극적으로 수용해도 크게 문제가 되지 않을 수 있는 근거가 있다. 그것은 기도는 우리의 일이 아니며, 이미 기도가 시작되는 순간 성령님이 개입하신다는 사실이다. 아니 기도 자체가 성령님의 일이다. 그러므로 자발성과 열망을 가지고 기도의 실존으로 들어갔다면 그것은 이미 성령님의 도움을 받고 있는 것이다. 그러므로 악한 영의 속임수를 성령님이 대신 막아 주신다. 그렇다 할지라도 주님의 음성으로 들려 온 것에 여전히 의혹이 있다면 영적 지도자에게 공개한다. 왜냐하면 전통적으로 알려진 영성 식별 규범에 의하면 악한 영은 자기의 뜻을 숨기려 하는 속성이 있기 때문이다.[16] 그러므로 공개하는 순간 악한 영의 술수는 곧 드러난다. 따라서 개별적으로 영적 지도를 받으면서 기도를 하고 있다면 어떠한 내면의 소리든지 주님의 음성으로 믿고 적극적으로 받아들이는 자세가 필요하다.

우리가 기도 안에서 주님의 공생애를 좇아가는 동안 주님을 따른다는 것이 실제로 무엇인지를 점점 분명히 인식하게 된다. 이 단계에서 주님을 따르는 방식이란 자기 포기와 자기 헌신과 낮아짐을 의미한다. 그리하여 주님을 가까이에서 경험하는 동안 현재 자신이 따르고 있는 방식이 많이 왜곡되어 있다는 사실을 발견하기도 하고, 그것으로 인해 때때로 심한 내적 갈등을 겪기도 한다. 로욜라의 이냐시오는 이 단계에서 영적인 분별의 필요성을 인식하는 분별 규범을 제시한다. 이 분별을 통해서 자신 앞에서 지금 전개되고 있는 그 제자도의 모습대로 주님을 따르겠는지를 결단하도록 한다. 그것은 환희와 기쁨과 보람이기보다는 자기를 내주는 어려운 결단이다. 그러한 결단을 거친 후에 이제 비로소 다음 단계로 넘어간다.

세 번째 단계는 주님의 수난과 죽음에의 참여이다. 자발적인 결단에 의해서 이 단계로 들어오기는 했지만, 이 단계는 우리 자신이 겪고 있는 현실적인 가치관과는 너무나 큰 괴리감이 있기 때문에 기도에 있어서 상당한 어려움을 겪는다. 예수님의 수난에 참여하기가 어렵다기보다는 주님이 취하신 삶의 자세와 가치관이 우리가 추구하는 것과 너무나 다르기 때문에 겪는 어려움이다. 그래서 주님의 수난과 죽으심의 그 현장을 자신의 것으로 만들기가 쉽지 않다. 주님과 더불어 아파하고 그 아픔에 동참하기를 힘쓰라는 이냐시오의 요청이 자신 안에서 잘 수용되지 않는 것을 느낀다. 우리의 기도는 이전보다 더 무미건조하게 진행된다. 어쩌면 주님의 수난에 참여한다는 의미에서의 고통보다는 기도의 무미건조함으

---

16) 성 이냐시오의 『영신수련』, 윤양석 옮김 (서울: 한국 천주교 중앙 협의회, 1993), 선신과 악신을 분별하는 규범들 326.

로부터 오는 고통이 더욱 크다 할 수 있다. 그럼에도 불구하고 끊임없이 주님의 수난에 참여하고자 하는 열망이 사라지지 않는다면, 바로 그것이 여전히 기도가 진행되고 있다는 증거이다. 감각적인 경험과는 관계없이 자신 안에 그분을 향한 열망이 살아 있다는 것으로 성령님의 개입이 여전하다는 것을 확인한다.

기도가 지속적으로 무미건조하게 진행되어 갈 경우에는 분별이 필요한데, 분별의 결과로 특별한 이유가 발견되지 않는다면, 그 무미건조함을 피하려 하지 말아야 한다. 보통 사람들이 기도에서 무미건조함이 지속될 때 그 상태를 어렵게 느끼기 때문에 적당한 선에서 어떤 영적인 유익을 맛보고 기도를 끝내고자 하는 유혹을 받는다. 그러나 그렇게 하면 이 단계에서 맛보아야 할 주님의 은혜를 결코 기대할 수 없게 된다. 수난과 죽음의 관상에서는 줄곧 기도가 무미건조하게 진행되어 가는 예가 적지 않다. 그럼에도 불구하고 기도가 끝나 가면서 주님의 수난에 많이 참여하고 있다는 또 다른 경험을 하게 된다. 이 기도를 진행하는 동안 할 수 있는 만큼 실제적인 삶에서도 고요하고 절제된 삶을 유지하면서 외형적으로 고난의 분위기를 맛보는 것도 기도에 도움이 된다. 이 단계가 끝날 즈음이 되면 내가 경험한 그 주님을 여전히 따를 것인지에 대한 새로운 결단을 요구받는다. 이것은 이미 전 단계에서 경험했던 결단을 재차 확인하는 요구이다. 이 단계에서 우리는 이전 단계에서 경험한 것보다 성육신하신 주님의 의도를 더 깊고 분명하게 깨닫고 경험한다. 그렇기에 재차 주님을 따를 용기가 있는지에 대한 물음이 필요하다. 여전히 그 생각에 변함이 없다면 네 번째의 단계로 넘어간다.

네 번째 단계에서 우리는 장차 경험할 부활의 영광을 주님의 부활과 그 영광을 통해서 간접적으로 맛본다. 깊은 어두움과 침체 속에서 막 벗어난 우리는 희열을 맛보면서 주님의 부활의 기쁨에 참여하고자 하는 열망을 맛본다. 침체된 분위기로부터 상대적으로 밝고 명랑한 분위기로 넘어왔기 때문에 심리적으로 해방감을 느끼고, 기도가 매우 자유롭게 흘러가는 느낌을 받는다. 이 분위기를 계속적으로 유지하면서 기도에 정진한다면 주님을 따름에 있어서 크나큰 용기와 희망을 얻는다. 만약 수난의 단계에서 맛보아야 할 은혜를 맛보지 못했다면 이 단계에서도 상대적으로 그 은혜의 깊이가 감소될 수 있다. 그래서 이 단계에서 겪는 기도의 어려움은 전 단계에서 해결되지 못한 것으로부터 비롯된 경우가 많다. 이냐시오는 그 동안 받은 하나님의 은혜를 깊게 숙고하면서 그것을 사유화하고 내면화할 것을 권고한다. 그것은 하나님의 은혜 외에 다른 모든 것으로부터 초연(중용)하며 자유롭게 되도록 하기 위함이다. 그렇게 될 때『영신수련』의 서두에서 제시한 기도의 목표점에 이른다. 즉 부적합한 애착으로부터 벗어나 하나님의 뜻을 분별하고 기꺼이 주님의 명령에 순종하는 것이다. 흔히 로욜라의 이냐시오의 영성을 '활동에 초점을 둔 사도적 영성'이라고 하는데, 그 사도적 영성은 이러한 하나님과의 관상적 체험에 기초를 두고 있다. 그러므로 그의 영성은 '활동 중에 관상을 지향하는 사도적 영성'이라고 말할 수 있다.

IV 기도 체험과 영적 지도
성경 말씀과 함께 기도하기

기도는 들음으로부터 출발한다.
들음에 대해서 솔직하게 응답함으로써
기도는 활발하게 진행되어 간다.
그 들음은 하나님의 음성을 말하며,
그 음성의 가장 진정성 있는 출처는
하나님의 말씀(성경)이다.
그래서 말씀과 함께 하는 기도란
일방적인 참회나 간구의 기도가 아니라
쌍방적 교류를 기대하는 기도이다.

1. 왜 말씀과 함께 기도해야 하는가?

　일반적으로 우리 기도의 출발점은 우리 자신의 내면의 욕구로부터 비롯된다. 그 욕구가 세속적이든 거룩한 것이든 내면의 충동이 기도의 제일 원인이 된다. 무엇을 소유하고 싶다든지, 무엇이 되고 싶다든지, 무엇을 알고 싶다든지, 어떻게 살고 싶다든지 등의 바람이 곧 기도하고자 하는 욕구를 일으킨다. 기도가 단순히 우리의 내면을 분출시켜 표현해 내고, 그 욕구에 대한 응답을 기도의 유일한 목적이라고 믿는다면, 기도에 대한 또 다른 의미를 생각할 여지가 없다. 그러나 기도가 소원을 성취하고자 하는 수단 이상의 더 고상한 목적이 있다는 것을 믿는다면, 기도는 단순히 욕구 분출의 수단에 머무르는 것이 되어서는 안 된다.
　기도에서 터져 나오는 욕구 분출은 자신의 내면을 드러내는 표현 수단이다. 그래서 기도를 일반적으로 대화라고 말한다. 그렇다면 누구와의 대화인가? 때로 심층 심리학적 입장에서 바라볼 때 기도는 자기 자신과의 대화라고 말할 수 있다. 그렇게 볼 때 자신의 내면에 주의를 기울이면서 그 곳으로부터 흘러 나오는 갖가지 이미지를 중심으로 기도가 이루어진다면, 그것은 건강한 자아를 형성하는 도구가 될 수도 있다. 샤머니즘적 성격을 지니고 있는 종교에서는 자기 자신의 욕구를 비인격적인 어떤 대상을 향하여 일방적으로 쏟아 놓음으로써 일정한 효과를 기대하는 기도를 드린다. 그러나 성경이 가르쳐 주는 기도의 이해는 인격체이신 하나님과 우리의 진실한 내면과의 대화이다. 우리가 이런 대화적 기도를 발전시키기 위해서는, 기도의 동기를 순전히 자신의 내면의 욕구에만 의존시키는 것은 적합하지 않다. 더욱이 우리가 드리는 기도가 우리의 뜻을 관철시키려는 행위가 아니라, 하나님의 뜻을 분별하고 그 뜻에 기꺼이 응답하고자 하는 열망에 기초한다면, 기도에 대한 새로운 동기가 필요하다. 즉 주님을 더 깊이 알고자 하는 열망과 그분의 뜻을 더 깊이 헤아리고자 하는 열망이 기도의 동기가 되어야 한다. 성경이 바로 이러한 동기를 부여받기에 가장 적합한 기도의 자료가 된다.

성경은 우리를 향하신 하나님의 분명한 뜻을 보여 주고 있다. 성경에 나타난 다양한 사건과 인물을 통하여 하나님은 당신의 뜻을 드러내시고 있다. 성경에 나타난 다양한 인물이 각각 다른 특정한 사건을 대하면서 그 안에서 하나님을 만나고 적합하게 하나님께 반응하는 모습은 오늘 이 시대를 살아가는 믿음의 사람들에게 하나의 거울이 된다. 시대와 공간이 많이 떨어진 사건임에도 불구하고 그 사건이 오늘 믿는 사람들에게 성경이 되는 것은 그 사건이 그들이 경험하는 하나님을 경험하도록 안내해 주고 있기 때문이다. 그 때 우리는 그 인물을 통해서 전달되는 메시지를 오늘 듣게 되고, 그들이 반응하는 태도가 우리의 태도로 전환되어 주님께 나아갈 수 있다. 그럴 때 우리는 우리를 향하신 하나님의 의사 전달을 보다 생생하게 전해 받을 수 있다. 동시에 우리 내면은 하나님의 주도권에 대해서 정직하게 반응하고자 하는 열망을 경험한다. 성경을 읽을 때 이러한 열망이 우리 내면에서 일어나고 있다는 것은 말씀 가운데 성령님이 간섭하고 계신다는 증거이다. 말씀과 부딪치면서 그리스도인은 그 말씀에 기꺼이 순종하고자 하는 열망을 경험하면서도 동시에 그 감동을 거스르고자 하는 육적 욕망을 경험한다. 그 육적인 욕망은 거룩한 열망에 대해서 저항한다. 우리가 이러한 내면의 갈등을 외면하지 않을 때 비로소 상당한 투쟁의 기도를 경험한다. 이것을 영적 전투라고 한다. 그러나 말씀을 통해서 전해 오는 메시지나 감동이 있을지라도 내적인 움직임을 감지할 수 없다면 대화적 기도는 가능하지 않다. 이러한 경험이 말씀을 가지고 기도할 때 가장 자주 일어나는 기본적인 현상이다.

  우리는 기도 중에 하나님을 알아 간다고 한다. 기도 중에 하나님을 알아 간다라는 말은 단순히 지성적으로 습득하는 하나님에 대한 객관적 지식을 뜻하는 것은 아니다. 그것은 경험적인 지식, 주관적이고 감성적인 지식을 의미한다. 기도 중에 각 사람은 자기의 상황과 처지에 따라서 하나님의 다양한 성품과 존재 양식과 행동하심을 경험한다. 기도한다는 말은 기도의 대상과의 심도 있는 접촉을 의미한다. 일상 생활이 피상적이고 폐쇄적인 사람이라 할지라도 정직하고 진지하게 기도로 나아가는 동안만은 하나님을 향하여 자신을 개방하게 된다. 그리고 성령의 인도하심을 받아 정신과 마음을 쏟아 기도의 대상으로 나아간다. 따라서 기도한다는 것은 기도의 대상으로부터 반드시 어떤 영향력을 받는다는 것을 의미한다. 그래서 진지하게 기도를 한다면 그 기도가 기도자의 성품과 인격적 변화에 영향을 미친다. 그러한 경험이 거듭되면 될수록 기도의 대상이신 하나님에 대한 경험이 깊어지게 되고, 그분으로부터 받는 영향력도 그만큼 달라질 수밖에 없다.[17]

  다른 한편으로 기도는 자기 자신의 투사와 관련을 맺기도 한다. 우리

---

17) Ann & Barry Ulanov, *Primary Speech: A Psychology of Prayer* (Atlanta, GA: John Knox Press, 1982), pp. 27-43.

는 기도를 많이 한다는 사람들 가운데 그 영향력이 부정적으로 나타나는 경우를 종종 경험한다. 예를 들면 일평생 기도의 사람이라고 일컬어지는 사람들 중에 독선적이고 편협적인 사고가 바뀌지 않을 뿐만 아니라 더 악화되는 경우를 본다. 그리고 기도를 하면 할수록 초연한 성품에 이르기보다는 더욱 집착이 강하고 고집스럽게 변화되어 가는 모습도 경험할 수 있다. 기도를 하는데 왜 그러한 일이 벌어질 수 있는가? 기도자의 태도가 문제가 될 수 있다. 지속적인 기도를 통해서 기도자의 잘못된 동기가 바뀔 수 있다고 믿지만, 다른 한편으로는 잘못된 기도에 대한 태도가 그릇된 신념 체계를 더욱 공고하게 만들어 줄 수도 있다는 것이 심층 심리학자의 이해이다.

자기 자신을 포기하는 것을 전제로 하지 않는 기도는, 기도에 몰입하면 할수록 자신의 부정적인 성품이 또다시 자신에게 투사될 수 있다. 왜냐하면 그런 사람들의 기도는 일방적인 주장은 강하나 주님의 반응에 대해서는 개방적이지 못하고 유연하지도 못하기 때문이다. 하나님의 자유로운 응답은 자유롭지 못한 기도자의 태도에 의해서 왜곡되기도 하고 무시되기도 한다. 이런 기도는 서로의 의사가 자유롭게 소통되지 못하기에 폐회로식(閉回路式) 기도라고 일컫는다. 폐회로식 기도를 극복하기 위해서는 기도를 자신의 욕구로부터 출발시키지 말고 성경 말씀으로부터 기도를 출발시킬 때 가능하다. 말씀으로 기도의 출발점을 삼을 때, 자신이 이해하고 있는 하나님과 성경이 보여 주는 하나님이 서로 충돌을 일으키면서 왜곡된 오해나 편견을 극복하게 되고, 주님과의 건강한 교제의 길을 열어 갈 수 있다.

말씀으로 기도한다는 것은 주어진 말씀을 단순히 묵상하며 그 의미를 끌어 내어 적용점을 찾아 내는 차원이 아니다. 그것은 할 수 있는 대로 하나님의 말씀이 말하도록 그 말씀 자체에 귀를 기울이는 조치를 말한다. 기도는 우리의 일이 아니고 성령님의 일이다. 성령님은 기도하도록 충동하시며 기도 가운데 우리를 지도하신다는 것이 기독교 기도의 정의이다(롬 8:26). 이러한 믿음을 전제로 말씀을 가지고 기도 속으로 들어갈 때 성령님은 말씀을 살아나도록 하시며, 그 말씀이 우리의 마음에 부딪치도록 도우신다. 기도할 때 바로 이러한 부분에 관심을 기울이면서 기도를 하고자 하는 것이 '말씀으로 기도'를 하도록 하는 본래의 의도이다. 말씀과 부딪치는 부분을 바르게 인식하고 기도자가 정직하게 반응한다면, 여기서부터 하나님과 교제가 시작된다. 기도자는 이러한 기도 과정 속에서 내가 누구이며, 내가 진정으로 원하는 것이 무엇인지를 이해하게 된다. 편협된 시야가 보다 넓어지고, 하나님에 대한 갈망도 보다 개방적이어서 주님을 향하여 있는 그대로 다가가는 경험을 한다. 그 동안 내 관점과 욕구에 따라서 통제되었던 하나님에 대한 이미지가 매우 다양하다는 것을 인식하게 되며, 하나님은 내 통제 범위 밖에 있다는 것을 경험한다. 그러한 결론에 이르기까지 기도는 마치 내적 전투라고 할 만큼 혹독한 갈등을 치르게 된다. 그것은 성경 본문이 전해 주는 문자적인 의미와의 투쟁이 아니라, 그 본문을 통하여 전해지는 성령님의 감동과 요구에 대하여 기도자가 어떻게 반응해야 하는지에 대한 투쟁이다.

말씀을 관찰하고 의미를 찾아 내는 것은 기도를 위한 준비 작업일 수 있다. 그러므로 기도를 위해 어떤 일정한 말씀을 읽는다면, 그 말씀이 내포하는 모든 종류의 가르침과 의미를 추적할 필요는 없다. 말씀을 읽어 내려가는 동안 어떤 특정한 감동이 일어나는 그 부분부터 집중적으로 다루면서 기도를 발전시켜 가면 된다. 그렇다고 해서 나머지 본문이 배제되는 것은 아니다. 많은 경우 시작 부분이 하나의 실마리가 되어 기도를 진행해 가는 동안 나머지 말씀도 서로 관련을 맺으면서 전체적으로 말씀이 살아나는 경험을 한다. 그래서 전체가 하나의 꾸러미처럼 묶여져서 통합적인 메시지로 말씀이 살아나게 된다. 그러므로 성경 말씀으로 기도한다는 것은 말씀을 읽어 내려가는 동안 의문이 나는 말씀을 해석하고 구체적인 현장에 적용해 가는 정신적 작용을 말하는 것이 아니다. 그것은 주어진 말씀을 읽으면서 마음에 부딪쳐 오는 그 말씀을 마음 안에 두는 동안 성령님께서 어떻게 그 말씀을 조명하시는지를 주의해 보면서 기도자가 이 흐름에 정직하게 반응하는 것을 의미한다. 그러므로 말씀으로 기도한다고 할 때 "가슴은 뜨겁고, 머리는 냉철하게"라는 격언을 기억할 필요가 있다. 말씀에 귀를 기울이는 작업이란 어떤 의미에서 이성과 감정의 조화점을 찾는 것이며, 논리와 직관의 접촉점을 찾는 일이다.

2. 성경을 어떻게 읽을 것인가?

　어떤 목적을 가지고 성경을 읽어 내느냐에 따라서 그 읽는 태도가 달라진다. 정보적(情報的) 지식을 추구하는 목적으로 성경을 읽는다면 독자는 성경에서 객관적인 자료나 사실에 관심을 두게 된다. 문학가적인 측면에서 성경을 읽는다면 문학적 장르나 문학적 소재거리를 찾으려 한다. 설교자의 입장에서 성경을 읽는다면 주어진 본문으로부터 청중에게 적합한 메시지를 찾으려 한다. 신학자로서 성경을 읽는다면 기존에 알려진 신학적 지식을 변론하거나 새로운 신학적 기초를 세우는 데 필요한 자료를 찾거나 그러한 지식을 습득하려 한다. 이 모든 과정은 일차적으로 목적에 합당한 지식을 추구하지만, 한 걸음 나아가 그것을 보다 깊게 묵상하고 반추한다면 즐거움과 영적 유익을 주는 해석적 지식을 얻기도 한다. 그럴 때 비로소 가르치고 설교할 수 있는 정보적 지식을 얻게 된다. 정보적 지식을 목적으로 성경을 읽는 사람들은 그 지식을 통하여 자신의 역할을 수행하는 수단으로 사용하려 할 것이다. 가르치는 자로서, 설교자로서, 혹은 글을 쓰는 자로서 성경의 이야기를 정보적 지식으로 활용한다.

이와 달리 성경을 읽는 또 다른 목적은 형성적(形成的) 지식을 얻기 위함이다. 형성적 지식이란 깨달음을 통한 자기 개혁과 인격과 영적 성숙에 그 목적을 둔다. 정보적 지식을 목적으로 하는 성경 읽기는 이해하려는 자세가 요구되지만, 형성적 지식을 목적으로 하는 성경 읽기는 헌신적인 자세를 요구한다.[18] 그들은 성경을 읽을 때 거시적인 통찰을 하면서 미시적인 이해와 깨달음을 얻으려 한다. 형성적 지식을 목적으로 성경 읽기를 하는 사람들은 이해하려는 태도보다는 그 말씀을 통해서 전해 주시는 성령님의 음성에 귀를 기울인다. 즉 성경을 조정하려는 태도보다는 듣는 태도를 지향(指向)한다. 그러므로 형성적 지식이란 인지적인 지식이라기보다는 경험적이고 감성적인 지식이다. 성경이 보여 주는 거시적인 통찰을 통해서 어떤 특정한 숲으로 들어가 그 말씀 이면에 숨겨 있는 미시적인 하나님의 음성을 찾는 태도로 성경을 읽는다. 그 지식은 타인에게 전하고 가르치려는 데 목적이 있지 않기에 때로는 설명이 어려운 모호한 경험을 하기도 한다. 그러한 지식이 지속적으로 자기 자신에게 영향을 미침으로 자신을 개혁시키고 변화시키며 새로운 결단에 이른다.

기도를 목적으로 성경을 읽고자 할 때는, 정보적 지식과 형성적 지식이 단계적으로 연결되는 것이 이상적이다. 전자는 객관적 읽기요 후자는 참여적 읽기이다. 성경 말씀이 한 개인의 말씀으로 소화되기 위해서는 이러한 작업이 일생 동안 반복되어야 한다. 그러나 제한된 일정한 시간에 성경을 읽고, 그것을 바탕으로 기도를 하고자 한다면 형성적 읽기(참여적 읽기)에 초점을 맞출 수밖에 없다. 형성적 읽기는 어떤 객관적 지식을 추구하지 않는다. 참여적 읽기는 말씀을 통해서 들려 오는 주관적 메

---

18) 정영식 편저, 『영성적 삶에로의 초대』, 형성과학 연구회 (서울: 국태원, 1996), pp. 73-74.

시지가 읽는 자에게 영향력을 행사하도록 성경을 읽는다. 이러한 태도로 성경을 읽는 사람들은 성령님이 말씀을 조정하도록 기다리며 개방적인 자세를 유지한다.

성경 연구와 기도는 근본적인 차이점이 있다. 성경 연구를 통하여 우리는 그 본문을 만들어 가고 있는 주인공이나 그를 둘러싸고 있는 인물로부터 어떤 통찰력이나 감동을 전해 받는다. 그리고 그 본문이 전해 주고자 하는 심층적인 의미를 깨닫고 이를 자기의 삶에 적용하면서 유익을 얻을 수 있다. 그러나 말씀을 통한 기도란 이 말씀을 통해서 전해져 오는 자연스러운 하나님의 주도권에 관심을 둔다. 기도를 하고자 하는 목적으로 성경을 읽는 사람들은 그 말씀으로부터 단순히 지적인 만족을 추구하지 않는다. 그들은 그 말씀 안으로 깊이 들어오도록 초대하시는 성령님의 인도하심에 관심을 기울인다. 말씀을 기도의 자료로 삼는 사람들은 말씀으로부터 들려 오는 하나님의 초청을 기대하면서 그 초청에 어떻게 응답할 것인가에 관심을 기울인다. 그러한 태도로부터 기도는 시작된다. 단지 몇 차례의 주고받는 응답과 반응으로 그 말씀이 충분히 소화된 것으로 단정하지 않는다. 그 초청에 대해서 우리의 전 존재를 걸고 정직한 반응을 해야 하겠기에 상당한 투쟁이 따른다. 그러한 투쟁을 통해서 일차적으로 달성하고자 하는 목적은 하나님과의 친밀한 관계 형성이다. 그러므로 기도를 목적으로 말씀을 읽을 때는 그 말씀에 담겨진 교훈에 초점을 두지 않고, 어떻게 그 말씀이 나를 초대하시는가에 초점을 둔다. 이럴 경우 그 말씀은 정체된 글이 아니라 살아 있는 음성이요 사건이 된다.

기도를 위한 말씀 읽기에서 기도자는 그 말씀의 내용을 어떻게 정확하게 해석하고 적용할까 하는 데 많은 시간을 할애할 필요가 없다. 그리고 말씀을 임의적으로 해석하고 조종하려는 욕구로부터 자유로워야 한다. 그 말씀 가운데서 오늘 나에게 전하고자 하시는 하나님 의사(意思)가 무엇인지에 귀를 기울인다. 내면의 음성으로 무엇이 들려 오고 자각이 되면 기꺼이 응답하려는 자세로 그 말씀에 접근한다. 많은 경우 주어진 말씀에 대한 전이해 때문에 기도가 진전되지 않고 피상적으로 결론을 내고자 하는 유혹에 사로잡히곤 한다. 만약 성령님의 감동에 대해서 수동적으로 응답하고자 하는 열망보다는 임의적으로 말씀을 조정하면서 의미를 빨리 끌어 내려 한다면, 많은 경우 그 말씀으로부터 이전에 전해 받아 마음 속에 각인되어 있는 그 의미로 돌아가곤 한다. 그러므로 성경 말씀이 주어질 때 그 말씀을 향하여 가져야 할 물음은 "그 말씀이 나에게 무슨 의미를 전해 주는가?"라는 물음보다는 "주님은 나에게 무엇을 말씀하고자 하시는가?" "주님은 나에게 무엇을 요구하시는가?"라는 물음이다. 말씀을 읽으면서 의미를 추구하는 물음을 던진다면 단편적인 깨달음으로 끝나지만, 무엇에로 초청하시는가 묻는다면, 그 초청이 무엇인가를 깨달을 뿐만 아니라 이에 대한 반응을 위해서 한동안 투쟁적인 기도가 지속된다.

   말씀으로 기도할 때 준비 과정으로는 성경 안에서 물음을 찾고 성경으로 답하고 사고하는 훈련이 필요하다. 성경이 우리 안에서 자유롭게 작용하는 데는 많은 인내와 기다림이 필요하다. 그러나 이 기도에 익숙하지 않는 사람들은 그 기다림이 기도를 매우 지루하게 하고 자주 졸음으로 시달리게 된다. 그러한 지루함을 극복하면서 기도를 끌어가기 위해서는 주어진 본문으로부터 다양한 질문을 끌어 낼 수 있어야 한다. 그 질문과 더불어 기도를 진행해 갈 때 다음과 같은 세 부류의 경험을 하게 된다. 첫째, 어떤 질문에 대해서는 의문의 여지가 없는 자연스러운 답을 받아 낼 수 있다. 둘째, 어떤 경우에는 곧바로 답이 주어질지라도 그것이 자연스럽게 느껴지지 않으며, 그 답에 대해서 신뢰감이 가지 않는 경우가 있다. 셋째, 또 어떤 경우에는 전혀 무응답이다.

첫번째의 경우는 그 질문 자체가 자발적이고 자연스러울 때 나타나는 현상이다. 자연스러운 것은 언제나 자연스러움과 만난다. 두 번째 경우는 질문을 위한 질문을 던질 때 일어날 수 있는 현상이다. 그래서 그에 대한 응답도 시원하지 않다. 말하자면 꼭 필요치 않은 질문이기에 필요치도 않은 응답이 오는 것 같은 느낌을 받는다. 세 번째는 호기심으로부터 비롯된 질문일 경우이다. 예를 들자면 "선악과는 왜 만들었을까?"라는 질문 같은 것이다. 심각하게 답을 기대하지도 않으면서 그저 호기심으로 던져 본 질문이다. 그런 경우 인위적인 것이 아닌 한 거의 답을 기대할 수 없다. 이런 경우는 어떤 답이 주어졌다 할지라도 그 답이 또 다른 의문을 자아내게 한다. 그래서 결론에 이를 수 없는 물음으로 이어지기에 기도가 매우 복잡하고 산만하며, 결국은 신학적인 담론으로 끝날 수 있다. 그러나 적합하고 자연스러운 질문은 모든 사람들에게 주어진 객관적인 진리의 말씀으로 여겨졌던 그 말씀이 오늘 내 자신에게 주어진 매우 개별적이고 현재화되는 말씀으로 경험된다.

주어진 말씀이 매우 복잡하고 다양한 구조와 다양한 의미를 끌어 낼 수 있는 말씀이라 할지라도, 기도를 목적으로 한다면 그 모든 내용을 처음부터 다 다루고자 할 필요가 없으며, 그렇게 해서도 안 된다. 그 중에서 가장 선명하게 드러나는 장면이나 주제를 집중적으로 다루도록 한다. 말씀을 기도로 끌어가기 위해서는 교리적인 해석이나 잘 알려진 의미에 붙들리지 않도록 하는 것도 생동력 있는 기도에 매우 도움이 된다. 이미 각인된 해석에 걸려들어서 더 이상 기도를 진전시키지 못하고 그럴 듯한 설교 자료만을 만들어 가지고 기도에서 빠져 나오는 경우를 종종 만난다. 그것은 형성적 지식을 목적으로 성경에 다가갔지만 결국은 정보적 지식을 얻는 것으로 끝나는 경우이다. 그렇게 된 이유는 성령님의 감동을 통하여 말씀이 살아나도록 기다리지 못하고, 급하게 이미 주입된 의미로 성경을 다루었기 때문이다. 그래서 기도자는 성령님의 감동을 느끼지 못하며, 주님과 부딪침이 어느 부분인지도 감지하지 못한다. 그래서 주어진 말씀이 기도로 연결되지 못한다. 그러한 오류를 피하기 위해서 기도자는 이미 익히 알려진 말씀일지라도 성령님의 도움을 간구하면서 새롭게 그 말씀이 열리기를 기대하며 기다리는 자세가 필요하다. 그 말씀의 장면 안으로 들어가 한동안 바라보고 머물도록 한다. 그러는 동안에 세미하게 들리거나 느껴지는 것을 감지하게 되며, 그것을 중심으로 기도를 전개해 가도록 한다. 대개 이런 경우 반추와 반복적인 기도를 통해서 그 세미한 감동을 헤아리는 분별력을 기를 수 있다.

　기도를 준비하는 동안 말씀을 충분히 읽도록 한다. 말씀을 읽는 동안 이미 내적인 움직임이 시작되는 것을 감지한다. 그러한 움직임을 감지한 상태로 기도를 시작하는 것이 매우 중요하다. 왜냐하면 이러한 기도에 익숙하지 않은 사람들은 말씀으로부터 무엇을 끌어 내고자 씨름을 하는 동안 그것을 감지하기도 전에 다양한 잡념이나 졸음으로 방해를 받거나 시달리게 되기 때문이다. 그러나 이미 성령님의 감동을 감지한 기도라면, 기도가 익숙하지 않거나 정신적으로 피곤하여 졸음에 빠질 수 있으나 잠에 깊이 빠져들지는 않는다. 거듭 졸지라도 다시 깨어나곤 한다. 졸음으로부터 벗어날 때마다 되돌아갈 자리를 마련해 두기 위해서 처음 말씀을 읽을 때 성령님의 감동이라고 확신하는 분명한 시작점이 있어야 한다. 즉 기도를 준비하면서 말씀을 읽는 동안 주님과 부딪침이 어느 부분에서 일어났는지를 감지하고 그것을 중심으로 기도로 들어간다면, 잡념이나 졸음 때문에 기도의 줄기를 아주 잃어버리지는 않는다. 그 때마다 다시 제자리로 돌아올 수 있기 때문이다. 동일한 기도 안에서도 졸음과 잡념이 반복해서 일어날 수 있다. 그럴 때마다 시작된 자리로 거듭 돌아간다면 점점 우리 마음은 하나의 초점을 향해서 깨어나기 시작하며, 서서히 기도가 열리는 경험을 한다. 여기서부터 기도는 본격적으로 이루어진다.

처음 기도가 출발될 때는 주어진 말씀 중에서 지극히 적은 부분만이 기도에 참여되는 것 같지만, 기도가 진행되어 가면서 읽은 말씀 전체가 기도에 참여되는 경험을 한다. 그리고 그 말씀을 통해서 전달하고자 하시는 하나님의 의향이 보다 선명하게 드러나면서 기도자는 어떤 반응을 요구받게 된다. 기도자가 그 요구를 받으면서 내면에서 일어나는 여러 가지 움직임에 대해 솔직하게 반응한다면 기도는 매우 활발하게 전개되어 간다.

성경을 읽는 동안 느껴져 오는 이미지나 들려 오는 소리가 하나님으로부터 비롯된 것인지를 어떻게 신뢰할 수 있는가? 기도 과정에서 일어나는 모든 움직임과 감동은 매우 주관적이고 복잡하기에 일정한 분별 기준이 필요한 것이 사실이다. 이에 대해서는 후에 다른 장에서 구체적으로 다루게 될 것이다. 그러나 우선 성경을 읽는 동안 경험되는 것이 어느 정도 객관적인 진정성(authenticity)을 유지하기 위해서는 자신의 삶에 비추어서 쉽게 성경을 해석하려 하지 말고, 그 말씀이 우리 내면과 삶을 다루고 드러내도록 하는 수동적인 자세를 훈련할 필요가 있다. 그러한 자세로 말씀을 지켜보는 동안 말씀이 말하는 경험을 하게 되며, 그것을 성령님의 내적 증거로 받아들여도 좋다. 거기서부터 우리 경험이 어느 정도 객관적 권위를 부여받게 된다.

3. 성경이 어떻게 기도 자료로 사용되는가?

　형성적 읽기를 한다면 성경은 성령님의 감동을 통해서 하나님의 의향을 우리 마음 가운데 전달한다. 그 의향에 대해서 성경을 읽는 자가 정직하게 반응할 때 비로소 하나님과 교제가 시작된다. 성경은 우리 마음 가운데서 하나님과 교제가 일어나도록 하는 핵심적인 매개체이다. 다양한 인물과 다양한 주제를 담고 있는 성경 말씀을 자료로 하여 기도할 때 크게 두 가지 목적을 생각해 볼 수 있다. 이 두 목적은 별개로 각각 분리되어 존재하는 것이 아니라 매우 밀접하게 연결되어 있다. 그 중 어떤 것이 우선 순위가 되느냐가 중요한 문제이다.
　그 두 목적 중 첫째는 말씀에 비추어서 자기 자신을 들여다보는 것이다. 예를 들면 말씀은 내가 누구이며, 나는 무엇에로 부름을 받았는가에 대한 자기 정체성이나 사명을 확인하는 일에 기여한다. 그리고 또 내면의 상처를 들추어 내고 그것을 치유하는 일에 기여한다. 여기에 초점을 맞추는 기도라면, 주어진 성경 말씀에 등장하는 주변 인물과 일치를 시키면서 자기 자신을 조명해 본다. 두 번째 목적은 주님을 보다 더 깊이 이해하고 알고자 함이다. 여기에서는 주변의 인물이나 사건보다는 그 사건의 주인공 되시는 예수 그리스도에게 초점을 맞춘다. 예수님의 주변에 있는 인물은 단순히 예수님께 가까이 나아가도록 하는 매개체에 불과하다. 의도적으로 전자를 목적으로 하지 않는 한, 후자를 목적으로 하는 것이 바람직한 기도의 태도이다. 전자의 목적은 후자의 목적을 이루어 가는 과정에서 부수적으로 나타날 수 있는 정도로 생각하는 것이 좋다. 즉 주님과의 직접적인 사귐을 통하여 내 자신이 누구인가, 또 무엇에로 부름을 받고 있는가를 경험한다. 특별히 복음서를 기도의 자료로 받아들일 때는 의도적으로 예수님을 기도의 중심으로 삼을 때만이 지성적인 말씀 묵상으로 끝나지 않고, 말씀이 주님과 교제의 통로로 사용된다. 만약 자기 정체성이나 사명 확인을 직접적인 목적으로 말씀에 접근한다면, 그 기도는 자주 자기 연민이나 자기 몰입적인 경향을 띠게 되며, 주님과의 활발한 교제보다는 쉽게 그 목적에 맞는 결론이나 교훈으로 기도가 끝나게 된다.

 기도자는 다양한 말씀 속에서 다양한 사건과 다양한 인물을 만난다. 그러한 다양성은 모든 상황에 처한 모든 사람을 포괄할 수 있다는 것을 의미한다. 그리고 한 개인의 복잡다단한 인생살이를 조명해 주고 해석해 줄 수도 있다는 것을 의미한다. 단순히 말씀을 깊게 묵상하면서도 그러한 통찰을 얻을 수 있다. 그러나 말씀을 기도 안으로 끌어가는 이유는 각각의 다른 상황 속에서 주님을 만나고자 하는 데 그 목적이 있다. 각 사람은 각 사람의 처지에 맞도록 성육신하신 주님을 만나게 되며, 한 개인의 경우에도 그 사람이 시간과 처지에 따라서 다른 이미지의 하나님을 만난다. 이렇게 다양한 차원에서 하나님을 경험하는 기도는 그 결과로서 통합적인 자아를 형성하는 데 영향을 미친다. 성경의 어떤 말씀이든지 각각 다른 하나님의 의향(intention)을 담고 있으며, 각 사람은 성경을 읽으면서 우리를 향하신 하나님의 의향을 감지한다. 그것에 대해서 성실하게 응답해 갈 때 우리 존재는 건강하게 형성되어 간다.

그런데 만약 어떤 특정한 방향에 초점을 맞추어(예를 들면 정체성 확립, 사명감 확인, 내적 치유 등) 이에 상응하는 말씀을 기도자에게 제공한다면, 기도자는 보다 효과적으로 자신의 영적 성숙을 이루어 갈 수 있다. 인생살이가 겉으로 보기에는 복잡다단하게 느껴지지만, 다양한 성경적인 사건에 비추어 볼 때 그 복잡다단한 삶의 여정은 하나의 목적을 향하여 달려가고 있는 영적 여정으로 해석할 수 있다. 성경에서 제공하는 그 다양한 주제와 다양한 인물은 모양이 각각 다른 영적 여정을 효과적으로 수행하도록 필요한 에너지를 공급하는 생명의 양식과 같다. 그러므로 그 다양성이 우리의 영적 여정에서 보다 효과적으로 영향을 미치게 하기 위해서는 각 사람의 상황과 처지에 적합한 말씀이 제공될 필요가 있다.

이러한 조치를 적절하게 취해 주기 위하여 그 순례 여정에 함께 동반해 줄 제삼자의 도움이 필요한데, 그러한 사람을 전통적으로 영적 지도자(spiritual director)라고 불러 왔다. 영적 지도자는 각 사람의 처지를 고려하여 적당한 말씀을 선택해 주고, 말씀과 더불어 경험되는 내적인 움직임을 적합하게 분별하도록 도와 준다. 예를 들면 예수님의 부르심에 충성스럽게 응답하는 제자가 되기를 원한다면 무엇보다도 주님이 어떠한 분이신가를 경험하는 것이 필요하다. 그래서 복음서에 나타나 있는 주님의 행적과 가르침과 사건을 기도 안에서 맛보고 경험하도록 한다. 자신이 추구하는 삶을 주님의 것과 일치시키고자 하는 의도로 기도를 한다. 이런 경우 예수님의 탄생과 공생애 그리고 수난과 죽음의 발자취를 따라갈 때, 가장 신뢰할 만한 영적 순례 여정이 된다.

예수님을 따름이란 그분이 수행했던 행동을 현실적 삶에 모방해 내는 그 이상이다. 그분과의 인격적인 일치가 없는 모방적인 행위는 마치 예수님의 의도를 충분히 알아차리지 못하고 열심히 수고했던 마르다와 같은 행동이 된다(눅 10:38-42). 예수님께서 마리아를 마르다보다 높게 평가하신 것은 예수님과의 인격적인 일치를 이루고자 하는 마리아의 내적 열망과 그 자세를 보셨기 때문이다. 그것이 그분의 사역을 그대로 흉내내는 것보다 더 우선적인 일이다. 그래서 앞서 간 영성가들은 "행위보다 존재가 우선이다."(토마스 머튼이나 헨리 나우웬의 영성의 특징)라는 말을 그토록 강조했다. 주님과의 인격적인 일치가 기초를 이룰 때, 주님의 삶을 모방해 내는 것이 비로소 주님의 의향과 일치될 수 있으며 동시에 자기 자신의 영적 성숙에 기여한다. 그리고 효과적으로 다른 사람들에게 그리스도의 섬김과 사랑을 전해 줄 수 있다. 여기서 비로소 뿌리가 든든한 열매를 맺게 된다.

예수님 자신도 "내 안에 거하라 나도 너희 안에 거하리라 가지가 포도나무에 붙어 있지 아니하면 스스로 열매를 맺을 수 없음같이 너희도 내 안에 있지 아니하면 그러하리라"(요 15:4)고 말씀하셨다. 이 말은 "너희가 나와 인격적인 일치를 이루기 위해서 나에게 배우지 아니하면 너희가 무슨 열매를 맺을지라도 그 열매가 헛되리라."는 말씀으로 이해할 수 있다. 주님과의 인격적인 일치의 가능성을 예수님께서 이미 우리에게 약속하신 바 있다. 예수님은 매우 감성적인 언어를 사용하시면서 자신의 사람들에게 이렇게 약속하셨다. "내가 너희를 고아와 같이 버려 두지 아니하고 너희에게로 오리라"(요 14:18) 즉 "보혜사를 보내심으로 우리와 함께 하시겠다"(요 14:16)고 하셨다.

우리가 존경하는 사람과 보다 긴밀한 인격적인 일치를 이루기 원한다면 그와 더불어 살아야 한다. 그러면 주님과 함께 사는 것이란 무엇을 의미하는가? 성령님의 감동으로 기록된 주님의 말씀이 우리 마음 가운데 깊게 자리할 때, 동일하신 그 성령님이 우리 안에서 감동하심으로 말씀 안에 거하는 주님의 인격을 만나고 경험하게 된다. 다시 말하면 예수님의 인격이 담겨진 그 말씀을 가지고 기도로 나아갈 때 그분의 인격이 우리 존재 안에 부딪쳐 온다. 그러면 나의 인격과 그분의 인격이 서로 맞부딪침으로써 한동안 갈등과 투쟁을 겪게 된다. 투쟁을 할 수밖에 없는 이유는 우리의 성품과 인격은 생래적으로 세속적이어서 주님의 성품과 인격에 부딪칠 때 강한 저항감을 일으키기 때문이다. 그러나 성령님은 우리의 저항에 쉽게 물러서지 않고 우리의 존재를 꿰뚫고 들어오신다. 우리가 그러한 도전을 자각하고 직면하면서 투쟁적인 기도를 멈추지 않는다면, 점점 그분의 성품과 인격이 우리 존재 깊숙이 영향력을 미치게 될 것이고, 우리 존재가 그분의 성품과 인격에 적응해 간다. 그리고 우리는 주님을 따른다는 것이 무엇인지를 더 깊이 이해하게 되며, 주님의 뜻과 그분의 의향을 알아차리게 된다. 그 때 우리는 그분 안에 거하는 것이 무엇인지를 경험하며, 비로소 주님과의 인격적인 일치를 이루는 사역이 가능하다.

이를 조금 더 구체적으로 생각해 보자. 예수님과 더불어 하나님 나라를 세우도록 부름받은 사람들은 인격적인 일치를 위해서 먼저 예수님의 탄생의 신비에 초청을 받는다. 하나님이신 그가 어떻게 사람이 되어 우리 가운데 거하게 되셨는지를 관상한다. 성육신의 신비를 경험하기 위해서 요한복음 1:1-4과 1:13-18과 누가복음 1:26-38의 말씀을 기도 자료로 선택한다. 하나님이 세상을 구원하시기 위해서 선택하신 방법에 대해서 우리는 놀라운 신비로움을 맛본다. 이성적인 추론이나 이해를 구하지 않고 그저 "하나님이 사람이 되셨다니, 지극히 평범한 방법으로 평범한 곳에 임하셨다니." "이것이 하나님의 가장 지혜로우신 방법이라니…." 하고 놀라움을 맛본다. 그러한 놀라움은 점차적으로 더 구체적인 모습으로 드러난다. 그 놀라움의 소식은 들에 있는 목자들에게 알려지고 동방

박사들에게 알려지고, 그리고 일생 메시야를 기다렸던 시므온과 안나에게 이르게 된다(눅 2:1-20; 눅 2:22-39). 그리고 그 탄생의 소식이 헤롯 왕에게 알려짐으로써 왕권을 위협받은 헤롯의 박해를 피해 아기 예수는 육신의 부모 마리아와 요셉을 따라 애굽으로 피신한다(마 2:13-18).

이러한 경로를 따라가는 동안 기도자는 상상을 통하여 성경에 나타난 아기 예수를 만나게 되고(상상의 역할에 대해서 다음에 다시 언급함), 아기 예수와 사귐을 가지게 된다. 우리의 상상 속에 나타난 아기 예수는 지극히 순전하고 연약하고 겸손하신 분이다. 그분과의 만남을 통하여 우리는 그 분의 인격을 맛보게 된다. 그 만남은 아기 예수를 그저 바라보고, 혹은 어린 아기 예수를 만져 보는 등의 감각적인 방법으로써도 가능하다. 또는 자기 자신을 드러내면서 그분과의 대화적 교제도 가능하다. 우리는 강생하신 예수님의 주변에 모인 인물 중 하나이지만, 주님과 만남은 매우 개별적이다. 기도자는 예수님 주변의 인물들을 주님과의 만남을 위한 하나의 매개체로 사용할 수 있다. 때때로 목자의 심정으로, 동방박사의 심정으로 혹은 성경에 등장하지 않지만 있음직한 주님을 받드는 시종의 입장에서 예수님을 경험하고 만날 수 있다.

다음 단계의 기도는 예수님의 감추어진 생애를 경험하는 일이다. 성경은 예수님의 공생애 이전의 삶의 모습에 대해서는 매우 제한적으로 다루고 있다. 그래서 감추어진 생애라는 이름을 붙인다. 이 단계에서는 파편적으로 나타나 있는 공생애 이전의 주님의 생애를 보편적인 인간 성장의 과정에 비추어 유추해 보면서 간접 경험하도록 한다. 따라서 이 과정은 상상력이 매우 요청되는 기도 과정이다. 기도자는 예수님의 10대 이하의 생애(마 2:19-23), 10대 때의 생애(눅 2:41-50), 20대 때의 생애(눅 2:51-52) 등을 중심으로 예수님과 교제를 시도한다. 이 때 기도자는 예수님의 친구로서 예수님과 인격적인 접촉을 한다. 감추어진 생애를 관상할 때 두 가지 방식으로 접근할 수 있다. 첫째는 자기 자신의 삶의 배경 속에서 예수님을 만날 수 있다. 즉 자신의 삶의 역사 속으로 예수님을 초청한다. 둘째는 상상으로 추론한 예수님의 생애 속으로 자신의 삶을 밀어넣는다. 이러한 과정을 통하여 그 나이의 예수님과 부딪치면서 지난날에 입었던 상처가 치유되거나, 미래를 향한 자신의 삶을 새롭게 조정할 수 있는 기회를 얻는다. 또 한편으로는 수치스럽게 여기고, 그래서 잊어버리고 싶은 지난날이 용서되고 용납되는 경험을 한다. 그래서 그늘진 과거였든지 양지바른 과거였든지 간에 포괄적으로 주님이 간섭하신 과거로 받아들이게 된다. 즉 지난날의 모든 세월이 주님이 베푸신 은혜의 날들이었다는 확신을 갖게 된다. 이것은 들쑥날쑥 솟아나고 패였던 지난날이 평평하게 되는 경험이다. 즉 이러한 기도를 통해서 솟아난 산등성이는 낮아지게 되고, 움푹 패여진 웅덩이는 메워짐으로 기도자는 굴곡된 인생의 모든 굴곡을 감사함으로 받아들이게 된다. 이 과정에서 주님은 더 이상 감히 접근하기 어려운 전지전능하신 삼인칭적 존재가 아니라, 함께 즐거워하고 슬퍼하며, 때로는 분노하기도 하며, 논쟁도 벌이는 이인칭적인 친근한 친구로 다가오신다. 이렇게 주님의 삶과 기도자의 삶이 서로 마주침으로써 인격적인 일치를 경험한다.

경험적인 몇 가지 실례를 제시하자면 다음과 같다. 한 기도자가 예수님의 탄생 기사를 가지고 기도를 시작했다. 그는 천사들의 소식을 들은 목자로서 단숨에 아기 예수님이 누워 계신 마구간으로 달려갔다. 그는 그 냄새나는 동굴과 같은 마구간에 주저없이 들어가기는 하였으나, 예수님을 바라보기도 전에 그 누추한 곳에 오래 머물고 싶지 않다는 생각이 들었다. 기도 후에 반추를 통해서 그러한 감정의 근원을 추적해 보았을 때, 주님이 이 마구간과 같은 현실로 자신을 초대한다는 느낌이 있었기 때문임을 알게 되었다. 그 장면 전체가 주님의 초대의 음성이었다. 그는 그 부름에 대해서 매우 자동적으로 마음 깊은 곳에서 저항이 일어나고 있는 것을 직감하였다. 그것이 그로 하여금 그 마구간의 장면에 오래 머물고 싶지 않다는 감정으로 전달되었다. 그런데 이 감정은 주님과 강하게 부딪치고 있다는 증거이다. 이 때 기도자는 몇 가지 태도를 취할 수 있다. 첫째는 못 들은 체, 못 느낀 체하고 그 장면을 피한다. 혼란스러운 마음으로 그 기도를 더 이상 진전시키지 않고 빠져 나오는 것이다. 두 번째는 그 장면과 정면으로 부딪친다. "그러한 삶의 방식으로는 주님을 따를 수 없다."라고 응답할 수 있다. 그리고 그분의 반응을 기다리면서 타협점을 찾아갈 수 있다. 세 번째의 가능성은 힘들지만 기꺼이 응답하고자 하는 마음을 가지고 접근한다. 현재 겪고 있는 상황을 자세히 알리고 자기 자신이 감당할 수 있는 부분과 감당할 수 없는 부분을 제시하면서 주님의 지혜를 구하는 동안 주님과의 구체적인 만남이 일어난다. 특별히 마구간의 현실에만 초점을 맞추지 말고, 그 마구간 구유에 누워 계신 사람이 되신 아기 예수님에게 초점을 맞추어 그분과 인격적인 만남을 시도해 본다. 그래서 그분과 보다 친밀한 만남이 이루어진다면 그분의 초대의 음성에 기꺼이 응할 수 있는 힘을 얻기도 한다.

또 다른 예를 들면 한 기도자가 마리아와 요셉의 고달픈 여정에 초점을 맞추어 기도를 하고 있었다. 기도자는 만삭이 된 몸을 이끌고 호적을 하러 베들레헴으로 올라가는 마리아와 요셉의 힘든 여정에 마음이 모아졌다. 또한 헤롯의 위협을 피하여 어린아이를 안고 애굽으로 피난을 떠나는 요셉과 마리아가 마음에 부딪쳐 왔다. 그들의 고달픈 인생 여정을 자세히 바라보면서 그의 마음 속에 "구세주 예수님을 따르는 제자의 삶이 바로 이러한 삶이구나."라는 생각이 떠올랐다. 여기서 기도자가 하나의 깨달음을 얻은 것으로 만족하고 그 기도를 마치고 그 자리를 털고 일어난다면 그는 그 기도로부터 지적인 만족 이상의 어떤 다른 결단이나 변화를 기대할 수 없다. 여기서 그는 그러한 깨달음이 마음 깊은 자리로 내려오는가를 느껴 보아야 한다. 누가 그러한 고달픈 길로 초대를 받는 데 기꺼이 따라 나서겠는가? 한동안 번민하고 고민할 수밖에 없다. 만약 그 기도에서 하나의 교훈적인 깨달음을 얻는 것으로 만족하고 그 자리를 빠져 나온다면, 더 이상 주님과 부딪치고 싶지 않다는 의미로 받아들일 수 있다. 반면에 그것을 주님의 초청으로 느낀다면 한동안 그 장면에 머물면서 주님의 진의를 파악하고 내 안에서 일어나는 생각을 살핀 후에, 주님과의 솔직한 대화를 이어간다. 그 때 비로소 주님은 나에게 더 분명하게 드러날 것이며, 그러한 과정을 통하여 내가 누구인지를 더 분명하게 깨닫게 된다.

어떤 기도자는 이러한 험난한 삶으로의 초청을 회피하지 않고 주님께 정면으로 자기의 생각을 표현하였다. 즉 자신의 의도와 상관없이 구세주 예수님의 부모가 된 그들이 무엇 때문에 이런 고난을 겪어야 하는가 불만을 터뜨렸을 때, 그의 내면에서 들려 오는 한 음성을 듣게 되었다. "그렇지 않다. 오히려 요셉과 마리아가 예수님으로 말미암아 보호를 받고 있으며, 무의미한 삶으로부터 의미 있는 삶으로 구원을 받고 있다"라는 마음의 소리가 있었다. 그러한 비전이 전해지자 그는 요셉과 마리아의 길이 결코 따르기 힘든 고난의 길이 아니라, 오히려 보람된 길이요 안전한 길이라는 내적 확신이 일어났다. 그러한 내적 경험을 통하여 그는 자신이 지금 직면하고 있는 고달픈 현실을 보다 긍정적으로 받아들일 수 있는 용기를 얻게 되었다. 지금 자신이 걷고 있는 이 길은 주님께서 허락하신 길이다. 그렇다면 그 길은 참행복과 보람을 안겨 주는 주님의 은총의 선물이 아닌가 하는 생각으로 전환되면서 감사와 기쁨으로 그 길을 걸어가겠다는 결단에 이르게 되었다.

예수님의 감추어진 생애가 끝나면 예수님의 공생애가 비로소 시작된다. 예수님은 세례 요한으로부터 세례를 받는 것을 출발점으로 공인(公人)이 되신다. 이 시점에서 기도자는 예수님의 친구의 신분에서 제자의 신분으로 바뀌는 경험을 한다. 예수님의 공생애를 기도의 자료로 삼는 것은 예수님을 보다 가까이에서 알고 경험하기 위함이다. 그리하여 주님이 원하시는 방식대로 그를 사랑하고 보다 가까이에서 주님을 따르기 위함이다. 예수님께서 요단강 가에서 세례를 받으시는 장면을 기도의 자료로 사용할 때 이전에 계속되어 왔던 감추어진 생애와의 연속성을 유지하기 위해서 갈릴리로부터 요단강에 이르는 장면을 확장하여 상상해 본다. 성경에는 자세히 묘사되어 있지 않지만 예수께서 그 동안 자라 왔고 함께 동고동락했던 어머니와 동생들이 머물고 있던 집을 떠나는 장면으로부터 기도를 시작한다. 기도자는 예수님과 가장 가까운 친구로서 고향을 떠나 요단강 가까지 동행한다. 이러한 장면이 구사되지 않고 성경에 기록된 대로 곧바로 요단강 가에서 세례 요한과 만나는 장면을 가지고 기도로 들어가면, 많은 경우 교리적인 해석이나 신학적인 해석에 매달리게 된다. 활발한 대화가 펼쳐지는 살아 있는 이야기로 그 장면을 전개해 가기 위해서는 있음직한 장면을 부가해서 기도를 출발시키는 것이 필요하다(마 3:13-17).

이러한 과정에서 기도자는 가족과 헤어지는 예수님의 아픔과 인간적인 고뇌를 전달받음으로써 예수님과 보다 친근한 만남이 이루어진다. 그리고 하늘로부터 들려 오는 성부 하나님의 초자연적인 개입을 목도하면서 부름받은 자가 무엇인지를 경험하게 되며, 모든 인간적인 고뇌를 뒤로 하고 초연하게 공생애를 출발하시는 예수님을 새롭게 만난다. 그는 사사로운 감정을 뒤로 하고 성령님의 이끄심을 따라 시험을 받기 위해서 광야로 들어가시는 예수님과 계속해서 동행한다(눅 4:1-11). 그리고 여전히 상상 속에서 예수님의 시험에 동참한다. 광야에서 금식하는 동안 육체적으로 몹시 고통을 겪고 있는 예수님 곁에서 함께 고통을 겪어 본다. 배고픔은 말할 것도 없고, 고열과 두통, 입술이 터지고, 사막의 차가운 기운으로 몸을 부들부들 떠는 예수님을 지켜본다. 상상력을 통하여 그분께 담요를 덮어 드리고, 그분을 껴안고 그분의 볼에 나의 볼을 부비며 참으로 나를 위해서 그토록 수고하시는 그분의 사랑을 마음 깊은 곳에서 느껴 본다. 진실로 그가 하나님의 아들인가 하는 의혹이 일어날 만큼 지극히 연약하고 무기력하게 보이는 예수님으로부터 깊은 연민을 느낀다.

  기도자는 이미 그분이 하나님이라는 사실을 믿기에, 그런 삭막한 광야에서 겪는 그분의 고통은 매우 충격적이고, 자기를 내주시는 사랑을 더 깊게 경험하게 된다. 이 모진 시험 가운데서 기도자는 기꺼이 그의 제자가 되는 것을 마다하지 않게 된다. 그와 더 가까이에서 그분의 가르침과 삶을 배우고자 하는 열망을 가지게 된다. 기도를 이끌어 가시는 성령님은 객관적인 성경 사건이 점차로 기도자 자신의 주관적인 삶으로 넘어오게 하신다. 그리고 그 본문 사건의 주인공인 예수님이 내 삶에 깊이 개입하고 계시다는 것을 느낀다. 여기서 매우 실제적으로 지성적이고 감성적인 차원에서 주님과 깊은 만남을 경험한다. 어떤 때는 한바탕 주님과 투쟁을 벌이며 언어적인 교통이 이루어지기도 하지만, 많은 경우에는 말이 필요 없는 감정의 일치를 통하여 주님과 일치를 경험한다. 이러한 과정에서 기도자는 주님과 인격적 일치를 조금씩 경험하게 되고, 제자로서 헌신적인 삶이 무엇인지를 배우게 된다.

  이어서 예수님의 공생애가 본격적으로 시작된다. 기도자는 다양한 사건과 가르침을 통해서 하나님 나라를 전파하시며, 그 나라를 함께 세워 갈 제자들을 요구하시는 주님과 마주친다. 실제로 부름받은 제자의 길을 걷고자 하는 기도자는 예수님의 삶을 관상하는 동안 예수님의 길을 매우 현실감 있게 맛보게 된다. 기도자는 여러 가지 사건과 가르침을 기도 장면 안으로 끌어들여 주님과 매우 개별적이고 현실적인 투쟁과 대화를 하면서 그분과 보다 깊은 사귐을 시도한다. 그래서 예수님과의 관계가 인지적인 앎(cognitive knowledge)으로부터 감성적인 앎(affective knowledge)으로 성숙되어 간다. 기도는 말씀에서 묘사하고 있는 이야기를 단순히 구경꾼의 입장에서 의미를 찾아 내는 것이 아니다. 지성과 감성이 함께 참여하면서 그 장면을 살려 내고, 느껴 보고, 그 장면에 깊이 개입하여 논쟁하고 주장하면서 그 옛날의 사건을 현재화하여 주님과 사귐을 이루어 내는 것이 말씀을 통한 관상 기도의 핵심이다.

그러므로 이러한 기도에서 특별히 중요시되는 것은 감성적인 일치이다. 따라서 기도가 진행되는 동안에 그 장면으로부터 영향을 받는 내면의 움직임에 민감해야 한다. 그러한 감정의 교류로부터 주님과 사고의 교류가 시작된다. 물론 어떤 때는 느껴져 오는 감정이 매우 강력하기에 그것을 느끼는 것으로 기도가 충분할 수 있다. 그러나 어떤 때는 이미 앞에서 실제적인 예로 언급한 것처럼 말씀의 장면에서 느껴져 오는 그 감정을 그대로 수용할 수 없기에 내적 투쟁이 일어나기도 한다. 그럴 때는 그 감정을 소멸하거나 피하지 말고, 그 갈등을 매개체로 하여 주님과 활발한 교류를 시도한다. 그 투쟁은 하나의 가상적인 싸움이 아니라, 자신의 실존 깊이에서 터져 나오는 얍복강 나루터의 야곱의 투쟁과 같다. 그러한 과정을 통하여 기도자는 주님과 더 깊은 내적 일치를 이루어 간다. 이렇게 공생애 동안 이루어진 다양한 사건 속에서 기도자는 주님을 따르면서 겪어야 할 다양한 방식을 미리 맛본다. 그래서 일상의 모든 삶을 주님이 행하시고 가르치신 것과 연결할 수 있는 능력을 기르며, 일상 생활 속에서 의식적으로 주님과 동행하는 법을 배운다. 공생애를 끝까지 따라가면서 기도자는 주님을 따르는 진정한 방식을 이해하게 되고, 주님이 원하시는 방식으로 새로운 삶의 결단을 요구받는다. 그래서 주님을 따르고자 하는 열망이 그 어느 때보다도 강렬해지면서 주님이 요구하시는 방식대로 새로운 선택을 한다.

다음으로 기도자는 선택된 새로운 삶의 방식에 대한 재확신을 기대하면서 주님의 수난과 죽음의 이야기로 넘어간다. 주님의 수난과 죽음은 성육신 사건의 절정이면서, 주님을 따르고자 하는 이들이 충분히 알아차려야 할 사건이다. 예루살렘 입성과 마지막 만찬을 시작으로 주님의 수난 사건은 시작된다(마 21:1-11; 마 26:17-30). 가룟 유다와 베드로의 배반(마 26:47-56; 요 18:12-27)으로부터 예수님의 수난은 구체화되며, 장로들과 대제사장들과 빌라도 앞에서의 심문과 조롱과 고초는 예수님의 수난을 절정으로 몰고 간다(눅 22:66-71; 18:28-40). 그리고 마침내 십자가로의 행렬과 십자가의 못 박힘으로 예수님의 수난은 막을 내린다(마 27:26-49; 눅 23:26-49; 요 19:23-30).

지성과 감성과 의지를 동원하여 이 수난 묵상에 깊이 참여한다면 그 어느 장면보다도 주님과 인격적인 일치를 이룬다는 것이 무엇인가를 보다 분명하게 경험하게 된다. 이 과정에서 주님의 공생애의 진정한 의미를 깨닫고, 또 주님을 따르는 참된 삶의 방식이 무엇인지를 맛본다. 이 수난의 장면을 묵상해 가는 동안 기꺼이 예수님과 일치를 구하고, 그분이 걸어가신 삶의 방식을 저항 없이 받아들이고자 하는 열망이 일어난다면 주님의 사역에 참여할 수 있는 준비가 된 것이다. 아니 인격적 일치 그 자체가 주님의 사역에 이미 참여하기 시작한 것이다.

그런데 여기서 다음과 같은 의문이 제기될 수 있다. 주님의 수난과 죽음의 사건이 성부 하나님이 계획하시고 섭리하신 대속(代贖)적인 사건이라는 사실을 신학적으로 인지하고 받아들이는 것 이상으로 왜 또 무엇을 더해야 하는가, 즉 그 사건을 왜 의지적이고 감성적인 차원에서 깊은 묵상 안으로 끌어들여 맛보아야 하는가 하는 물음이 일어날 수 있다. 그 목적이 무엇인가? 이러한 물음에 대해 다음과 같은 결과를 기대해 볼 수 있다. 첫째, 하나님이신 예수님께서 인간이 되시어 죄인의 손에 정죄를 당하시고, 어처구니없는 고초를 당하시고, 마침내 가장 처참한 십자가의 죽음을 당하시는 사건을 직면하면서 나 자신이 짊어지고 있는 죄악된 삶의 결과가 얼마나 엄청난 불행을 초래하는가를 내면 깊이 경험한다. 그 결과 기도자는 십자가 앞에서 슬퍼하고 고통스러워하며 참회를 요구받는다. 둘째, 예수님의 수난과 고통을 목격하면서 오늘 주님을 따르는 제자로서 감내해야 할 고통스러운 현장을 있는 그대로 받아들일 수 있는 용기와 힘을 얻는다. 주님은 당신의 제자들을 세상에 보내시면서 "내가 너희를 보냄이 이리 가운데 양을 보냄과 같다"고 하셨다. 주님은 이미 그 고통스러운 현실을 인정하셨다. 그렇기에 주님이 그 길을 미리 걸어가신 것이다. 그래서 우리의 고통스러운 현실을 주님이 당하신 수난과 일치시킴으로써 그 현실을 감내해 낼 수 있는 힘을 얻게 된다.

셋째, 이 수난의 과정을 묵상함에 있어서 가장 중요한 목적은 우리 주님이 당하신 수난의 고통에 함께 참여하고자 하는 데 있다. 그런데 우리에게는 이러한 의문이 있다. 기도 가운데서 경험하는 수난당하시는 주님은 가상 현실인가? 실제로 오늘도 주님이 수난을 당하시는가? 이미 죽음을 이기고 부활하여 승천하신 주님이 오늘 다시 고난의 현장에 임하셔서 고난을 겪으신다는 것이 신학적으로 옳은 판단인가? 우리는 주님께서 약속하신 대로 성령으로 임하시어 세상 끝날까지 당신의 백성들과 함께 하신다는 사실을 믿는다. 고난 가운데 있는 사람들과 특별히 함께 하시겠다는 것이 성경의 가르침이다.

예수님은 심판날에 심판주가 되셔서 하늘나라의 상속자인 양과 영원한 형벌에 던져질 염소를 구분하실 때의 기준에 대해서 다음과 같이 언급하셨다. "내가 주릴 때에 너희가 먹을 것을 주었고 목마를 때에 마시게 하였고 나그네 되었을 때에 영접하였고 헐벗었을 때에 옷을 입혔고 병들었을 때에 돌보았고 옥에 갇혔을 때에 와서 보았느니라"(마 25:35-36) 이 말씀은 예수님이 고난의 현장에 있는 사람들과 당신을 동일시한다는 것을 의미한다. 그렇다면 예수님은 오늘도 그 고난의 현장에서 함께 고난을 당하신다는 것을 암시하는 것이 아닌가? 오늘도 부활하신 예수님은 고난의 현장 가운데 참여하시며 고난의 주님으로 임하신다. 그러므로 우리가 기도 가운데서 경험하는 수난당하시는 주님과의 만남은 가상 현실이라기보다는 영으로 임하시는 실재하시는 주님과의 만남으로 믿어야 한다. 그러므로 우리가 예수님의 고난과 십자가의 길을 깊게 묵상하고 맛보는 동안 우리는 그분과의 실재적인 일치를 경험할 수 있으며, 그 결과로서 우리는 부조리하고 죄악된 현실 속에서 고통을 감내할 수 있는 주님의 제자로서 힘을 얻게 된다. 왜냐하면 그 곳에 주님이 참여하셔서 짐을 함께 나누어 지시며 아파하고 계시기 때문이다.

이미 앞에서 여러 번 언급한 대로 '말씀과 함께 하는 기도' 란 일방적인 간구나 참회나 일방적으로 자기 주장을 펴는 기도가 아니다. 이 기도는 보다 활발한 쌍방적 교류를 기대하는 대화적 기도를 전제한다. 그래서 말씀을 통하여 하나님의 의사 전달을 받고, 이에 상응하는 정직한 반응이 서로 교류되는 가운데 대화적인 기도가 진행된다. 이 수난과 죽음에서도 때때로 논쟁적이고 주장하는 대화적 기도가 진행될 수 있다. 그러나 많은 경우는 그 고통스러운 현장을 그저 바라보며 슬퍼하고 아파하는 감정적 일치를 추구한다. 우리는 이 수난을 묵상하는 과정에서, 진정으로 주님과 함께 영적 여정을 걷는다는 것이 쉽지 않다는 사실을 경험한다. 기도 속에서 좀처럼 주님의 수난과 고통이 현실적으로 다가오지 않는다. 주님과 더불어 아파하고 슬퍼하는 감정적 일치를 맛보기도 쉽지 않다. 이 수난의 기도에서는 앞의 어느 과정보다도 영혼의 메마른 상태를 경험한다. 그래서 기도자는 자주 교리적 해석이나 자신의 처지를 정당화하고 위로받는 것으로 그 기도를 끝내고자 하는 유혹에 사로잡히곤 한다. 그럴 경우 기도는 매우 피상적으로 흘러갈 수밖에 없다. 물론 각 개인이 처한 상황에 따라서 주님이 겪고 있는 수난이 자신이 지금 겪고 있는 고난과 동병상린(同病常鱗)적인 일치를 맛보면서 주님의 은총을 경험할 수 있다.

그러나 그러한 은총은 이 기도에서 일차적으로 추구하는 목적은 아니다. 주님의 수난과 고난에 전인적으로 공감하고 참여하면서 감정적인 일치를 맛보고자 하는 것이 일차적인 목적이다. 그렇다면 기도가 생각대로 활발하게 흘러가지 않을지라도, 또 감정적 일치가 잘 일어나지 않을지라도 수난의 현장에서 곧바로 빠져 나오지 말고 한동안 머물러 있어야 한다. 그럼에도 불구하고 기도는 여전히 메마른 상태로 진행되어 가는 것이 이 기도에 보통 일어나는 현상이다. 그러나 그 메마름의 상태에서도 주님의 수난과 함께 머물고자 하는 열망이 사라지지 않는다면 어떤 의미에서 기도자는 이미 주님의 수난에 참여하고 있는 것과 같다. 주님의 수난을 맛보고자 하는 열망 가운데서도 감정적 일치를 맛볼 수 없는 상태는 영혼에게 상당한 메마름이라는 고통을 안겨 준다. 슬퍼해야 할 상황에서 감각이 정지되는 듯한 경험을 하는 것은 또 다른 차원에서 고통을 안겨 주는 것이다. 그 메마른 상태를 포기하지 않고 견뎌 낸다면 그 안에서 겪고 있는 영혼의 번민은 예수님의 수난과 죽음에 참여하는 것과 무관하지 않다.

예수님의 수난과 십자가의 묵상이 끝나면서 기도자는 예수님의 부활하심과 승천하시어 영광을 받으시는 사건에로 안내를 받는다. 이미 앞에서 진행해 왔던 예수님의 생애에 대한 묵상은 이 땅에서 이미 일어났고 계속 일어나고 있는 현실이다. 그러나 예수님의 부활 사건은 예수님 입장에서 볼 때는 이미 일어났던 과거적 사건이지만, 우리 입장에서는 장차 맛볼 종말론적인 사건이다. 우리가 이 묵상을 통하여 장차 일어날 사건을 미리 맛보고자 하는 것은 오늘 주님을 따르는 제자들로서 고통스럽고 죄악된 현실 속에서 용기를 잃지 않고 희망과 믿음으로 이 영적 순례 여정을 지속적으로 감당할 수 있게 하기 위함이다. 앞이 보이지 않는 암담하고 감당하기 어려운 시련 가운데서라도 다가오는 부활의 희망을 미리 맛보고 그 희망을 간직하고 있는 한 능히 주님을 따르고자 하는 역동적인 용기는 여전히 유지할 수 있다. 예수님의 부활 사건을 묵상하는 동안 예수님의 부활 사건은 더 이상 과거적인 사건이 아니고, 오히려 종말론적인 사건이면서 동시에 현재적인 사건으로 경험하게 된다. 예수님께서 천국에 대해 말씀하시면서 천국은 여기나 저기에 있는 것이 아니라 너희 가운데에 있다고 말씀하신 것처럼, 부활 사건 역시 기도자로 하여금 이미 도래하고 있는 현재적인 사건으로 경험하도록 한다. 그 힘으로 순례자는 이전에 선택하고 결단한 주님의 발자취를 더욱 용기 있게 따라가게 된다.

성경이 기록하고 있는 다양한 부활 사건을 들여다보자. 그토록 주님을 사모하고 그분의 죽음을 애통해하던 여인들이 예수님께 마지막 경의를 표하기 위해서 무덤을 찾아간다. 거기서 그들은 가장 먼저 예수님의 부활을 목격한다(막 16:1-11). 그리고 부활하신 예수님은 도마를 제외한 나머지 제자들이 두려워 떨면서 은밀한 한 공간에 모여 있었을 때 갑작스럽게 그 곳에 나타나신다(요 20:19-23). 또한 주님은 도마가 다른 제자들과 함께 모여 있었을 때 주님이 다시 그 곳에 나타나심으로 의심 많은 도마를 참신앙의 사람으로 변하게 하신다(요 20:24-29). 예수님은 엠마오로 내려가던 두 제자들에게도 직접 찾아가셔서 자신의 부활을 드러내신다. 예수님은 그들 가까이에서 동행하셨지만, 그들은 깊은 시름과 절망감에 빠져 있었기에 동행하던 나그네가 누구인지 알아차리지 못했다. 그러나 예수님이 그들의 눈을 뜨게 하심으로 그들의 눈이 열렸고, 그들은 즉시 부활하신 예수님을 목격하게 된다(눅 24:13-35). 예수님은 또 디베랴 호수에서 밤새도록 헛그물질을 하던 제자들에게 나타나신다. 희망과 사명감을 잃어버리고 깊은 좌절감에 빠져 있던 제자들에게 주님은 자신의 사랑을 새롭게 확인시켜 주시고, 새로운 사명을 부여하신다(요 21:1-22). 마침내 예수님은 주님을 사랑하는 수많은 무리 앞에서 마지막 대사명을 선포하시고 승천하신다(마 28:16-20).

    기도자는 위와 같이 부활하신 주님의 발자취를 기도로 소화해 내면서 각자의 상황에 따라서 부활하신 예수님을 만난다. 여기서 기도자는 영으로 임하신 부활하신 주님을 만나며, 동시에 종말론적으로 얼굴과 얼굴을 맞대게 될 주님을 미리 맛본다. 이 기도는 부활하신 주님은 오늘도 초시간적이고 초공간적으로 우리 가운데 임하시고 우리를 만나 주신다는 믿음을 전제로 한다. 2천여 년 전에 그러하셨듯이, 오늘도 부활하신 주님은 그분을 간절히 목말라하고, 주님을 절실히 필요로 하는 곳으로 달려가신다. 이전에 겪었던 다른 어떤 기도보다도 부활 묵상은 매우 활발하게 전개될 수 있다. 왜냐하면 이미 우리는 평소에 해 왔던 기도 생활 속에서 부활하신 주님과의 만남에 익숙해져 있기 때문이다. 이 과정에 진지하게 임하는 기도자는 실제로 부활하신 주님을 묵상하는 동안 어두움 속에서 빛을 경험하며, 절망 가운데서 희망을 경험하며, 불의가 득세하는 세상에서 정의가 살아나는 것을 경험한다. 무엇인가에 묶여서 고통을 당하는 그 현장에 부활하신 주님이 나타나심으로 인해서 자유를 회복시키시는 것을 경험한다. 부활하신 주님을 기도하는 동안에 우리는 현재적인 삶의 현장에서 부활하신 주님을 경험하며, 동시에 종말론적으로 우리가 맛보게 될 부활의 희망을 생생하게 유지할 수 있다.

이러한 예수님의 공생애와 수난과 죽음 그리고 부활의 영광을 기도 중에서 재현하면서, 각각의 상황에 처해 계신 주님을 감성과 의지로 경험하고, 기도자는 자신의 내면 안에서 주님과의 온전한 인격적 일치를 이룬다. 각자는 기도로 주님을 따라가는 동안 주님과의 일치를 보다 온전하게 이루기 위해서 어떤 사명을 부여받는다. 이러한 기도 과정을 몇 번이고 거듭하며 주님의 인격과 삶을 보다 확고하게 내면화하면서 기도자는 영적인 성숙을 이루게 된다. 그 외에도 다양한 목적을 따라 주님의 삶을 내면화할 수 있다. 예를 들면 짧은 시간 안에 자신의 정체성에 회의를 가지고 있는 사람이 자신의 정체성을 확인받고 싶다든지, 자신의 사명이 무엇인지를 확인받고 싶다든지, 혹은 상처받은 영혼이 치유를 받고 싶다든지 하는 특별한 목적을 가지고 주님의 생애를 묵상해 갈 수 있다.

반드시 복음서로만 기도할 수 있는 것은 아니다. 시편, 예언서 혹은 역사서를 통해서도 우리는 주님이 원하시는 영적인 삶을 이루어 갈 수 있다. 말씀으로 기도한다는 것은 결코 그 말씀이 담고 있는 다양한 의미를 찾아 내고, 자신의 상황에 적합한 말씀을 찾아 내려는 것이 아니다. 말씀 기도는 그 말씀 안에서 활동하고 계시는 주님과 만남에 초점이 있으며, 그것을 계기로 주님과의 활발한 사귐을 추구하는 것을 가장 큰 목적으로 삼는다. 말씀 기도가 우리 영혼 가운데서 실제로 작용하기 위해서는 무엇보다도 "하나님의 말씀은 살아 있고 활력이 있어 좌우에 날선 어떤 검보다도 예리하여 혼과 영과 및 관절과 골수를 찔러 쪼개기까지 하며 또 마음의 생각과 뜻을 판단한다"(히 4:12)는 사실을 굳게 믿는 믿음이 선행되어야 한다.

4. 성경과 어떻게 만나는가?

　주님과의 친밀한 교제는 성경과 마음과 성령님이 하나가 될 때 시작된다. 기도의 출발점으로 볼 수 있는 이 셋의 일치를 어떻게 감지할 수 있는지, 기도자가 어떠한 자세를 가져야 하는지를 생각해 보자. 사람들이 말씀을 대할 때 해석자가 되든지, 혹은 객관적인 관찰자가 되든지, 혹은 성경적 사건의 한 부분에 적극적으로 참여하는 참여자가 된다. 그리고 성령님과의 관계에서 말씀을 묵상할 때 기도자는 능동적인 자세를 취해야 하는지 혹은 수동적인 자세를 취해야 하는지에 대해 혼란이 일어나곤 한다. 즉 기도가 시작되기 위해서 기도자가 능동적으로 어떠한 조치를 취해야 하는지, 혹은 무엇이 느껴져 오기까지 수동적으로 기다려야 하는지에 대한 의문이다.
　일반적으로 기도의 출발점에서는 능동적으로 말씀을 대하는 자세가 필요하다. 기도 자체가 성령님이 하시는 일이기에(롬 8:27) 우리가 읽은 말씀을 성령님이 우리 마음 가운데 어떻게 드러내시는지를 수동적으로 기다려야 한다는 말은 논리적으로는 타당성이 있다. 그러나 경험적으로 볼 때 많은 경우 우리는 수동적으로 기다리는 동안 잡념이나 졸음으로 빠져들어 기도가 어려워질 수 있다. 그러므로 기도의 출발점에서는 보다 능동적으로 성경적인 사건에 참여하는 참여자의 자세가 필요하다. 그러한 능동적인 노력을 기울이는 동안 성경의 어떤 특정한 부분이 마음에 부딪쳐 오고, 그것이 서로 역동적으로 얽히기 시작하면서 우리 기도는 이전보다 훨씬 능동적인 상태로부터 수동적인 상태로 전환되는 느낌을 받는다. 처음 기도자는 자기 자신이 말씀을 조종하는 주체인 것처럼 느껴지기에 기도가 어느 정도 작위적(作爲的)인 행위와 같다는 의혹을 제기할 수 있다. 그러나 기도자는 성경의 어떤 특정한 말씀과 마음이 부딪치면서 성령님께서 우리 자신도 의식하지 못하는 내면 깊은 곳을 드러내시고, 우리로 하여금 반응하도록 말씀이 우리를 이끌어 간다는 확신을 가지게 된다. 그러나 기도의 어느 시점까지는 능동적인 상태로 기도가 진행되어 가다가 어느 시점부터는 전적으로 수동적인 상태로 전환된다고 말할 수는 없다. 동일한 기도 시간 동안에도 수동적인 상태와 능동적인 상태가 번갈아 반복되면서 더 깊은 기도로 나아가는 운동을 하기 때문에, 우리 마음은 순간순간 그 상태를 감지하면서 적합하게 대응하는 자세가 요청된다.

  기도자는 말씀이 충분히 마음 한가운데 자리잡고 적응되어 가기까지 수동적으로 말씀이 활동하기를 기다리는 것보다 능동적으로 그 말씀과 부딪치고자 하는 적극적인 노력이 필요하다. 말씀으로부터 한 발짝 물러서서 해석하는 자세로가 아니라 그 안으로 자신의 영혼을 던져 넣듯이 참여적인 자세로 말씀과 씨름하는 작업을 말한다. 얍복강 나루터에서 야곱이 취했던 태도가 좋은 예이다. 일반적으로 성령님이 우리 존재 가운데 임재하신다는 말에 대해서 기도자는 그것을 단순히 느낄 수 있을 뿐 아무 조치도 취할 수 없다는 정적주의적인 입장을 생각할 수 있다. 그러나 야곱의 얍복강 나루터의 기도를 자세히 관찰해 보면, 그는 하나님의 개입이 강력하게 일어나고 있을 때도 투쟁을 벌이면서 능동적인 대응을 했다. 사실 이 투쟁에서 하나님의 임재를 끌어 내기 위한 인간적인 노력에 주목할 것이 아니라, 하나님의 일방적인 임재와 그 은총을 자신의 실존적인 삶 속에서 이해하고 통합하려는 자신과의 투쟁에 주목할 일이다. 야곱의 투쟁은 거저 주시는 하나님의 은혜를 감지하지 못하도록 자기 자신을 덮고 있는 왜곡된 자아에 대한 이미지를 찾아 내어 주님께 나아가는 데 장애물이 되는 것을 거두어들이려는 과정에서 일어나는 투쟁이다. 우리는 우리 자신의 모습을 스스로 들여다볼 수 있는 능력이 없다. 빛을 통해 우리가 사물을 인식하듯이 우리는 내면에 빛이 비추어 올 때 자신의 내면을 들여다볼 수 있다. 융의 분석 심리학에서는 상징적인 도구나 이미지가 우리 내면을 들여다보게 하는 조명등의 역할을 한다고 한다. 그러나 기도 가운데서 우리를 내면으로 이끌어 주는 조명은 성령님이시다. 이 성령님의 조명은 말씀을 마음에 부딪치게 하고, 객관적인 성경 말씀이 각 사람에게 주관적인 생명의 말씀으로 전환되어 마음을 환하게 비추어 주는 빛이다. 그래서 기도자는 의도적이고 적극적으로 마음에 부딪치는 말씀에 관심을 기울이면서 성령님의 조명이 어떻게 일어나는가에 주목해야 한다. 일단 성령님의 조명이 말씀 가운데 비추어지기 시작하면, 그 말씀은 마음 가운데서 수동적으로 깊고 넓게 펼쳐지기 시작한다.

　예를 들면 한 기도자가 오병이어 사건의 말씀을 자료로 하여 기도를 한다고 하자. 이 사건은 사복음서 모두에 기록되어 있는 이야기이다. 동일한 사건임에도 불구하고 각 복음서 기자의 관점에 따라서 강조되는 초점이 조금씩 다르다. 예수님이 베푸신 동일한 사건임에도 불구하고 이 사건을 기록하도록 감동케 하시는 성령님은 각 성경 기자의 생각과 마음과 의지를 존중하여 조금씩 관점을 다르게 기록하도록 허용하셨다고 할 수 있다. 이러한 논리에 의하면 오늘 우리가 기도를 위해서 성경을 접근할 때도 성령님은 각 사람의 환경과 사고 방식과 의지를 존중하신다. 그러므로 성경을 대할 때 자신의 의지를 사용하여 능동적으로 성경 말씀에 보다 깊게 다가가려는 조치가 필요하다. 그래서 객관적인 성경 말씀이 각 사람의 처지에 맞도록 살아나게 한다.

오병이어 사건과 같은 성경 말씀을 기도의 자료로 끌어들일 때는 그 말씀이 다른 어떤 말씀보다 익숙하기 때문에 쉽게 접근할 수 있다는 장점도 있지만, 또 한편으로 그 익숙함이 더 깊은 기도로 나아가지 못하도록 하는 장애물이 될 수도 있다. 오랫동안 신앙 생활을 해 오고 있는 사람들은 이 말씀을 대하자마자 "매우 보잘것 없는 떡덩이 5개와 물고기 2마리를 가지고 예수님께서 위대한 일을 행하셨다."고 이해한다. 이미 오래 전부터 설교나 성경 공부를 통해서 그렇게 익숙하도록 가르침을 받아 왔기 때문이다. 그러나 사람들은 반복적으로 그 말씀을 대하는 동안 마음 한가운데 저항감이 있다는 것을 느낀다. 과연 그러한 기적이 오늘도 유효한가라는 의혹이 기도를 진전해 가는 데 있어서 장애물이 될 수 있다.

하지만 그러한 질문으로부터 성경을 더 깊이 볼 수 있도록 성령님의 안내를 받을 수 있다. 그러한 의혹을 마음에만 두지 말고 그 의혹을 적극적으로 기도의 자료로 가져간다. 그러한 의혹을 둘러싸고 있는 주변의 환경이나 처지 등에 비추어서 그 질문을 확대해 감으로써 기도가 새로운 국면으로 접어들 수 있다. 그리고 마음 속으로 주님께서 전혀 새로운 방향으로 접근해 올 수 있으리라는 기대를 가진다. 이러한 과정에서 기도자는 매우 능동적으로 대처해야 한다. 이제까지 사로잡혀 있던 선입견 때문에 마음에 묻어 두고 있던 의혹을 기도 안에서 과감히 표출시킴으로써 그러한 묶임으로부터 탈출하고자 하는 능동적인 자세가 필요하다. 그래서 기도 시작 즈음에 마음에서 일어나고 있는 세미한 움직임을 세밀하게 관찰함으로써, 그 움직임에 적극적으로 대응하는 자세로 기도를 출발시켜야 한다. 그것이 분명하지 않으면 기도를 계속적으로 끌고 갈 수 없다. 기존에 가지고 있던 장애물이 계속적으로 작용을 하고 있기 때문이다. 출발점은 말씀 전체를 아우르지 못하고 매우 부분적인 것으로 시작되나, 기도가 전개되어 가면서 그 중심은 주변을 향해서 점점 확대되어 가고 깊어져 간다.

기도자가 기도를 진행하는 동안에 그 상태가 수동적인 측면과 능동적인 측면이 불규칙적으로 번갈아 일어나는 것을 경험한다. 기도가 수동적으로 진행되어 간다면 그것은 성령님의 일이기에 그대로 따라갈 수밖에 없지만, 머지않아 수동적인 상태가 멈추면서 기도가 다시 산만해지고, 예상치 않은 상념으로 시달리게 된다. 이 때 기도의 줄기를 잃어버릴 수 있으니, 중심을 바로잡고 가지를 칠 것은 가지를 치고, 강화해야 할 것은 더 강화하는 지혜가 필요하다.

여기서 정념(正念)과 잡념(雜念)의 구분이 일어난다. 이렇게 기도의 능동적인 상태와 수동적인 상태가 반복되면서 기도자의 내면은 혼란을 거듭한다. 여기에서 자기 자신과의 혹독한 싸움을 치러야 한다. 정념과 잡념을 정리하는 과정에 있어서도 그것이 선택의 문제이기 때문에 많은 갈등과 투쟁이 필요하다. 이 갈등과 투쟁을 수동적으로 맞이할 수는 없다. 그러한 과정은 하나님을 향하여 우리 마음의 껍질을 하나씩 벗겨 내는 작업과 같기 때문에 적극적으로 우리 의지를 개입시켜야 한다. 그리하여 마침내 흔들리지 않는 하나의 줄기가 잡히면서 더욱 강력하게 성령님이 기도를 이끌어 가시는 것을 경험하게 된다. 일반적인 경험에 의하면 기도가 수동적인 상태로 자리잡기 시작했다고 할지라도, 끝까지 수동적인 상태로 유지되지만은 않는다. 확정된 듯한 정념이 반복해서 다시 흔들리고 또 다른 잡념이라는 침입자에 의해서 공격을 받곤 한다. 그렇기에 수동적인 상태에 있을지라도 또다시 능동적인 자세로 돌아갈 준비를 하지 않는다면 기도는 다시 혼란에 빠질 수 있다.

그러므로 말씀을 가지고 기도한다고 할 때의 상태는 능동적인 태도와 수동적인 태도 사이에서 시계추처럼 반복 운동을 한다. 기도자의 입장에서는 이 두 상태에 대해 적절하게 대응해 갈 때 기도가 활발하게 진행되어 간다고 느낀다. 반면에 기도가 능동적인 상태에만 오래 머물러 있다면 주님과의 관계가 매우 인위적이고 답답하게 느껴진다. 다른 한편으로는 기도가 수동적인 상태로 넘어가는 그만큼 성령님의 개입을 더 깊이 신뢰하는 경향이 있다. 그러나 사실은 우리가 진지하게 기도 속으로 들어갔다면 그것이 능동적인 상태이든 수동적인 상태이든 모든 경우에 있어서 성령님의 간섭으로 받아들여야 한다.

기도 체험과 영적 지도 V
기도 경험

기도 안에서
우리는 우리 자신의 의지와
우리를 향하신 하나님의 의지를 경험한다.
보통 하나님의 의지는
말씀을 통해서 개별적으로 전해지며,
이에 대한 정직한 내적 반응을 보일 때
하나님과 부딪치는 경험을
하게 된다.

1. 기도는 어떻게 출발되는가?

기도는 내면의 움직임을 감지하는 것으로부터 출발된다. 우리의 내면의 소리에 귀를 기울여 본다면 적어도 두 종류 이상의 소리가 경쟁하고 있는 것을 발견한다. 서로 자기의 소리에 주목해 달라는 아우성이다. 그 소리가 말씀과 만날 때 그것이 무엇인지 더 선명하게 드러난다. 그 소리를 기도로 끌어올릴 때 비로소 주님과 활발한 교류를 감지하게 되며 여기서 생동력 있는 기도가 일어난다. 기도는 눌려 있는 상태로부터 자유를 누리고자 하는 몸부림과 습관적으로 탐닉하고 있는 안일한 속박 상태에 그대로 머물고자 하는 소리, 그것으로부터 벗어나고자 하는 몸부림의 소리와 그 안에 그대로 취해 있고 싶어하는 소리, 포기하고자 하는 갈망과 두려워하는 마음과 담대함을 갈망하는 마음의 소리와 같이 서로 상반된 내면의 움직임이나 소리를 주의해 보는 가운데 기도는 살아난다. 이 소리를 자세히 들여다보면 하나님의 음성 듣기를 두려워하거나 꺼려한다는 사실을 발견한다. 그러면서 동시에 하나님을 갈망하며 그리워한다. 그러한 상반된 소리를 두려워하지 말고 있는 그대로 끌어 내어 주님과

정직하게 직면할 때 살아 있는 기도가 이루어진다.

일반적으로 기도란 미래에 이루어질 기대와 관련되어 있다고 믿는다. 그러나 그 기도를 자세히 들여다보면 현재의 자기 모습을 드러내는 것이 기도 하다. 남들의 주목과 좋은 평가를 기대하면서 기도한다고 하자. 그것은 현재 자신이 주변의 사람들로부터 충분한 인정을 받지 못함에 대한 불만과 갈등에 대한 간접적인 표현이라고 할 수 있다. 보다 충성된 삶을 살고자 하는 바람으로 기도한다면 오늘의 삶이 기대하는 바대로 충분히 충실하지 못하다는 회한의 고백이라 할 수 있다. 능력 있는 사람이 되어서 다른 사람들에게 영향력을 미치는 사람이 되고자 하는 기도를 한다면, 현재 그는 영향력이 있는 사람이 아니며, 다른 사람들의 영향권 아래 있다는 것을 말하기도 한다. 기도 속에서 보다 성공적인 물질 생활을 간구한다면, 그는 지금 자신의 물질 생활에 대해서 불만스럽다는 것을 의미한다. 그러나 이런 기도를 하고 있는 사람이 보다 정직하게 자신의 내면의 소리에 귀를 기울인다면 기도가 달라질 수 있다. 기도는 막연히 무엇을 청원하는 수단이 아니라 주님과 보다 친밀한 사귐을 통해서 자신과 직면하는 행위이다. 미래는 현재와 단절된 또 하나의 시간이 아니다. 다가오는 현재일 뿐이다. 그러므로 현재를 깊이 자각할 때 미래의 소망이 허구가 아니라 실재가 될 수 있다. 주님은 현재를 기초로 해서 미래를 끌어가시기 때문이다. 그러므로 현재 자기의 모습을 주님께 그대로 드러낸다면 미래를 보다 바람직하게 소망하며 보다 확신 있는 미래를 기대할 수 있다.

위의 예를 좀더 자세히 생각해 보자. 만일 우리가 사람들로부터 인정받기를 소망하는 기도를 드린다면, 그 기도 가운데서 먼저 주목받지 못하는 자신에 대해서 고통스러워하는 내면의 소리와 현재의 모습을 먼저 직시해야 한다. 그리고 그 모습을 주님 앞에 자세히 토로하는 동안 자신의 기대와 소망이 매우 분명해진다. 그러면 그것은 단순히 주술적인 주문을 뛰어넘어 주님과의 인격적인 사귐으로 넘어간다. 자신이 인정받지 못하는 현실에 대해서 보다 분명한 인식을 하게 되고, 왜 그렇게 사람들의 인정을 목말라하는가 하는 근원적인 이유를 발견하게 된다. 동시에 인정받고자 하는 자신의 목마름에 대한 주님의 반응을 듣게 된다. 이렇게 활발한 사귐의 기도가 진행되는 동안 자신의 미래적 소망이 현재적으로 가까이 앞당겨질 수 있다. 현재 인정받지 못하는 자신의 모습을 있는 그대로 들여다보라. 그러면 미래를 향해서 어떻게 인정받는 존재가 될 수 있으며, 그것이 왜 필요한지를 기도 가운데서 깊게 성찰하게 된다. 사귐의 기도가 아닌 단순히 자신의 욕구를 아뢰는 간구의 기도로 일관한다면, 그의 소망은 한동안 이루어지지 않는 미래적인 사건으로 남아 있을 수밖에 없다.

또 하나님 앞에서 진실되고 충성된 삶을 갈구하는 사람들의 기도를 생각해 보자. 그 기도는 표면적으로 볼 때 미래 어느 때 일어날 것을 기대하는 기도이다. 그러나 그 기도의 이면에는 현재 충분히 성실하고 충성된 삶을 살지 못하는 자신의 회한이 담겨져 있다. 이러한 모습을 자의식적으로 발견하고 깊게 통찰한다면 그것은 곧 사귐의 기도로 넘어갈 수 있다. 사귐의 기도 가운데서 자신이 직면하고 있는 현재적 모습을 보다 솔직하고 진지하게 주님께 드러내면 주님과 보다 긴밀한 관계를 맺게 된다. 그래서 그 기도의 결과는 미래 어느 때로 유보된 사건이 아니라, 이미 사귐의 과정에서 자신의 모습이 변화하고 있는 경험을 하게 된다.

물질적인 풍요로움과 어떤 일에 대한 성공적인 성취를 위해서 기도한다고 하자. 표현되는 그 기도 이면에는 물질로 인해서 겪고 있는 현재적인 불편함과 실패에 대한 불안함이 있음을 말하는 것이다. 만약 그가 그 이면에 흐르고 있는 그러한 심리적인 흐름을 간과해 버리고, 표면에 일어나고 있는 그 욕구에만 집착한다면, 그의 기도가 미래 어느 때 이루어졌다고 할지라도, 그것으로 인해서 주님과의 사귐은 잘 일어나지 않는다. 기도가 대화라고 한다면 기도는 순간순간 하나님의 반응을 감지하는 것을 전제한다. 그 반응을 감지하기 위해서는 겉으로 표현된 기도 이면을 들여다볼 수 있어야 한다. 즉 표현 뒤에서 꿈틀거리고 있는 내면 깊은 속사정을 헤아리는 민감성이 필요하다. 그럴 때 비로소 나의 진실한 마음과 주님의 의향이 부딪친다. 그것으로 인해서 기도자는 하나님과의 관계를 자각한다.

또 다른 예를 들어 보자. 한 기도자가 물질적인 부족함을 호소했다고 하자. 그 욕구 이면에 숨겨진 왜곡된 삶의 가치관과 물질관 등을 자각하면서 하나님과의 관계로 진전시켜 갈 수 있다. 우리가 주님께 어떤 기도를 드린다 할지라도 주님은 언어로 표현되고 있는 그 기도 내용보다 우리 존재 그 자체에 더 많은 관심을 가지신다는 것을 기억해야 한다. 기도를 들으시는 하나님은 우리가 표현하는 그 말에 귀를 기울이시는 분이 아니고, 우리의 전 존재에 귀를 기울이시는 분이다. 기도를 들으시는 주님은 나의 소망이나 나의 욕구에 관심을 두기보다는 그러한 일로 번민하고 힘들어하는 인간 그 자체에 관심을 기울이신다. 원론적으로 이해하건대 기도는 내 뜻을 성취하고자 함이거나 주님을 내 주장대로 움직이게 하고자 함이 아니라, 주님의 의향대로 내 의지를 바꾸어 가는 과정이며 주님께 전적으로 순종하기 위함이다. 그러므로 우리는 말의 기도보다는 마음의 기도를 배워 가야 하며, 표면에 흐르고 있는 욕구나 생각뿐만 아니라, 그 이면에 흐르고 있는 우리 자신에 대해 익숙해야 한다. 그럴 때 비로소 나는 주님의 좋은 파트너가 되며, 주님 또한 나의 파트너가 된다. 거기서 비로소 우리는 간구 기도로 시작했지만, 사귐의 기도로 발전되는 것을 경험한다.

이러한 관점에서 기도를 전개해 갈 때, 기도는 분명 일방적인 독백이 아니고 하나님과의 대화이다. 대화라 하더라도 그것 역시 나의 생각 안에서 일어나는 일이기 때문에 어떤 것이 하나님으로부터 비롯된 것인지, 혹은 어떤 것이 나로부터 비롯된 생각이나 통찰력인지 의문을 가지게 된다. 우리가 기도를 현상적으로 들여다보면 분명히 그 기도는 우리의 생각의 연속이다. 즉 생각과 생각의 주고받음이 기도이다. 그런데 본질적인 측면에서 기도가 단순히 우리 자신의 생각과 생각의 이어짐이라고 한다면, 사고 작용과 기도를 어떻게 구분할 수 있겠는가? 기도가 우리의 일이 아니고 성령님의 일이라는 것을 전제로 한다면, 기도는 순전히 내 생각의 움직임이라고 하는 심리적인 경험과는 다르다. 기도는 출처가 다른 두 가지 의향이 내 안에서 부딪치고 있는 경험이다. 즉 나의 의향과 하나님의 의향이 서로 부딪치는 소리가 기도이다. 분석 심리학적인 측면에서는 기도를 자기와의 대화라고 이해하지만, 믿음 안에서의 기도는 하나님이 우리 생각 속에 직접 개입하시는 하나님과 우리의 대화이다.

그런데 우리 기도를 경험적인 측면에서 살펴본다면, 어떤 경우에는 기도가 나 혼자의 독백이라는 느낌이 강하고, 또 어떤 때는 타자가 보다 강하게 개입되고 있다는 느낌을 받는다. 심리적인 입장에서 본다면 이 두 가지 경우 모두 우리 자신 안에서 일어나고 있는 내 생각의 연속이다. 사실 대부분의 기도는 제삼자가 우리의 감각 기관을 통해서 전해 준 또 다른 소리와의 대화라기보다는 내 안에서 끌어 낸 또 다른 내면의 소리와의 만남처럼 느껴진다. 그러나 그리스도교적인 믿음의 관점에서 볼 때 모든 기도는 성령님이 우리 생각과 느낌을 이용하셔서 그분의 의향을 드러내시고, 그것이 또 다른 우리 자신의 의향과 부딪치게 된다. 그것이 살아 있는 기도의 과정이다. 기도는 성령님이 간섭하시는 가장 좋은 환경이기에 기도자는 기대를 걸고 내면의 모든 움직임을 위와 같이 이해하는 자세가 필요하다. 즉 우리 안에서 일어나는 모든 움직임을 성령님의 작용으로 이해하면서 그것을 감지하기 위해 모든 감각을 열어 놓으라는 말이다. 그러한 과정에서 대화적인 기도가 일어난다. 그러므로 어떤 것이 하나님으로부터 비롯된 것인가에 대한 예민한 반응보다는, 성령님이 개입하셔서 내 생각 안에서 대화하신다는 사실을 받아들이는 자세가 더 중요하다. 그럼에도 불구하고 보다 근본적인 하나님의 소리를 분별하고자 한다면 기도 전체의 흐름 속에서 그리고 '하나님의 단일한 의도'를 파악하는 과정에서 더 분명해진다. 더 구체적인 식별의 문제는 제VII장에서 다루게 될 것이다.

  기도가 주님과의 대화라는 사실을 보다 확신 있게 받아들이기 원한다면, 주님이 우리를 향해서 끊임없이 다가오시며, 우리와 친밀한 사귐을 원하신다는 믿음이 전제되어야 한다. 그러한 확신 아래 기도자의 마음과 생각의 지평이 보다 넓어지면서 들려 오는 소리를 자연스럽게 받아들일 수 있다. 그리하여 내 안에서 들려 오는 그 다양한 소리가 오직 내 생각의 일부분만은 아니라는 확신을 가지게 된다. 만약 이러한 확신이 없다면 우리 기도는 많은 경우 내 생각의 한계와 상식을 뛰어넘지 못한다. 고정된 관념이 우리 마음 속에 고집스럽게 자리잡고 있는 한 주님과의 자연스러운 대화나 사귐은 가능하지 않다. 기도자는 계속해서 다가오시는 주님을 향하여 보다 관대하고 열린 태도를 유지하는 것이 필요하다. 하나님은 우리 상식 안에서도 혹은 상식 밖에서도 얼마든지 그분 자신을 드러내실 수 있다. 그러한 믿음에 익숙하게 되기 위해서 우리는 기도의 경험을 보다 담대하게 표현하는 습관이 필요하다. 기도 중에 '이런 생각을 하게 되었다.'는 말보다는 '이런 생각이 떠올랐다.'는 표현이 더 좋다. 한 걸음 더 나아가 '주님께서 이런 생각을 일으켜 주셨다.'는 표현이 더 생동력이 있다. 기도의 경험을 표현할 때 '이런 생각을 하게 되었다.'

는 표현을 넘어서지 못하는 중요한 첫째 이유는 자신의 기도 경험을 익숙하게 길들여진 자신의 생각과 상식 너머로 이끌어 가려 하지 않기 때문이다. 두 번째 '이런 생각이 떠올랐다.'는 표현은 기도를 이끌어 가시는 주체자에 대한 확신의 결여로부터 비롯된다. 셋째 '주님께서 이런 생각을 일으켜 주셨다.'는 표현은 기도를 이끌어 가시는 하나님에 대한 확신과 성령님의 감동으로 인해서 어떠한 일도 일어날 수 있다는 유연한 태도로부터 비롯된다.

2. 어떻게 생동력 있는 기도를 이끌어 갈 것인가?

　말씀과 함께 기도할 때 어떤 부분에서 염려와 저항감, 거부 반응 등이 일어나는 것을 감지했다면, 그 지점의 말씀에서 성령님이 개입하고 계시다는 믿음을 가지고 그 시점의 내적 움직임에 적극적으로 반응하는 자세가 필요하다. 흔히 말씀을 대할 때 확신과 기쁨이 수반되는 부분만 성령님의 간섭이라고 고집하는 태도를 변화시켜 가야 한다. 성경 말씀은 단순히 일방적인 명령을 전해 주기 위한 닫혀 있는 책(closed text)이 아니라, 마음의 상태를 일깨워 주고 반응하도록 자극을 주는 열린 책(open text)이다. 예를 들면 어떤 말씀이 마음에 부딪쳐 오면서 우리 마음을 불편하게 하였다고 하자. 그래서 기도자가 그 말씀으로부터 벗어나고자 하는 마음이 일어나는 것을 발견했다면, 그것은 그 말씀으로의 초대에 대해 저항을 느끼고 있다는 증거이다. 그 과정에서 성령님이 이미 개입하고 계시다는 것을 받아들이고, 그 때의 감정(이 경우에서는 불편한 감정)을 솔직하게 드러냄으로써 기도의 활기를 되찾을 수 있다.

　또 기도 중에 중압감을 느낄 정도로 주님의 요구가 밀려온다면 흔히 우리는 두 가지 태도를 취한다. 한편으로는 그 응답을 미래로 유보해 두고 그 불편한 감정을 피해 가려고 한다. 예를 들면 '힘을 주시면 감당하겠습니다.' 혹은 '은혜를 주시면 감당하겠습니다.' 라는 피상적인 반응을 통해서 중심 주제를 벗어나려 한다. 그것은 결국 주님과의 진지한 대화를 피해 가겠다는 의도가 담긴 응답이다. 다른 한편으로는 그 때 일어나는 내 감정을 솔직하게 표현할 수 있다. 그럴 경우 하나님의 입장을 고려하는 듯한 반응은 좋지 않다. '하나님은 이런 반응을 기뻐하시리라.' 는 판단을 전제하는 계산된 반응은 결코 기도를 진전시켜 가는 데 도움이 되지 않는다. 하나님은 우리 말소리를 듣기보다는 우리 내면 깊이에 숨겨진 의향에 귀를 기울이신다는 것을 기억해야 한다. 그러므로 숨김없이 하나님 앞에 자신의 감정과 의지를 솔직하게 드러냄으로써 주님과 정면으로 부딪치는 경험이 필요하다. 사실 어떤 말씀에 부딪칠 때 강하게 저항감을 느끼면 느낄수록 성령님이 그만큼 더 강하게 개입하신다는 증거이며, 우리 영혼이 그만큼 민감하게 대응하고 있다는 증거이다. 그러한 믿음을 전제할 때 기도가 활발하게 진행되어 간다.

   기도를 대화라고 할 때 표면적으로는 독백의 형태를 띤 기도도, 그 내용을 자세히 보면 암묵적으로 대화가 진행되고 있다는 흔적을 찾아볼 수 있다. 예를 들어 "하나님 아버지, 내 마음 속에 평화가 없습니다. 주여, 주변 환경에 의해서 흔들리지 않는 항구적인 평화를 주옵소서."라는 기도를 하고 있다고 하자. 이 두 문장 안에는 이미 마음 가운데 왜 평화가 없는지에 대한 물음이 전제되고 있다. 그리고 그에 대한 물음의 응답으로 다음의 기도가 전개되어 가고 있다. 이렇게 볼 때 우리는 그 물음의 생성 기원을 성령님의 간섭으로 받아들여야 한다. 물론 표면적으로는 논리적인 내 생각의 전개라고 볼 수도 있다. 하지만 그렇게 받아들인다면 그 기도는 자기 암시에 불과하다. 그러한 기도로부터 무슨 결과를 기대할 수 있는가? 과연 자신과의 독백을 통해서 항구적인 평화가 임할 수 있으리라고 기대할 수 있는가? 그럴 수 없다. 심리적인 효과 이상 그 어느 결과도 기대할 수 없다. 그러나 자기 경험과 이성적인 논리의 한계를 뛰어넘어 기도의 결과를 기대한다면, 우리 기도 가운데 성령님의 직접적인 간섭을 인정해야 한다. 그럴 때 형식상 대화의 형태를 띠고 있지 않을지라도 기도 후에 기도자는 주님과의 활발한 교류가 있다는 것을 경험하며, 그 기도에 대한 주님의 반응을 감지할 수 있다.

그러나 기도가 대화와 사귐이라는 정의에 근거를 두고 충실한 대화적 형식을 취한 기도임에도 불구하고 주님과의 일치적 느낌을 받을 수 없다면 그 이유는 무엇인가? 전통적인 영성신학적 입장에서 보면 '일치의 경험'은 전적으로 하나님의 은혜의 선물이다. 그럼에도 불구하고 일치의 정도를 나눌 때는 능동적 일치와 수동적 일치로 구분한다. 전자는 불완전 관상이라 하고, 후자는 완전 관상이라 한다. 불완전 관상은 하나님이 인간에게 부여하신 여러 가지 기능을 사용하여 관상 체험(이 부분에 대해서는 제Ⅵ장에서 더 깊이 다룰 것임)에 도달할 수 있다는 능동적인 관상 생활에 초점을 둔 말이다. 완전 관상이 능동적인 오각(五覺)의 개입의 여지가 전혀 없다고 할 만큼 탁월한 주님의 은총에 의존하는 것과는 달리, 불완전 관상은 인간의 능동적인 오각의 작용에 어느 정도 영향을 받고 있다. 우리에게 시각, 청각, 후각, 미각, 감각 등의 오각이 있는 것처럼 영성신학에서는 내적 오각이 있음을 인정한다. 능동적인 일치를 추구하는 기도자는 이 내적 오각을 충분히 사용하도록 하는데 이를 일컬어 소위 영적 감각이라고 한다. 이처럼 기도 중에 의도적으로 주님의 임재를 충분히 허용하는 태도를 가지면서 의도적으로 대화를 이끌어 갈 때 대화적 풍요로움을 맛볼 수 있는데, 그러한 경우를 불완전 관상이라고 한다.

그러므로 우리가 기도 가운데서 하나님과의 일치감을 전혀 맛볼 수 없다면 일반적으로 내적 감각을 능동적이고 개방적으로 사용하지 않기 때문은 아닌지 의문을 가지게 된다. 그런 경우라면 무엇보다도 내적 감각을 사용할 수 없는 이유를 성찰하고, 그 장애물을 제거하고자 하는 노력을 함으로써 보다 활기찬 기도를 회복할 수 있다. 예를 들면 어떤 특정한 신학적 전통이나 가르침이 기도의 장애물이 될 수 있다. 하나님의 속성 중 지나치게 초월적인 하나님의 속성을 강조한 나머지 하나님의 내재적인 속성을 간과하도록 하는 신학적 가르침에 익숙할 때 대화적 기도에 방해를 받을 수 있다. 초월적인 하나님이 어떻게 우리와 대화의 상대가 될 수 있는가? 우리는 자주 이러한 신학적 이해 때문에 하나님과 대화의 정도를 이미 기존에 형성된 태도에 국한시키려는 경향이 있다. 그러므로 보다 활발한 내적인 기도를 이끌어 가기 위해서는 우리 삶에 얼마든지 자유롭게 개입하실 수 있는 하나님의 내재적 속성에 대한 확신이 의식 가운데 형성되어야 한다. 구체적인 훈련 방법으로써 주어진 말씀을 어떤 특정한 의미나 교훈을 끌어 내는 묵상의 대상으로만 삼지 말고, 그 말씀을 통하여 자유롭게 역사하시는 성령님의 개입을 기대하면서 열린 마음으로 말씀에 다가가는 연습이 필요하다. 그래서 묵상하고 있는 말씀이 어떻게 우리 내면 안에서 살아나는지를 지켜보는 훈련이 필요하다. 그리고 내면의 움직임에 상응하는 솔직한 반응을 드러내는 그 정도만큼 주님과의 일치적 경험을 맛보게 된다.

   사람들은 흔히 기도를 진행해 나가기가 힘들다고 말한다. 몇 마디 기도하고 나면 더 이상 할 말이 없어서 기도를 더 진행시키기가 어렵다고 한다. 그렇게 쉽게 기도의 한계성을 느끼게 되는 이유는 무엇보다도 기도를 단순히 말의 나열이라고 생각하기 때문이다. 그러나 기도는 어떤 말을 쏟아 내는 것이라기보다 내면에 흐르고 있는 어떤 열망이나 솟구침이라고 할 수 있다. 우리가 일상적으로 하는 기도는 그러한 열망을 담고 있는 내면의 솟구침을 적당한 말로 구사하는 것일 뿐이다. 그러므로 기도가 어렵게 느껴지는 것은 말의 문제라기보다는 내면의 열망이나 솟구침에 대한 이해의 문제이다. 그러면 어떻게 기도를 끌어갈 수 있는가? 우선적으로 자신 안에 도사리고 있는 내적 욕구와 하나님을 향한 갈망 사이에 어떤 관계가 있는지를 살펴보도록 한다. 그 둘 사이가 별개의 것이라고 한다면 기도는 머지않아 무기력하게 된다.

  기도가 일차적으로 우리 자신의 욕구의 산물이라고 할 때 그 기도는 청원적 성격을 지닌다. 그래서 제한된 표현의 기도를 반복적으로 지속할 수밖에 없다. 사람들은 그저 주문처럼 반복되는 그 기도의 표현에 대해서 흥미를 잃어버리곤 한다. 기도하고자 하는 강렬한 열망이 점점 시들어 버리는 경험도 한다. 그런 경우 기도자는 그 일차적인 욕구 뒤에 숨겨져 있는 진정한 열망이 무엇인지를 발견해 내야 한다. 심리적으로 전달되어 오는 일차적인 욕구 뒤에 하나님을 향한 근본적인 열망이 숨어 있음을 발견할 때 기도는 살아난다. 성경 말씀을 마음 깊이로 끌어들이는 것은 일상적으로 느끼는 피상적인 욕구로부터 쉽게 드러나지 않는 심연 깊은 곳에 드리워져 있는 근본적인 욕구에 다가가도록 하기 위함이다. 분석 심리학에서는 다양한 마음의 소리가 논리적인 사고로는 잘 발견되지는 않지만, 마음을 자극하고 동기를 부여할 수 있는 적합한 상징(symbol)이 주어지면 그 마음의 소리가 무엇인지 드러나게 된다고 믿는다. 이 논리에 따르면 성경의 이야기나 그 이야기가 전해 주는 메시지가 곧 상징이 되어 숨겨 있는 깊은 마음을 일깨워 주는 데 기여하게 된다. 표면적으로는 물질적이고, 감각적이고, 육체적인 것처럼 느껴지는 갈망이 사실은 하나님을 향한 근본적인 갈망과 열망이라는 사실을 인지하게 된다. 그러면 내적 감동 없이 머리 속에서만 맴돌던 기도가 서서히 살아나기 시작한다.

말씀과 더불어 기도한다는 말은 그 말씀이 전해 주는 보편적이고 일반적인 진리가 개별적이고 특별한 상황에 맞는 메시지로 전환되는 것을 의미한다. 그것은 단순히 지성적인 작업을 통해서 보편적 진리를 개인적인 상황에 맞도록 해석하는 작업을 의미하는 것은 아니다. 주어진 말씀을 오늘 이 시점에 우리에게 들리는 하나님의 음성으로 받아들이면서 그것을 보다 개인적이고 현재적인 말씀으로 바꾸어 가는 작업을 말한다. 예를 들면 성경 안에 등장하는 다양한 인물 안에서 자기 자신의 모습을 보면서 주님과 접촉을 시도한다. 이 접촉점을 통하여 주님과 보다 긴밀한 관계를 형성해 가며, 그 과정에서 자기 자신의 내면 세계를 더욱 깊이 이해하게 된다. 이러한 의미에서 말씀으로 기도할 때 그 말씀에 등장하는 인물을 어떻게 받아들이느냐에 따라서 주님과 관계성이 긴밀하게 될 수도 있고 소원해질 수도 있다. 동시에 자기를 보다 더 잘 이해할 수도 있고, 자신이 감추어질 수도 있다. 보다 효과적이고 살아 있는 기도를 위해서는 무슨 말씀을 가지고 기도하든지 예수님에게 가장 가까이 접근할 수 있는 인물에 초점을 맞추면서 말씀 속으로 파고드는 것이 바람직하다.

말씀과 더불어 기도를 진행해 나갈 때 기억해야 할 몇 가지 기본적인 이해와 태도가 있다. 사람들은 흔히 이 기도를 통하여 내적 치유의 효과를 기대한다. 말씀은 우리 내면에 들어와서 심리적인 상처 등을 치유하는 작업을 한다. 그러나 기도에서 그런 일이 일어난다 할지라도 그것을 직접적이고 일차적인 목적으로 삼고 기도에 접근하는 것은 근본적으로 사귐의 기도에는 적합하지 않다. 기도는 어떤 일을 이루기 위한 수단이 아니다. 기도는 그 자체로서 성령님의 개입과 임재를 뜻하는 것이기 때문에, 기도로 들어가는 일은 그 기도의 주인 되시는 주님과 사귐을 전제로 한다. 그러므로 기도하는 동안 의식적으로 추구해야 할 일차적인 목적은 하나님과 관계 형성이다. 기도를 진행해 갈 때 내적 치유에 관심이 있을지라도 그 자체를 직접적으로 간구하는 대신, 상처 입은 존재로서 하나님과 직접적으로 부딪치고자 하는 자세가 필요하다.

그리고 하나님과 사귐의 과정 속에서 현실적으로 직면한 문제를 포괄적으로 해결하기를 기대하면서 기도하는 태도가 바람직하다. 때로는 기도를 통해서 자신의 정체성을 발견하기도 하는데, 그것 역시 주님과 사귐의 과정에서 부수적으로 수반되는 결과일 뿐이다. 보다 활기찬 기도를 이끌어 가기 위해서는, 자신이 직면한 문제에 곧바로 매달려 간구하는 형태로 기도를 진행시키지 말고, 그 문제를 진지하게 주님께 토로하면서 그 문제에 대한 깊은 이해와 통찰을 구하도록 한다. 이 때 기도자는 그 문제가 어떻게 풀려 갈 것인지에 주목하기보다는, 주님께서 그 문제를 어떻게 다루시는가에 주목할 때 주님과 친밀한 관계가 형성되는 것을 경험한다.

주님은 우리가 성취하고자 하는 일에 관심이 있는 것이 아니고, 그 이전에 우리 존재 자체에 관심이 있다는 것을 기억해야 한다. 우리는 기도할 때 자주 우리가 어떤 일을 하는 사람인가에 초점을 두고 주님과 접촉을 하고자 한다. 그럴 때 우리는 내면의 욕구가 더욱 강하게 살아나서 내가 선호하는 방향대로 주님의 반응을 유도해 갈 수 있다. 혹은 필요한 만큼 걸러서 반응을 할 수 있다. 그 결과 주님과 교제가 매우 제한될 수밖에 없다. 주님께 나아갈 때는 할 수 있는 대로 무엇을 하는 사람으로서 (what I do) 접근하지 말고, 내가 어떠한 사람인가로(what I am) 접근해야 한다. 문제 해결에 초점을 맞추지 말고, 그 문제가 매개체가 될지라도 그 문제에 매이지 않는 있는 모습 그대로 주님과 만나도록 할 때 주님과 관계가 활발해진다. 어떤 상황에서 벗어나고자 하는 몸부림보다는 주님이 그렇게 살도록 하셨다면 그렇게 살아가리라는 자유함이 전제될 때 기도는 더욱 깊은 곳으로 인도된다.

물론 그 자유도 그러한 기도 가운데서 더욱 풍요롭게 된다. 그래서 주님과 사귐이 깊어지면 깊어질수록 매달리던 현재의 상태로부터 자유함을 얻게 되고, 주님이 지시한 새로운 땅을 향하여 영적 여정을 떠나게 된다. 기도의 핵심은 주님과 온전한 여행, 그분을 순전하게 맛보기 위한 작업이다. 그런데 인간은 역사적이고 환경적인 존재이기 때문에 자연스럽게 불순물처럼 보이는 자기 문제, 주변 환경이 집요하게 달라붙는다. 그러나 기도하는 동안 그것을 극복하게 되면, 소위 자기도 없고 세상도 없는, 주님과 온전한 만남이 비로소 성립된다.

3. 말씀으로 기도하면서 무엇을 경험하는가?

　말씀으로 기도한다는 것은 보편적인 진리를 개별화하는 작업을 의미한다. 개별화 과정에서 말씀은 각 사람의 처지와 상황에 맞는 어떤 경험을 한다. 마음에 상처를 받고 고통받고 있는 어떤 사람이 예수님의 수난 사건과 관련된 어떤 말씀에 부딪쳤을 때, 기도 속에서 다음과 같은 이미지가 떠올랐다. 예수님처럼 자신이 십자가를 지며 힘겹게 그 길을 걸어가는 모습과 뒤에서 안타깝게 자신을 지켜보고 있는 가족과 친지의 모습을 보게 된다. 그 때 십자가를 지는 예수님과 자신의 모습이 교차되면서 순간 그분과 일치되는 경험을 한다. 동시에 십자가를 지고 주님을 따른다는 것이 무엇인지를 경험하게 된다. 이어서 주님의 요구를 듣게 된다. 네가 나를 따르겠느냐? 이 때 상처받은 마음이 순간 씻겨지는 경험을 하면서 기도는 또 다른 국면으로 넘어간다. 그리고 "네가 나를 따르겠느냐?"는 주님의 부르심에 진실한 응답을 하기 위해서 투쟁적인 기도가 시작된다. 그러한 주님의 부르심에 대해서 투쟁 없이 그저 주님이 나를 부르고 있다는 깨달음으로 만족해 버린다면 주님과의 교제는 그 선에서 끝나고 만다. 그러나 그 부르심에 직면한 자신의 내면의 움직임이 순(順)방향이 아니고 역(逆)방향으로 느껴질 때 투쟁적인 기도를 지속하면 주님과 활발한 교류가 일어나면서 깊은 사귐을 가지게 된다.

한 기도자가 영적 지도를 받으면서 기도의 자료로 한 말씀을 받는다. 이 때 기도자는 영적 지도자의 의도를 헤아리고자 하는 유혹으로부터 자유로워야 한다. 만약 그 의도에 붙들려 있으면 자신도 의식하지 않은 채 영적 지도자의 의도에 맞추어 기도를 임의로 조정하고자 하는 욕구에 붙들리게 된다. 이는 심리학에서 말하는 전이(轉移) 현상이다.[19] 그는 그 결과로 말씀 가운데서 작용하시는 성령님의 활동을 현저하게 제한하게 된다. 지도자가 말씀을 줄 때는 기도자의 내적 움직임을 고려하기는 하지만, 그러한 전제가 기도의 결과를 통제하는 수단이 되어서는 안 된다. 기도의 결과는 전적으로 성령님께 의존한다. 그러므로 영적 지도자와 기도자 모두는 전적으로 성령님이 그 말씀을 어떻게 이끌어 가시고 있는지에 주목해야 한다. 지도자의 의도와는 상관없이 성령님께서 최선의 길로 인도하실 것이라는 믿음을 가질 때 주님의 반응을 더 풍성하게 느끼고 들을 수 있다.

어떤 기도자가 오병이어 말씀을 기도 자료로 받고 지도자의 의도를 파악했다. 사역에 대하여 번민하고 있는 자신에게 주님의 기적을 맛보라는 의도로 주어졌다고 생각했다. 그래서 그가 그 말씀을 묵상하는 동안 즉시 마음에 부딪쳐 오는 그림은 예수님에게로 몰려오는 수많은 군중이었다. 그 군중이 마치 장차 몰려올 자신의 양 떼라는 생각이 떠올랐다. 그는 그러한 이미지를 하나님이 주신 은혜의 표요 약속으로 받아들이고자 했다. 그러나 그는 식별 과정에서 그러한 확신에 대해 편안함이 없었다.

---

19) 제랄드 메이, 『영성 지도와 상담』, 노종문 옮김 (서울: IVP 출판사, 2006), 제 6 장, pp. 145-184.

오히려 그러한 일이 어떻게 일어날 것이며, 혹은 그 약속이 어떻게 이루어질 것인가에 대해서 골몰하게 되면서 오히려 상당한 불안과 갈등을 겪어야만 했다. 그래서 그는 다시 그 본문을 보다 열린 마음으로 접근하기로 했다. 그 말씀을 다시 묵상하는 동안 또다시 수많은 군중이 눈앞에 들어왔다. 그리고 자기도 모르게 자신이 그 군중의 일원이 되어 있었다. 그때 주님의 음성이 들려 왔다. "거기 모두 앉아 평안히 쉬어라. 그리고 내가 떼어 주는 빵을 배불리 먹어라." 이런 내적 음성을 듣게 되었다. 그 순간 주님의 위로와 확신이 몰려오는 것을 경험했다. 여기서 기도자는 주님이 기르시는 양, 즉 벌거벗은 한 자연인이 되었을 때 주님과 보다 친밀한 만남이 일어나는 것을 경험할 수 있었다. 반면에 자신이 어떤 역할을 맡고 있는 기능적인 자기(functional self)라는 이미지에 묶여 있을 때는 주님의 부르심의 음성이 임의대로 왜곡될 수 있는 예를 보여 주고 있다.

한 기도자가 예수님이 요단강 가에서 세례 요한으로부터 세례를 받는 장면을 가지고 기도로 들어갔다. 기도자는 자연스럽게 세례 요한이 되어서 예수님과 대화를 시작하였다. 세례 요한은 예수님을 대하는 순간, 자신이 광야에서 겪었던 고통이 파노라마처럼 스쳐 지나가면서 다음과 같은 질문을 던졌다. 내가 광야에서 춥고 굶주렸을 때 당신은 무엇을 하셨습니까? 내가 그 황량한 들판에서 고통을 겪는 동안에 당신은 어디에 계셨습니까? 죽음의 공포가 몰려왔을 때 당신은 나를 위해서 무엇을 하셨습니까? 이러한 물음으로 기도가 시작되었다. 그것은 세례 요한의 상황을 빌어서 자신의 모습을 주님께 아뢴 것이다. 그 때 그는 "내가 너를 그곳에 보냈다."라는 소리를 듣게 되었다. 그 순간 일시에 자기 마음 속에 남아 있는 아픔과 상처가 씻김을 받는 경험을 하면서 주님과의 친밀감을 맛보았다. 그래서 그는 주님께 이렇게 응답했다. "주여 내가 세례를 주어야 할 사람이 아니라, 내가 세례를 받아야 할 사람입니다. 내게 세례를 주옵소서." 이렇게 고백할 때 그는 예수님께서 들으신 성부 하나님의 음성을 듣게 되었다. "너는 내 사랑하는 아들이다." 그 순간부터 그는 주님의 인도하심을 확신하게 되었고, 세례 요한이 겪었던 광야의 시련과 고통을 기꺼이 감수하겠다는 담대함을 얻었다.

다른 예를 들어 보자. 예수님께서 가나 혼인 잔치에서 베푸신 기적의 말씀을 가지고 기도로 들어갔다. 그는 시각적 상상력, 청각적 상상력, 지각적 상상력(이 부분은 제Ⅷ장에서 구체적으로 다룰 것임)을 사용하여 그 말씀을 보다 생생하게 맛보는 동안, 마음에 강하게 부딪쳐 오는 장면이 있었다. 큼직한 몇 개의 항아리가 눈에 들어왔다. 그리고 주님의 음성이 들려왔다. 그 항아리에 물을 가득 채워라. 그러나 그 순간 그 말씀에 순종하고 싶지 않은 생각이 들었다. 다른 한쪽에서는 축제의 잔치가 벌어지고 있는데, 나는 여전히 아무도 알아 주지 않는 일을 계속해야 하는가라는 불만이 내면에서 일어났다. 그래서 그 명령에 대해 주춤하고 있는데, 주님의 또 다른 음성이 들리는 듯했다. 하기 싫으면 그만두거라. 여기 다른 종들이 있으니, 내가 그들에게 시키겠다. 그 때 기도자는 주님의 그러한 반응에 대해 충격을 받았고, 자기 자신이 얼마나 불성실한 종인가를 깨달으면서 회개의 눈물이 쏟아졌다. 늘 이성적으로 따지면서 손익에 따라서 옳고 그름을 계산하고 헤아리는 자신의 모습이 선명하게 드러났다. 자기의 이익을 구하는 데는 재빠르면서 주님의 명령을 순종하고 따르기에는 게으른 자신의 불충한 모습을 보게 되었다. 심각한 참회와 회개가 진행되는 동안 기도자는 이전에 맛보지 못한 주님과의 깊은 일치를 경험했다.

이 기도는 말씀을 읽는 동안 마음에 부딪쳐 오는 감정을 이성적으로 분석하지 않고 그대로 표출해 냄으로써 예수님과 부딪침이 시작되었고, 비로소 자신의 모습이 드러나면서 주님과 진실한 교제가 시작된 좋은 예이다. 참기도란 내 생각과 주님의 생각이 정직하게 그리고 정면으로 맞부딪치는 경험이며, 마음과 마음의 깊은 일치를 이루는 경험이다. 기도 안에서 어떤 문제에 접근할 때 두 가지 태도가 있을 수 있다. 하나는 단순히 주님의 능력을 빌어 자신이 처한 문제로부터 자동적으로 벗어나 보려는 태도이고, 다른 하나는 그 문제를 주님과 더불어 극복해 보려는 태도이다. 전자는 주님과의 인격적인 일치에는 관심이 없고, 직면한 문제 자체에만 관심을 둔다. 그러한 기도는 주님과 깊은 사귐이 일어날 수 없다. 후자는 주님과 인격적인 일치를 추구하면서 주님과 더불어 그 문제를 극복하는 과정에서 기도가 진행된다. 그렇기에 후자의 기도는 전자의 기도에 비해서 월등하게 주님과 친밀한 사귐을 동반하는 기도가 된다. 이 기도 과정에서 문제가 극복된다는 말은 주님과 친밀한 사귐이 이루어지는 동안 자신이 그렇게 소중하게 여겼던 유형무형의 집착이 상대화되면서 간접적으로 문제 해결에 도달하게 된다.

4. 성령님은 기억을 어떻게 사용하시는가?

이미 앞에서 기도는 말이 아니고 우리의 전 존재를 하나님 앞에 드러내는 행위임을 언급했다. 즉 기도는 말과의 씨름이라기보다는 인간 의지와 하나님 의지와 부딪침이고 만남이다. 그래서 보다 깊게 그리고 진솔하게 기도하기를 원한다면 말을 떠올리기 전에 기억을 사용하기를 권유한다. 기억은 말이 생성되도록 하는 근원을 제공하는 의식의 창고이다. 우리의 온 삶이 하나님의 구체적인 개입으로 형성된 역사라고 한다면, 과거의 기억을 주님의 임재 아래로 가져갈 때 이미 주님과 교제는 시작된다. 성령님은 그 기억을 사용하시어 주님과 대화의 접촉점을 만들어 가신다. 그뿐만 아니라 우리의 지나간 삶의 과정은 그 시절에 내가 주님을 의식했든지 의식하지 못했든지에 상관없이 주님이 간섭하시고 섭리하셔서 이루어진 사건이다. 성공적인 시절도, 실패했던 시절도, 감사했던 시절도, 상처와 좌절의 시절도, 죄악된 세월도 모두 하나님의 간섭 가운데서 이루어지고 있었다(시 139편 참고). 믿음이 있었든지 없었든지 하나님은 인생들의 모든 영역에 영향을 미치고 계시며, 온 우주를 통치하시는 분이기 때문이다(엡 4:6).

그러므로 기억이라는 과거의 오솔길을 통해서 성찰해 가는 동안 우리는 하나님의 은총의 역사를 경험한다. 과거에 간섭하셨던 인생 여정을 현재적인 입장에서 다시 경험하고 교제하기 위해서는 성령님의 개입이 절대적이다. 그 과거가 기도의 자료가 되기 위해서는 기억 속에 잠재하고 있는 과거적 삶이 다시 살아나 현재적인 나와 만나야 한다. 그렇게 과거와 현재를 의미 있게 연결시켜 주시는 분이 성령님이시다. 우리는 현재 나의 입장에서 과거를 읽고 해석하고 통합하는 능력을 성령님으로부터 부여받는다. 그러면 그 안에서 통합적으로 이루어져 왔던 하나님의 계획을 발견하게 되고, 미래를 향한 새로운 통찰력을 얻는다. 우리 인생의 전 모습은 하나님이 구상하신 어떤 그림을 그려 가는 과정과 같다. 그 그림이 완전히 드러나기 전에는 우리 기억 속에 조각조각으로 흩어져 있는 경우가 많다. 기도는 흩어져 있는 조각을 맞추어 가는 작업으로서 기억을 통한 하나님과의 만남이다. 의문으로 남은 사건, 상처로 남아 있는 기억, 또 성공과 감격의 세월은 각자의 모습대로 뿔뿔이 흩어져 있는 퍼즐 조각과도 같다. 그 조각이 성령님의 인도를 받는다면 주님이 구상하신 그 그림의 윤곽을 들여다볼 수 있다. 그리고 앞으로 남겨진 조각이 무엇인가를 예상하면서 미래를 전망하게 된다. 그러므로 그 과정 자체가 주님과의 교제이기에 기억은 기도와 매우 밀접한 관계가 있다.

기억 자체를 사용하여 하나님과 교제를 이루고자 하는 기도가 있다면, '은총의 역사를 경험하기' 라는 자기 성찰적 기도가 있다. 지나간 발자취를 더듬으면서 밝았던 시절, 어두웠던 시절, 긍정적인 시절, 부정적인 시절, 감동적인 시절, 시련과 고난의 시절 등을 일관성 있게 묶어 주고 해석해 줌으로써 이 모든 것이 하나님의 은혜였다라는 고백을 얻고자 하는 과정이다. 특히 과거의 기억 속에 남아 있는 부정적인 삶의 기록은 동전의 양면성을 지니고 있다. 즉 대부분의 어두운 과거는 동일한 사건 안에 두 가지 측면을 지니고 있다. 한 측면은 죄악의 역사로서 참회와 회개를 해야 할 부분이고, 다른 측면은 죄악의 역사 뒤에 숨겨 있는 하나님의 은혜의 측면이 있다. 우리는 과거의 죄악된 세월을 돌이켜보면서 주로 참회와 후회에만 매달리게 된다. 보통은 그것으로 모든 것이 정리되었다고 생각할 수 있지만, 사실은 동일한 실수가 반복되는 것을 경험하곤 한다. 그래서 용서의 확신에 이르지 못하는 경우를 자주 만난다. 그런데 이러한 경우는 동전의 한 면만 정리한 것이기에 다른 면이 여전히 어두운 그림자로 남아 있는 것과 같다. 반복되는 실수를 차단하는 길이 있다면, 그것은 참회와 회개뿐만 아니라 그 죄악의 역사 뒤에 숨겨 있는 하나님의 은혜의 측면을 발견하고 그것을 보다 확신 있게 경험하는 데 있다. 아무리 죄악스럽고 돌이켜보고 싶지도 않은 어둡고 그늘진 세월일지라도, 하나님이 개입하시고 간섭하신 역사이기에 하나님의 은혜의 한 부분일 수 있다는 사실을 매우 생생하게 경험하는 작업이 필요하다.

그러므로 이미 회개를 경험했음에도 불구하고 반복적으로 동일한 죄악에 빠지는 이유 중 하나는, 우리가 그 부정적인 사건 뒤에 숨겨진 하나님의 은혜를 맛보지 못했기 때문이다. 어거스틴은 수많은 죄악의 세월 속에서 철저히 인간의 죄악된 본성을 보게 하신 하나님의 은혜를 뼈저리게 경험함으로써 보다 온전한 변화를 겪게 된다는 진리를 그의 『고백록』에서 보여 주고 있다. 이 책은 그가 아프리카 북부 히포의 주교로 있을 때 과거를 회상하면서 고백한 내용이다. 교회의 신앙과 진리를 사수해야 할 책임을 맡은 주교로서 어거스틴은 엄청난 도전 세력 앞에서 자주 무기력한 자기 자신을 경험하면서 심한 좌절감을 맛보곤 했을 것이다. 끝없이 도전해 오는 마니교의 세력, 기독교를 왜곡시키는 도나투스주의자, 교회를 위협하는 세속주의, 사랑하는 아들 아데오다투스를 잃는 아픔,

그리고 공동체 일원이 하나씩 떠나가는 고통 등이 그를 몹시 지치게 만들었다. 고통스러운 그런 도전 앞에서 교회의 바른 신앙과 삶을 지키기 위해 하나님의 또 다른 위로와 용기가 필요했던 것이다. 이러한 시점에서 그는 과거를 철저히 돌이켜 성찰해 보는 동안 하나님이 자신을 어떻게 변화시켜 왔는가를 확인했고, 거기서 새롭게 부각되는 하나님의 은혜를 맛보았다. 그리고 어거스틴은 각 개인의 삶의 역사를 통해서 한 인간을 독특하게 빚어 가시는 하나님을 만나게 되었다. 그러한 하나님의 풍성한 은혜의 경험을 통하여 그는 소용돌이치는 시대 앞에서 좌절하지 않고, 그 시대를 바르게 이끌어 갈 수 있는 지혜와 용기를 공급받을 수 있었다.

우리가 믿는 대로 우리 모두는 하나님 앞에서 독특한 존재로 지음을 받았다. 그렇기에 그 독특한 존재를 만들어 가시는 과정에서 하나님은 어떠한 사건도 긍정적으로 바꾸시고 사용하실 수 있다. 우리의 실수나 선하지 못한 환경으로 인하여 빚어진 부정적인 사건을 하나님은 우리를 독특한 존재로 만들어 가는 기회로 사용하신다. 기억의 오솔길에서 성령님의 인도하심을 받아 그러한 사건을 발견할 때, 우리는 우리 삶 가운데 베풀어 두신 하나님의 은혜가 무엇인지를 경험하게 된다. 우리가 주님을 받아들이고 인지하기 전에 이미 선택된 우리는 하나님의 다양한 은혜에 의해서 형성되어 가는 독특한 존재이다. 이러한 사실을 인정하고 경험할 때 주님과 동행하는 삶이 무엇인지 자각하게 되며 거기서부터 우리는 진정한 의미의 영적 성숙을 이루게 된다.

성령님의 인도를 따라서 자신의 기억의 보고(寶庫)를 살펴본 사람들은 하나님이 지난 세월 동안 어떻게 간섭하시고 섭리하셨는지를 감지하게 된다. 그 결과 그들은 어떻게 하나님과 동행하면서 살 수 있는지, 주님의 뜻에 맞는 삶을 이루어 가기 위해서 어떻게 순간순간을 결단해 가야 하는지에 대한 통찰력을 얻는다. 그런 의미에서 성령님의 인도가 전제될 때 기억은 하나님과 자신을 경험하는 훌륭한 기도의 원천이 된다. 아니 기억 자체가 바로 기도가 된다. 기도는 일차적으로는 하나님과의 사귐이지만, 그 사귐의 과정에서 가장 중요한 부산물 중 하나로, 우리는 하나님 앞에서 내가 누구인지, 그리고 내 이웃이 나에게 어떠한 존재인지를 보다 깊이 알아 간다.

자신의 이기적인 욕구를 충족시켜 주는 수단에 불과했던 이웃과 주변 환경과 사물이 하나님의 간섭 아래 놓여 있다는 것을 발견함으로써, 자기 중심주의에서 한 발 물러나 있는 그대로의 실재(reality)를 보게 되고, 비로소 인격적이고 친밀한 관계를 맺어 갈 수 있다. 나와 이웃과 환경이 적대적인 관계(hostility)가 아니라, 보다 생동력 있는 호의적인 관계(hospitality)로 변화되어 가는 것을 경험한다. 특별히 기억의 오솔길에서 주님과 더불어 사귀는 동안, 우리는 잊혀졌던 어린 시절의 상처가 드러나면서 아픔을 겪기도 한다. 그러나 그러한 상처 가운데 주님이 친구로서 지켜보고 계셨다는 내적 확신에 이를 때 그 상처가 치유되는 경험을 한다. 그래서 자기를 두렵게 하는 사람들과 환경에 대해서 보다 관대하게 된다. 그렇지 않고 그 상처가 그대로 남아 있다면, 우리는 일생에 걸쳐 자기도 모르게 바리새인과 같은 위선적인 가면을 쓰고 살아가게 되며, 그것이 다른 사람들에게 가시가 되어 연쇄적으로 상처를 입히기도 한다.

VI

기도 체험과 영적 지도
현재적 사건으로서 기도

기도가 끝나면 무엇인가
즉시 행해야 할 것처럼 기도에 임하라.
그러면 어떠한 기도를 하든지
그 결과는 미래로 유보된 응답이 아니고,
현재 이미 성취되어 가고 있는 응답이 된다.
그러므로 기도의 응답이
단순히 유보된 미래적 약속으로만 머물러 있다면
그 기도는 아직 끝나지 않은 기도이다.

현재적 사건으로서 기도

우리가 어떤 문제를 두고 기도할 때 그 기도의 응답을 미래적 사건으로 유예(猶豫)해 두는 습관이 있다. 그러한 태도는 주로 기도의 주술적(呪術的) 측면에 더 큰 비중을 두고 있기 때문이다. 그러나 기도는 주술적인 측면뿐만 아니라 교제적(交際的) 측면이 있다. '지성(至誠)이면 감천(感天)이라' 는 식의 신념에 사로잡힌 나머지 우리 기도가 주술적인 측면에만 매달린다면, 그 기도는 기독교적 기도에만 해당되는 것은 아니다. 모든 종교의 기도가 주술적인 측면을 지니고 있다. 그러므로 기독교적 기도라는 독특성을 회복하자면 무엇보다도 교제적 측면을 강조해야 한다. 물론 실천적이고 경험적인 차원에서 기도의 주술적인 측면을 아주 배제할 수는 없다. 충분히 이해하고 받아들일 수 있는 측면이다. 우리는 주변의 신앙의 사람들로부터 어떤 목적을 가지고 한동안 하나님께 매달렸더니 하나님께서 응답해 주셨다는 경험담을 자주 듣는다. 그런데 그러한 경험담에는 결과만 전해 줄 뿐, 그 결과에 이르는 과정에 대해서는 거의 언급이 없다. 결과에만 주목하는 기도는 주로 기도의 주술적인 측면에만 관심을 기울일 뿐이지, 기도의 교제적인 측면은 간과되곤 한다. 그런데 기독교의 기도는 무엇보다도 교제적(交際的)인 측면이 강조되어야 한다. 기도는 하나님과의 인격적인 교제를 위한 수단이기 때문이다. 기도의 일차적인 목적은 지속적인 하나님과의 사귐에 있다. 주님과 지속적인 사귐을 가지는 동안 기도자는 자신이 어떤 방향으로 인도받는지를 감지한다. 그래서 그리스도인들이 기도할 때 주목해야 할 것은 미래 어느 때 갑작스럽게 일어날 결과뿐만 아니라, 기도하는 매순간마다 경험되는 그 어떤 것에도 기대를 걸어야 한다. 과정을 통해서 결과에 이르기 때문이다.

기도가 끊임없이 공을 들이면서 이루어 내야 할 주술적인 행위가 아니고, 은혜의 사건이라는 것을 경험하기 위해서는 기도의 출발점을 자신의 내면 욕구에 두지 말고 말씀에 두는 것이 좋다. 성령님으로 말미암아 말씀이 기도 속에서 살아나기 시작한다면 그 말씀을 통해서 주님의 의향이 기도자에게 전달된다. 예를 들면 한 기도자가 영생의 문제를 가지고 예수님께 찾아온 부자의 이야기를 가지고 기도하게 되었다. 흔히 경험하듯 기도자는 "네게 있는 것을 팔아 가난한 자들에게 주고 나를 따르라"(막 10:17-22)는 말씀이 마음에 부딪쳐 왔다. 여기서 그는 주님과의 부딪침이 시작되었다. 그러면 기도자는 이 문제를 어떻게 다루어가야 하는가? 보통은 이 문제를 신학적으로나 의미적으로 해석하여 소화해 내고자 하는 경향이 있다. 즉 "주님은 그 부자로 하여금 우선 순위를 일깨워 주고자 하셨다. 그러나 그 부자는 우선 순위를 받아들이는 것으로부터 실패하고 있다. 그러므로 나는 물질을 가지고 있으나 그 물질이 목적이 아니라, 삶의 수단으로 여기고 물질로부터 자유함을 얻어야 한다."는 교훈을 얻고 그 기도에서 빠져 나올 수 있다.

다른 한편으로는 이 말씀을 문자 그대로 받아들일 수도 있다. 그러나 곧바로 실천할 용기와 자신이 없음을 인식하고 "주님이 능력 주시는 대로 행하겠나이다."라는 미온적인 미래적 다짐을 하고 기도에서 빠져 나올 수도 있다. 그러나 이 기도를 자세히 들여다보면 어떤 결론에도 이르지 못하고, 모두 과정에서 멈추고 만다. 즉 어느 한쪽도 주님의 요구에 대해서 구체적인 응답을 하지 못한다. 분명히 기도 중에 듣고 있는 것이 주님의 요구라면 보다 진지하게 붙들고 투쟁을 벌여야 한다. 투쟁을 피하는 방법으로 "힘 주시는 대로 행하겠나이다."라는 반응은 그 결론을 미래로 유보해 보자는 태도이다. 그런데 그것은 모순이다. 그 말씀을 주님의 음성으로 받아들인다면 나의 체질을 아시는 분의 명령이기에 나에게 행할 능력도 있다고 믿어야 하기 때문이다.

그러면 기도자가 취해야 할 자세는 무엇인가? 기도자는 주님의 요구에 대한 다양한 내적 움직임을 관찰하면서 주님과 지속적인 대화를 시도해야 한다. "네 있는 것을 팔아 가난한 자들에게 주고 나를 따르라"는 말씀에서 기도자가 지금 지니고 있는 삶의 우선 순위를 점검하라는 소리로 들었다면, 구체적으로 삶의 태도를 어떻게 바꾸어야 하는지를 주제로 삼아 주님과 대화를 이끌어 갈 수 있다. 주님의 요구와 실존적인 상황이 서로 일치하지 않는다고 느껴지면 그 부분을 가지고 정직하게 부딪친다. 그러면서 조화점을 찾아간다. 한편 실제로 가지고 있는 물질을 포기하라는 강한 요구가 느껴진다면, 자기 내면에서 얼마나 큰 소용돌이가 일어나겠는가? 그러한 마음의 소요에 귀를 막지 말고 정면으로 부딪치는 자세가 필요하다. 도저히 감당할 수 없는 자기의 처지를 그대로 드러내면서 주님의 의도가 무엇인지를 파악하도록 투쟁을 하는 동안, 모순되는 듯한 주님의 요구가 자연스럽게 받아들여지는 단계에 이를 수 있다.

말씀으로 기도할 때 주의해야 할 점은 말씀에서 전하고 있는 명령이나 교훈을 투쟁 없이 그대로 수용하면서 기도를 쉽게 마무리하는 일이다. 쉽게 실천할 수 없는 명령이나 윤리적 교훈이라는 것을 인식하고 있음에도 불구하고 습관적으로 그 말씀에 굴복하는 것처럼 기도를 끝맺는 것은 주님과의 관계를 단절하려는 태도이다. 자신이 지금까지 경험한 상식에 의해서 쉽게 결론에 이를 수 없다고 판단되는 경우, 기도자는 자주 "모든 것을 주님께 맡기겠다."든가 "주님이 힘을 주시는 대로 감당하겠다."라는 식으로 기도에서 빠져 나온다. 이런 경우는 기도자가 주님의 의향과는 상관없이 임의적으로 서둘러 주님과 대화를 종결짓는 행위이다. 이렇게 기도를 하는 사람은 주님은 일방적으로 명령만 하시는 분으로 이해하기 때문이다. 그렇기에 자신도 그러한 명령에 유연하게 대처할 수 있는 용기를 상실하게 된다. 따라서 즉시 실천할 수 있는 어떠한 방안도 기대할 수 없다. 그런 기도를 왜 해야 하는가?

　기도는 주님과 충분한 사귐의 과정에서 기도자를 향한 하나님의 뜻을 이해하고 실천하고자 하는 결의로부터 살아나기 시작한다. 기도의 결과를 미래 어느 때 일어날 일로 유보해 두는 태도의 기도로는 주님과 진지한 사귐을 기대할 수 없으며, 하나님이 원하시는 바를 이해하고 실천할 수 있는 구체적인 방안도 끌어 낼 수 없다. 진정으로 하나님께 맡겼다고 말할 수 있으려면 하나님과 나 자신의 투쟁 과정이 있어야 한다. 하나님 뜻에 맡기겠다는 말은 하나님이 그 일을 어떻게 다루어 가실지 지켜보겠다는 의미이기 때문에 그 결과를 신앙적으로 해석하는 능력이 필요하다. 그 능력은 주님과 지속적인 사귐 속에서 얻어 낼 수 있는 지혜이다. 이러한 기도 과정에서 알려진 주님의 뜻이라면 우리가 따르기에 훨씬 용이하다는 것을 경험하게 된다.

　말씀에 따라 순종하고자 한다면 기도 안에서 한바탕의 투쟁이 있어야 하며, 그러한 투쟁을 통해서 소화된 만큼 그 말씀은 삶의 현장에서 살아난다. 이러한 과정에서 소화된 말씀은 보다 확신 가운데 실천에 옮기는 용기가 필요하다. 물론 많은 경우 기도의 투쟁을 통하여 얻은 결과는 행동으로 옮길 용기도 동시에 얻게 된다. 마치 야곱이 얍복강 나루터에서 밤새도록 투쟁하여 하나님의 약속을 얻어 낸 후 살기등등한 형 에서에게 나아갈 수 있었던 것처럼 말이다. 그러나 자주 그 동안 습관처럼 굳어진 부정적인 사고 방식 때문에 기도 가운데서 얻은 결단이 여전히 흔들릴 수 있다. 그러면 그 기도는 아직까지 끝나지 않은 기도이다. 계속적인 투쟁의 기도가 요구된다.

무슨 기도를 하든지 바람직한 기도의 자세는 이 기도가 끝나면 내가 무엇인가 즉시 행해야 할 것처럼 긴박성을 가지고 기도에 임하는 것이다. 미래 어느 때인가는 그 응답이 이루어지겠거니 하는 심정으로 그저 반복적으로 긴박성 없이 청원 기도를 한다면 주님과 교제나 사귐은 결코 기대할 수 없다. 투쟁적인 기도도 할 수 없으며, 순간순간 주어지는 주님의 응답을 기대할 수도 없다. 그러나 즉시 응답을 얻어 내고자 하는 태도로 투쟁적인 기도에 임한다면 기도하는 동안에 우리는 두 가지 응답을 기대할 수 있다. 하나는 궁극적인 응답이요, 다른 하나는 궁극적인 응답에 도달하기까지 그 도상에서 미시적이고 과정적인 여러 응답이 있다. 그것은 응답이라고 하기보다는 궁극적인 응답을 구하는 과정에서 주님과의 사귐이요 영적인 성숙의 과정으로 받아들여도 좋다. 예수님의 요구와 명령이 자신이 처한 현실적인 상황과 서로 불일치하고 모순된다고 느낄 때 그것을 적당히 피하거나 그 짐을 일방적으로 주님께 떠넘겨 버리는 태도는 좋지 않다. 예를 들어 "능력 주시면 그렇게 하겠습니다."라는 유보적인 태도로는 활발한 교제가 이루어지지 않는다. 오히려 그 갈등적인 상황을 기도 안으로 그대로 끌고 들어가서 긴박하게 투쟁을 벌이는 정직한 대화적 기도를 해야 한다. 이런 기도에서 친밀한 주님과의 일치 경험이 가능하고, 그로부터 예기치 않은 해답의 실마리를 찾아 낼 수 있다.

말씀을 묵상하는 동안 기도자는 일정한 깨달음을 얻기도 한다. 많은 경우 그러한 깨달음으로 만족해하고 기도에서 빠져 나온다. 그러나 기도를 반추하면서 기도자는 기도의 목적이 달성되지 못하고 있다는 것을 발견한다. 주님과 친밀한 사귐도 없었고, 그 기도가 지향하는 목적도 달성되지 못했다는 것을 발견한다. 왜냐하면 기도 가운데서 주어지는 깨달음은 종착점이 아니고 출발점에 불과하기 때문이다. 그 깨달음이 실천과 삶의 원동력으로 바뀌기 위해서는 또 한바탕의 투쟁이 필요하다. 그 깨달음이 자신의 실존적인 삶 속에서 어떻게 실천될 수 있는가라고 묻는다면 곧 그 깨달음의 내용이 주님과 교제를 위한 출발점이라는 사실을 알게 된다.

예를 들면 한 기도자가 예수님이 예루살렘에 입성하시는 장면을 가지고 기도에 들어갔다. 기도를 준비하는 동안 자기 자신이 예수님이 타신 나귀와 같다는 깨달음이 일어났다. 나귀의 사명이란 그저 예수님을 등에 태우고 사람들의 환호에 관심 갖지 않고 앞만 향해 전진하는 일이다. 그런데 자신은 고개를 뻣뻣이 치켜들고 의기양양하게 사람들의 환호를 즐기면서 달려가는 백마와도 같다는 느낌이 들면서, 그는 주님을 따르는 참제자의 자세에 대해서 깊은 깨달음을 얻었다. 오직 예수님께만 영광이 되기 위해서 사람들의 조롱을 기꺼이 감수하는 나귀가 되라는 주님의 요구를 경험한다. 이러한 비전은 그에게 있어서 예상치 않은 큰 통찰력이었다.

그러나 그는 어떻게 나귀와 같은 삶을 구체화할 것인가에 대해서는 유보적인 자세를 취하고 기도에서 빠져 나왔다. 언젠가는 나귀와 같은 겸손한 주님의 종이 되겠거니 하는 심정으로 기도를 그 정도로 끝냈다. 그러나 여기서 한 걸음 더 나아가 나귀와 같은 겸손한 삶이 무엇이며, 그러한 모습을 삶의 현장 가운데서 어떻게 실현할 것인지의 문제를 두고 주님과 더 깊이 있게 자신의 심정을 토로하면서 하나씩 하나씩 실천해 갈 수 있는 담력을 얻으면서 기도를 완성시켜 가야 한다. 그러므로 기도하는 동안 어떤 특정한 말씀을 통하여 교훈이나 가르침이 마음에 전해 오면 순간 그렇게 하리라는 스스로의 결단보다는 마치 지금 나가서 당장 행해야 할 것처럼 주님과 한바탕 투쟁을 벌이도록 해야 한다. 그러는 동안 그 깨달음을 자신의 삶 가운데서 실현할 수 있는 구체적인 근거나 용기를 얻게 된다.

또 기도하는 동안 우리는 주님으로부터 "내가 너를 도와 주겠다."라는 약속을 받곤 한다. 그러한 내적 감동이 일어날 경우도 그 결과를 미래 어느 때 성취될 단순한 약속으로만 넘기지 말아야 한다. 그것이 주님이 허락하신 약속이라는 확신을 가지고 있다면, 한 발짝 더 앞으로 나아가야 한다. 즉 어떻게 그 약속이 이루어질 것인가, 나는 무엇을 어떻게 해야 하는가, 어떤 삶의 자세를 유지해야 하는가 등의 문제를 두고 주님과 더 깊이 있는 투쟁의 자세를 가질 때 기도가 활발하게 살아난다. 그것이 곧 사귐의 기도이다.

어떤 기도자는 기도 안에서 주님을 보다 직접적으로 체험하고 싶다는 간절한 열망이 일어났다. 그럴 때 "네가 찾고 찾으면 만나 주리라."는 말씀이 부딪쳐 오면서 미래 어느 때인가는 주님이 나를 만나 주시리라는 약속으로 받아들였다. 거기서 기도를 끝낸다면 그러한 감동은 머지않아 잊혀지고 사라진다. 그러면 어떻게 그러한 확신을 굳게 할 수 있는가? 다음과 같이 기도를 더 발전시켜 갈 수 있다. "주님의 약속은 언제 어떤 식으로 성취되는 것인가? 지금 나는 주님과 어떤 관계에 있는가?"라는 물음을 던져 본다. 그러한 마음의 물음을 가지고 기도로 나아갈 때 진보된 주님의 반응을 기대할 수 있다. "이미 너는 기도 가운데서 나를 만나고 있다." 그러면 그 응답이 미래로 유보된 약속이 아니라, 이미 성취되어 가고 있는 살아 있는 약속이 된다.

우리는 기도하는 동안 주님으로부터 겸손해져라, 온유해져라, 탐욕을 버리라는 등의 요구를 자주 듣는다. 그런데 기도자가 이러한 요구에 직면하면서 당연한 윤리적 명령으로 인식하고 과연 그렇게 해야겠다는 자의적 결단을 하고 기도를 마친다면 무슨 결과를 얻을 수 있겠는가? 그 때 기도자는 그 추상적인 요구를 투쟁 없이 받아들이지 말고, 그것이 어떻게 실천되어야 하는지를 물어 보고, 그것을 구체화하는 기도의 과정이 필요하다. 즉 구체적인 행동 하나하나를 성찰하면서 무엇으로부터, 혹은 누구에게 구체적으로 겸손해져야 하는지, 그리고 무엇으로부터 탐욕을 버려야 하는지라는 물음을 던지면서 주님과 보다 구체적인 내용을 가지고 활발한 교제를 할 수 있다. 곧 주님이 개입하셨다는 깨달음으로 만족하지 말고, 보다 구체적인 실천적 논의를 통하여 주님과 투쟁과 사귐이 필요하다.

기도를 통하여 얻은 주님의 약속과 실현 사이에는 아직도 좁혀야 할 간격이 많이 남아 있다. 그러므로 기도 속에서 경험된 약속을 기도의 최종적인 응답으로 받아들일 수 없다. 하나님의 약속이 불완전하다는 말이 아니다. 내 안에서 그것을 받아들이는 데 장애물이 있다면 그것을 제거하는 작업이 더 필요하다는 의미이다. 즉 하나님의 약속은 있지만, 그것을 현실적으로 이루어 가기 위해서 극복해야 할 또 다른 상황이 여전히 남아 있기에 그것을 기도 속에서 계속 다루어야 한다는 의미이다. 그래서 약속과 현실 사이에 놓인 간격을 기도 안에서 좁혀 간다. 그러면 그 약속이 성취되기까지 우리는 묵종(默從)해야 된다는 강박감으로부터 자유로울 수 있다. 오히려 그 과정이 주님과 행복한 동행이 된다.

한 기도자가 이사야 49:14-19의 말씀으로 기도하는 동안 상처로 황폐해진 자신의 내면의 모습이 보이면서 주님으로부터 그 상태를 회복시켜 주시겠다는 약속의 음성을 들었다. 희망과 기쁨에 찬 마음으로 기도에서 빠져 나왔다. 그러나 회복되기 위해서 현실적으로 극복해야 할 장벽이 너무나 높고 험난했다. 그러자 그러한 주님의 약속이 순간 무기력하게 느껴졌다. 그러면 그 기도에서 경험한 것은 무엇인가? 무엇이 잘못되었는가? 주님으로부터 받은 회복의 음성은 출발에 불과한 것인데, 그가 그것을 결론으로 받아들이고 아무런 투쟁도 없이 기도에서 빠져 나왔기 때문이다. 그 약속이 성취되기까지 우리는 아무것도 할 일이 없는가? 그래서 단순히 기다려야만 하는가? 그 약속의 성취 과정에서 주님과 더불어 취해야 할 어떤 조치가 남아 있는지를 물으면서 기도가 한 발짝 더 나아가야 했다. 실상은 하나님의 약속은 미래 어느 한 순간에 성취될 것이 아니고, 그 약속과 더불어 이미 성취가 시작되었다는 것을 기억하면서 하나님이 우리 안에서 무엇을 시작하셨는가에 주목해 보아야 한다. 그러는 동안 기도자는 주님과의 지속적인 사귐을 갖는다. 그 사귐 가운데서 주님의 약속은 점차적으로 성취되어 간다.

그렇지 않는 한 그 약속은 단 한 발짝도 전진하지 못하는 공허한 약속이 될 수 있다. 더욱이 하나님과의 관계 회복은 미래에 이루어질 한 순간의 일이 아니고, 약속을 경험하는 그 순간부터 그 관계가 회복되기 시작된다. 죄악과 상처로 황폐해진 상태로부터 회복으로의 약속은 주님과 더불어 그 일을 실현해 가자는 주님의 초청이다. 그러므로 기도 중에 얻은 약속이나 통찰력은 이후에 어떤 시점에서 일시적으로 일어날 유보적 응답이 아니고, 지속적으로 주님과 사귀어 가면서 성취되어야 할 현재 진행형적 사건이라는 것을 기억해야 한다.

기도의 능동성과 수동성

기도는 원칙적으로
수동적 들음으로부터 시작된다.
그러나 그 들음을 방해하는 복잡한 상념들 때문에
적절한 능동적 조치를 취하지 않으면
쌍방적 교류가 일어나는 기도는 어려워진다.
수동적인 기다림과
능동적 대응이 적절하게 이루어질 때
기도는 살아난다.

기도의 능동성과 수동성

　기도를 활발하게 전개해 가기 위해서는 능동성과 수동성이 적절하게 균형을 이루어 가야 한다. 나는 하나님을 향해 목말라 헐떡이는데 왜 그분은 내게 시원하게 다가오시지 않는가? 이에 대한 답으로서 하나님이 우리에게 경험되는 것은 우리의 갈망에 의해 좌우되는 것이 아니고, 그것은 전적인 하나님의 은혜의 사건이므로 언제까지나 우리는 기다리는 자세가 필요하다. 하나님의 측면에서 볼 때 그것은 너무나 당연하고 옳은 말씀이다. 그러나 인간적인 측면에서 볼 때, 하나님의 부재가 전적으로 하나님 자신에게만 달려 있다고 말할 수는 없다. 하나님은 피조물을 향해서 언제나 자신을 내주시지만, 그분을 향하는 우리의 태도나 대응 자세가 그분을 경험하는 데 많은 장애물과 제한이 있을 수도 있다. 많은 경우 하나님이 우리에게 다가오시는 양태는 하나님의 자유로운 의지에 달려 있다고 믿는다. 그러나 우리는 하나님을 경험하고자 하고, 그분이 내 삶에 깊이 개입되기를 원하면서도 그 개입의 정도를 내 생각과 경험 속에 묶어 두려는 경향이 있다. 그 동안 자신 안에 각인되어 있는 하나님 체험에 대한 이해가 실제 하나님 체험을 제한시키기도 한다. 체험의 다양성에 대해서 충분히 자유롭지 못한 상태에 있을 때 기도는 침체에 빠져들 수 있다.

이런 경우 먼저 자기 자신이 평소에 집중적으로 생각하고 기대하는 하나님 체험에 대한 이해가 무엇인지를 점검해 볼 필요가 있다. 예를 들면 어떤 사람은 하나님이 임하시면 마음에 뜨거운 느낌을 받는다. 혹은 하나님이 임하시면 마음에 확신과 평화가 찾아온다. 혹은 하나님이 임하시면 상식 밖의 통찰력이나 깨달음이 전해져 온다. 혹은 하나님이 임하시면 무엇인가 행동하도록 하는 용기가 일어난다. 그러나 하나님의 임재 정도를 이러한 특정한 어떤 경험에 의존할 때 하나님의 경험을 현저하게 제한할 수 있다. 자신 안에서 그러한 요소가 발견되면, 내 생각을 할 수 있는 만큼 멈추고 말씀이 이끌어 가는 대로 자신을 내어 맡기는 훈련이 필요하다. 그리고 모든 경우의 경험에 대해서 마음을 활짝 열어 놓는 자세가 필요하다. 오히려 어느 때는 하나님의 부재처럼 느끼는 그 곳에서 하나님의 임재가 있기도 하다. 자신이 의존하고 있는 특정한 경험을 포기할 때 지속적으로 하나님의 임재를 추구할 수 있다.

열왕기상에서 엘리야의 하나님 체험을 예로 들 수 있다(왕상 19:11-14). 이 장면에서 엘리야가 하나님을 추구하는 모습에 대해서 주목해 볼 필요가 있다. 엘리야는 이미 갈멜산에서 불로 임하셨던 하나님 경험에 상당한 영향을 받고 있다. 그래서 그 이후에 일어날 하나님 체험도 이전의 경험의 연속선상에서 이루어지기를 기대하고 있는 모습을 본다. 만약 그가 이 경험에만 의존했더라면 머지않아 하나님 경험에 대한 갈망을 포기했을 것이다. 그러나 하나님은 그의 독특한 경험을 무너뜨리는 훈련을 하게 하셨다. 그래서 그가 전혀 예상하지 않았던 불 후에 세미한 소리 가운데서 하나님을 경험한다. 그것은 마치 부재 중의 임재라고 할 수 있을 만큼 이전의 경험에 비추어 볼 때 매우 미미하여 이전과는 전혀 다른 상황에서의 하나님 체험이다. 그러나 그가 그것을 하나님 체험으로 받아들일 수 있었던 것은 열린 그의 마음 상태로부터 비롯된 것이다.

그러므로 기도자는 기도 중에 경험되는 것이 부정적이든 긍정적이든 걸러 내지 말고 그대로 하나님께 자신의 감정을 드러낼 때 주님과 만남이 가능하다. 예를 들어 어떤 기도자가 욥의 사건을 가지고 기도에 임했다. 그는 기도 동안에 너무 지나칠 정도로 가혹하게 욥을 다루시는 하나님을 직면하면서 마음 속에 분노가 일어났다. 그런데 그는 이전의 경험에 비추어 볼 때 기도 중에 분노가 일어나는 것은 성령님의 작용이라기보다는 마귀의 역사라는 선입견을 가지고 있었다. 그래서 그 분노를 무시하고 지나갔다. 그리고 그는 기도 가운데서 하나님 경험이 없었다고 생각했다. 왜냐하면 그 분노가 하나님과 부딪침이라는 사실을 받아들일 수 없었기 때문이다. 그러나 그가 그 분노의 출처에 대해서 너무 민감하게 반응하지 말고 그대로 자신의 감정을 하나님께 표출했더라면 그 분노가 어디에서 비롯되었든지 그 감정이 하나님을 만나는 접촉점이었다는 사실을 경험했을 것이다. 그리고 계속해서 기도자는 보다 구체적으로 하나님이 자신의 삶에 개입하신다는 것을 경험하게 된다. 그러므로 자기 자신이 어떤 특정한 경험에 묶여 있는 내면의 성향을 발견하게 되면, 의도적이고 능동적으로 그러한 성향에 묶이지 않도록 자기 마음을 개방하려는 노력이 필요하다. 즉 하나님 체험의 폭을 할 수 있는 만큼 넓혀 가라는 말이다.

기도하는 중에 다양한 이미지가 마음 속에 떠오르기 마련인데, 그 이미지를 걸러 내지 않고 그대로 따라간다면 심도 있는 기도를 이끌어 갈 수 없다. 반면에 그러한 이미지를 완전히 무시하면 자기 자신의 내면의 욕구(desires)를 의도적으로 눌러 두는 결과를 초래하기 때문에 하나님과 자유로운 접촉을 방해받게 된다. 그러므로 많은 이미지가 기도 가운데 떠오르면 이성적인 기능을 사용하여 적당한 통제를 하면서 진정으로 다루어 주어야 할 핵심적인 이미지가 무엇인지를 분별하는 능력이 필요하다. 그렇게 기도를 단순화시켜 갈 때 더 깊은 기도로 나아갈 수 있다. 내면에서 떠오르는 잡념과 같은 이미지를 전혀 무시할 수 없는 것은 그러한 것들이 자기 자신의 한 부분으로 자리잡고 있기 때문이다.

침묵으로 진행되는 기도에서 흔히 경험할 수 있는 것은 떠오르는 여러 생각의 출처에 대한 의문이다. 이러한 생각이 기도의 결과로 일어나는 것인지 혹은 자신 안에서 스스로 주고받는 생각의 연속인지에 대한 의문이다. 그런데 만일에 그러한 생각이 기도 가운데서 일어난다는 확신이 없다면, 그것에게 어떤 영적 출처를 부여하기가 쉽지 않다. 그러므로 아무리 많은 잡념으로 시달림을 받는다 할지라도 자신이 기도 가운데 있다는 확신이 무엇보다도 중요하다. 다음과 같은 기준으로 내가 기도하고 있다는 확신을 가질 수 있다.

첫째, 내가 의식적으로 기도 안으로 들어가 있는지를 물어 본다. 즉 기도의 실존(reality) 속으로 들어가 있느냐는 물음이다. 성령님의 인도하심을 받고 있는 의식적인 기도 행위가 아니라면, 아무리 거룩한 생각에 몰두해 있다 할지라도 그것을 기도의 실존이라 말할 수 없다. 왜냐하면 그리스도인이 하는 기도 자체가 성령님의 일이요, 성령님의 이끄심을 기대하는 행동이기 때문이다. 그러나 단순히 내 안에서 일어나는 거룩한 생각의 경우에는, 간접적인 성령님의 역할을 부인하는 것은 아니지만, 직접적인 성령님의 임재를 전제하지는 않는다.

둘째, 기도 안에서 나의 대화의 대상이 누구인지를 물어야 한다. 자기의 내면을 자세히 들여다보면 기도한다고 하면서도, 어떤 경우는 전혀 대상이 인식되지 않는 자기와의 심도 있는 대화일 수 있다. 즉 자기 몰두에 빠져 있을 수 있다. 그러나 기도라는 환경 속에서 의식적으로 대화의 상대가 주님이라는 확신이 있을 때 그것을 기도라고 할 수 있다.

셋째, 그 기도 가운데서 교제를 통한 어떤 역동성이 느껴지는지, 그리고 어느 시점에서 하나님 임재를 느낄 수 있는지를 반추해 보면서 기도의 확신에 이를 수 있다. 이 조건은 필수적인 기준이라고 말할 수는 없다. 왜냐하면 때때로 기도하고 있지만 전혀 내면의 움직임을 느끼지 못하거나 감지하지 못할 때도 있기 때문이다. 하지만 그것은 반추에서 그 원인이 무엇인지 찾아 내야 할 일이지, 역동성이 느껴지지 않는다고 해서 기도가 아니라고 말할 수는 없다. 단지 자기가 하고 있는 기도에 대해서 보다 확신을 가지기 위해 이런 기준을 생각해 보는 것이다.

넷째, 주님의 임재에 대해서 내가 적절하게 반응하고 있는지 살펴본다. 침묵 가운데서 진행되는 기도라면, 반응이 적절하게 이루어지지 않을 때 기도가 정체되고 단절되기 때문에 기도가 흐지부지한 느낌을 받는다. 그래서 기도에 대해서 회의를 느끼게 되는데, 그 반응 여부를 꼼꼼히 찾아볼 때 자신의 기도에 대해서 더 확신을 가질 수 있다.

기도가 사귐이요 교제라고 할 때 가장 힘이 드는 일은 주님으로부터 전해지는 의사 전달에 대한 확인이다. 과연 그분이 나에게 말씀하시는지에 대한 불확실함이 대화적 기도에서 겪는 가장 큰 어려움이다. 일반적으로 하나님 음성을 듣는다고 할 때 수동적인 자세를 떠올리게 된다. 듣는다는 것은 들리는 것에 대한 반응이기 때문이다. 그러나 기억해야 할 또 다른 상태는 듣고자 하는 능동적인 자세가 있을 때 들린다는 사실이다. 그러므로 주님의 음성을 듣는다고 할 때 수동적인 자세와 능동적인 자세에 대한 적절한 조화가 필수적이다. 우리는 하나님의 음성을 임의대로 조종할 수 없다. 그러나 내 안에서 그것을 부지런히 찾는 작업이 없다면 들릴 수 없는 것도 사실이다. 그것은 마치 외국어를 듣는 것과 같다.

내가 그 발음을 만들어서 들을 수는 없다. 들리는 대로 듣기 마련이다. 그러나 어떤 특정한 외국어에 익숙하지 않은 사람들은 듣기 위해서 귀를 기울이고 찾아야 한다.

마찬가지로 우리가 하나님 음성에 익숙하지 않기에, 듣는 훈련 과정에 있어서 매우 능동적으로 하나님 음성을 찾는 태도가 필요하다. 그 중에서 가장 일반적으로 알려진 것은 자기 생각과 감정을 하나님께 전달하는 태도이다. 말씀을 묵상하는 동안 말씀에서 독특하게 전해져 오는 어떤 메시지가 있다면 그것이 바로 들리는 순간이지만, 그것을 보다 분명하게 하기 위해서 능동적인 반응을 보일 때 진정한 의미에서 대화적 기도가 시작된다. 만일 전혀 어떤 메시지가 느껴져 오지 않는다면 기도자 쪽에서 여러 모양으로 사람에게 말을 건네듯이 자기 뜻을 주님께 전달할 수 있다. 쉽게 하나님으로부터 어떤 의사 전달이 느껴져 오지 않는다면 거듭 말이나 주제를 가지고 주님께 접근해 가면서 듣고자 하는 열망과 갈증을 증폭시켜 간다.

수동적으로 사로잡힌 기도가 아니라면 듣고 말하는 과정에서 원하지 않는 생각과 이미지가 다양하게 떠오른다. 그것을 우리는 잡념이라고 한다. 잡념은 기도를 집중적으로 이끌어 가는 데 있어서 가장 큰 걸림돌이 된다. 그 잡념을 어떻게 처리할 수 있는가? 먼저 잡념(雜念)과 정념(正念)의 차이를 구분해 볼 필요가 있다. 어떤 측면에서 두 가지 개념은 서로 상대적이다. 자신이 지금 추구하는 것을 방해하고 초점을 흐리게 하는 것이라면 그것이 잡념이다. 그러나 어떤 경우에는 그 초점을 흐리게 하고 방해하는 잡념을 오히려 더 시급하게 다루어 주어야 할 때도 있다. 그 때는 잡념이라고 생각해 왔던 것을 정념으로 받아들여야 한다. 예를 들면 주어진 어떤 말씀을 붙들고 기도를 진행시켜 가는데, 자신이 당장 직면한 문제 때문에 그 말씀에 초점을 두고 기도를 전개시켜 나갈 수 없는 경우가 있다. 그래서 기도자는 혼란과 잡념으로 시달린다. 그런 경우 집요하게 달라붙는 당면한 문제에 관심을 돌려야 한다. 즉 잡념이라고 생각했던 것을 정념으로 받아들이라는 말이다. 왜냐하면 그 문제를 먼저 돌보아 달라는 내면의 강력한 요구를 무시할 수 없기 때문이다. 그러나 그렇게 방향을 선회하기 위해서는 무엇보다도 적합한 분별이 요청된다. 분별이 없이 쉽게 기도의 방향을 흘러가는 대로 내맡겨 두면 일관성이 없는 기도가 되기 때문에, 자기 내면의 상태를 읽어 내는 데 어려움을 겪을 수 있다. 그리고 주님과 일관성 있는 관계 형성을 이루는 데 방해를 받게 된다.

정념(正念)으로 끌어들일 수 없는 파편적인 잡념이 꿀벌이 윙윙거리며 분주하게 날아다니듯 내면을 분주하게 만든다면 그것을 어떻게 처리해야 하는가? 기억해야 할 가장 중요한 사실은 '잡념과 싸우지 말라'는 것이다. 의지적으로 잡념을 제거하기 위해서 몸부림치지 말고 할 수 있는 대로 방관적인 태도를 취하는 것이 좋다. 살아 있는 사람들이라면 기도 중이라 할지라도 상념이 경쟁적으로 일어났다가 사라지는 경험을 할 수밖에 없다. 그것은 실로 인간이 살아 있다는 증거이다. 그런데 그 상념과 더불어 싸운다면 그 잡념을 다 처리하기 전에 지치고 말 것이다.

루터가 말했듯이 우리는 우리 머리 위로 날아다니는 새를 막을 길은 없다. 그러나 그 새가 자신의 머리 위에 앉아서 둥우리를 트는 것은 막을 수 있다. 즉 우리 마음 속에 끊임없이 일어나는 죄악된 생각, 욕망, 근심과 염려를 인위적으로 제거하는 것은 쉽지 않다. 그러나 그 생각을 잡아 알을 품듯이 품어 죄악의 결과를 낳게 하는 것은 막을 수 있다. 잡념과 정면으로 부딪쳐 싸우는 대신에 그 자체에 마음을 두지 않고, 스스로 흘러가도록 방관하는 태도를 취하면서 한동안 지켜보노라면 잡념이 점점 조용해지는 경험을 한다. 그럴 때 편안하게 정념에 초점을 두고 주님과 대화를 시작할 수 있다. 또 다른 방법으로는 불필요하다고 느끼는 잡념에 의해서 방해를 받을 때마다 거듭해서 정념(正念)으로 생각을 몰아넣는다. 우리 의지가 어떤 정념에 깊이 뿌리 내리지 못할 때 잡념이 쉽게 침입해 들어온다. 그래서 기도하기 전에 말씀을 읽고 준비하는 과정에서 정념이 될 만한 분명한 이미지나 메시지가 확보되어야 한다.

내 생각과 느낌이 주님의 의향대로 이끌림을 받고자 하는 열망이 있다면, 기도자는 할 수 있는 만큼 수동적으로 느끼고, 깨우쳐지기를 기다릴 수 있다. 즉 주장하는 자세보다는 듣는 자세를 취한다. 그러나 쉽게 주님의 의향과 간섭하심이 드러나지 않는다면, 그대로 머물지 말고 자신이 기도 시간 동안 경험하는 감정이나 내면적인 욕구나 주장하고 싶은 의견 등을 능동적으로 제시함으로써 기도를 이끌어 갈 수 있다. 말씀이 전하는 원론적인 가르침이나 주님의 명령에 단순히 동의하거나 그대로 따르지 못하는 것에 대한 죄책감을 드러내는 수준으로 기도를 끝내지 않도록 한다. 그 말씀이 전해 주는 가르침이나 명령을 현실 생활에서 실현해 가고자 할 때 겪어야 할 갈등이나 어려움이나 두려움 등을 기도 가운데서 그대로 드러냄으로써 주님의 구체적인 안내를 받는다.

주님은 우리에게 전혀 동의를 구하지 않으시고 일방적으로 은혜만 베푸시는 분이라고 생각한다면 위로부터 무엇이 주어지든지 갈등을 일으킬 여지없이 수용하는 수밖에 없다. 그러나 그분이 내가 따르고 순종할 뿐만 아니라 본받아야 할 모델이라면, 여전히 주님의 명령과 요구는 감당하기 어려운 일일 수밖에 없다. 주님의 명령에 귀를 기울인다는 것은 여전히 부담으로 다가온다. 그렇기에 우리는 자주 주님의 초대에 대해서 심리적인 저항감을 느끼곤 한다. 내가 누구이기에 부르십니까? 나는 감히 그 부르심을 감당할 수 없는 사람입니다. 한 걸음 나아가서 "내가 이러저러한 이유로, 주님의 명령을 감당할 수 없습니다."라고 능동적으로 대응할 수 있다. 이 때 기도가 보다 활발하게 전개된다. 이미 언급한 대로 기도를 대화라고 할 때, 그것은 언어와 언어의 교류라기보다는 정직한 마음과 마음의 부딪침이다. 그러므로 마음의 흐름을 적극적으로 읽어내지 못하고, 습관적이고 자의식이 없는 당위적인 언어로 응답한다면 결코 주님과 살아 있는 대화는 가능하지 않다.

어떤 결단에 이를 때 내가 그렇게 하기로 했다는 것과 주님이 그렇게 하도록 하셨다는 인식 사이에는 상당한 차이가 있다. 전자는 자신의 임의적인 결단이기에 그 권위가 자기 자신으로부터 비롯된다. 그러한 결단은 실천에 옮길 때 단호함도 부족하고 확신도 부족하다. 그래서 자기 변화에 영향을 주는 것도 미미하다. 그러나 주님과의 집요한 투쟁 가운데서 "주님이 그렇게 하도록 하셨다."라는 인식으로부터 비롯된 결단은 그 권위가 주님에게 있기 때문에 실천에 있어서도 매우 단호하고 확신에 차 있다. 그리고 결단한 일을 실현해 가는 과정에서 어려움을 겪는다면 그 문제를 다시 기도로 가져갈 수 있는 여유를 가지게 된다. 그 결단이 주님으로부터 비롯되었기 때문에 그 어려움을 다시 주님께 호소하는 것은 마땅한 일이다. 그러한 과정 속에서 주님과 지속적인 교제와 사귐이 일어나며, 그 결과로 자기 성장에 적지 않은 영향을 미치게 된다.

어떤 문제를 해결하고자 기도할 때 일방적인 부르짖음보다는 하나님과의 의식적인 대화를 통해서 그 문제의 근원에 도달할 수 있다. 그러한 과정에서 주님과 관계 형성을 이루게 된다. 반면에 일방적으로 부르짖는 기도에서는 무엇보다도 특정한 어떤 결론에 관심을 두기 때문에 그 결론에 이르는 과정에는 크게 관심을 두지 않는다. 그러므로 그 기도의 과정에서 기도자와 주님 사이에 흐르는 세미한 의사 전달을 감지하기가 어렵고, 결과적으로 그 기도는 주문(呪文)적 형태에 머물게 된다. 그렇기에 주님과 관계 발전도 기대하기가 어렵다.

대화적 기도를 할 때 원칙적으로 듣는 것이 우선이지만, 그 동안 길들여진 기도 습관 때문에 우리 쪽에서 능동적으로 마음을 열고 접근해 가는 태도가 필요하다. 그러나 일단 마음이 활짝 열리기 시작하면 성령님과 부딪침이 일어나게 됨으로써 주님과 보다 활발한 대화적 만남이 가능하다. 여기서 우리는 실천적인 차원에서 기도의 능동성과 수동성이 교묘하게 연결되는 것을 경험한다. 기도를 이끌어 가는 동안에 능동적 환경과 수동적 환경을 적절하게 감지하고 대응할 때 활기 있는 기도가 가능하다. 말씀과 함께 기도를 이끌어 가는 동안 어떤 깨달음이 마음 속에 느껴진다면, 그것은 나로부터 비롯된 능동적인 생각이라기보다는 주님이 직접적으로 관여하신 수동적인 사건으로 받아들인다. 그럴 때 주님과 실제적인 교제가 일어나는 것을 경험한다. 깨달음은 어떠한 능동적인 조치 없이 갑작스럽게 일어날 수 있고, 또 어떤 경우에는 능동적으로 어떤 준비를 하는 동안 일어날 수도 있다. 그러나 어떤 경우이든 이 깨달음의 순간은 전적으로 수동적인 작용이다. 그런데 이 순간을 능동적으로 적절하게 대응하지 못하면 주님과 관계를 더 깊게 끌어가지 못하고 중간에서 기도가 단절되기도 한다.

또 다른 예를 들어 보자. 기도를 하는 동안 자주 어떤 감동을 느끼곤 하는데, 그 감동이 어떤 열매를 맺지 못하고 곧 사라지는 이유는 무엇인가? 자주 일어나는 현상은 그 감동이 잊혀지지 않을 만큼 그렇게 강하지 않다는 사실이다. 살짝 스쳐 지나가는 듯한 그 수동적인 순간을 포착하여 능동적으로 대응하지 못하기 때문에 그 감동을 소멸해 버리거나 열매로 연결시키지 못한다. 그 때의 감동을 증폭시키기 위해서 취해야 할 일차적인 대응은 그 감동의 흔적을 붙잡는다. 주로 기도 후에 반추를 통해서 그런 흔적을 찾아 낼 수 있다. 그리고 반복 기도를 할 때 그 감동 지점으로 돌아가 그 감동을 통해서 자신에게 전해지는 느낌이나 생각이나 상상을 그대로 주님께 전달함으로써, 그 감동을 일으켜 주신 하나님의 의향을 알아차려서 적절한 반응을 하도록 한다. 특별히 상상력을 잘 사용하면 슬쩍 스쳐 지나가는 듯한 그 감동의 순간을 더 생생하고 더 깊게 맛볼 수 있다.

어떤 일을 두고 기도하는 동안 그 일을 감당할 만큼 마음의 평화, 기쁨, 확신이 일어나지만, 곧 다가올 변화되지 못한 현장의 소리에 귀를 기울일 때 그 평화와 확신은 사라지고 다시 혼란과 염려가 엄습해 오는 것을 종종 경험한다. 예를 들면 한 기도자가 어떤 한적한 훈련 장소에서 영적 지도를 받으면서 기도를 하는 동안 주님이 주신 확신과 평화를 맛보게 된다. 그는 즉시 주님께서 명령하신 일을 기꺼이 수행하고자 하는 열망과 확신과 기쁨이 일어나는 것을 경험했지만, 이제 곧 변화되지 않은 현장으로 돌아간다는 것을 생각하자 그 경험이 무기력해지는 느낌을 받는다. 그러면 기도 가운데서 경험된 평화, 확신, 기쁨은 무엇이며, 곧 찾아온 염려와 혼란은 또 무엇인가? 전자의 것은 어떻게 유지해 가고, 후자의 것은 어떻게 극복할 수 있는가?

하나님이 찾아오신 수동적인 경험의 사건은 이미 우리 마음 속에 지울 수 없는 흔적을 남겼기에 결코 지울 수 없다는 믿음이 필요하다. 그리고 이어서 다가오는 염려와 근심은 위의 경험을 능동적으로 발전시키고 구체적으로 현실화시키면서 극복할 수 있다. 예를 들면 풍랑이 심하게 일고 있는 배 안에서 편안하게 주무시는 예수님으로부터 용기를 얻을 수 있다. 지금 직면하고 있는 역경의 현장에 주님이 머물러 계시다는 깨달음이 전해 오면서 그 역경에 직면할 용기를 얻게 된다. 그리고 풍랑 가운데서 유령처럼 다가오시는 예수님을 만나면서 마음 속 깊이로부터 흘러나오는 평화도 맛본다. 그러한 경험을 통해서 주님은 어떠한 상황 속에서도 우리를 향해서 다가오신다는 확신에 이른다.

그런데 그 때 능동적으로 적절하게 대응하지 못하면 머지않아 주님의 감동은 아무 일도 없었던 것처럼 소멸되고 만다. 그것을 보다 확신 있게 주님이 개입하신 평화와 용기로 받아들이기 위해서는 적합한 반응이 필요하다. 그러한 경험을 하는 순간에도 잠시 그 기도의 분위기로부터 벗어나 곧 다가올 현실에 관심이 빼앗기면 곧 두려움과 불안이 엄습해 올 수 있다. 여기서 취해야 할 태도는, 현실 속에서 일어날 것을 미리 앞당겨 염려하지 않는 것이 좋지만, 그런 염려가 어떤 결심으로 해결되는 것은 아니므로, 거듭 그러한 생각이 일어날 때, 그러한 생각과 마음을 다시 기도 안으로 가져가 쏟아 내놓도록 한다. 그렇게 대응하기 위해서는 순간 자기 마음 속에 흐르고 있는 생각과 마음을 놓치지 않고 기도로 가지고 나아가는 민첩함이 요청된다. 그러는 동안 주님이 전해 주신 감동은 견고하게 굳어지게 된다. 동시에 실제로 용기와 평안함을 가지고 현장으로 나아갈 힘을 얻는다. 이처럼 기도 가운데서 얻은 확신을 지속적으로 다져 가는 작업이 또한 기도이다. 그리고 현장 속에서 용기 있게 조금씩 실천하는 몸짓이 필요하다.

　기도가 머릿속에서만 맴돌고 있다는 느낌이 들거나, 인위적으로 자기 생각을 이어가는 것처럼 느낄 때 어떤 조치를 취하면 좋겠는가? 우선적으로 어떤 경우라 할지라도 기도는 시작되었기에, 그 때 상황을 주님께 그대로 가져가는 습관이 필요하다. 지금 자신이 기도하고 있는 그 순간에 느끼는 감정을 주님께 아뢰면서 기도를 이어 간다. 왜 기도가 이렇게 흘러가고 있는지, 주님이 이 기도 가운데 개입하시지 않는지, 혹은 무슨 장애물이 있는지를 기도 안에서 찾아갈 수 있다. "기도 안에서 일어나는 여러 가지 의문이나 장애물은 또다시 기도로 풀어 나가라."는 원칙을 기억할 필요가 있다. 즉 기도는 기도로 풀어 가라는 원칙이다. 문제는 그 순간을 감지하는 것이 매우 중요하다. 그 외에도 취해야 할 다른 조치가 있다면 주님으로부터 내가 듣고자 하는 열망이나 기대가 살아 있는지를 확인해 보는 일이다. 많은 경우 습관적으로 이어 가는 기도나 열망이나 기대가 결여되어 있는 기도일 때 인위적인 나의 생각으로 느껴질 수 있다. 생각과 생각으로 이어 가는 듯한 일련의 상념을 자기 머릿속에만 담아 두지 말고, 그러한 생각과 느낌을 주님께 털어놓으면서 대화로 이끌어 가도록 한다.

우리는 자주 기도할 때 성령님이 주시는 생각인지, 순전히 나의 생각인지 하는 의문 때문에 어려움을 겪는다. 성령님은 얼마든지 우리 생각과 느낌을 꿰뚫고 전적으로 다른 방식으로 우리에게 다가오기도 하신다. 그러나 많은 경우 우리 생각과 전 인격을 그분에게 맡기는 자세로 나아갈 때, 성령님은 우리 생각과 언어와 경험을 사용해서 당신의 의향을 전달하신다. 그러므로 기도를 지속적으로 이끌어 가기 위해서 취해야 할 기본적인 자세는 기도 중에 일어나는 어떠한 느낌이나 생각을 성령님께서 개입하시는 징조로 받아들이고 그것에 대해서 적극적으로 대응하는 것이다. 그렇게 주님과 대화가 적극적으로 진행되는 과정 속에서 기도자는 보다 분명한 성령님의 의도를 알아차리게 된다. 분별을 할 때도 어느 시점에 들은 소리나 떠오른 생각을 단편적으로 떼어 내어 옥석(玉石)을 가려 내려는 태도는 좋지 않다. 그것을 기도의 과정 안으로 끌어들여서 저절로 식별되도록 하는 것이 가장 자연스러운 일이다. 지속적으로 기도를 한다면 기도가 기도를 수정하고, 이전의 상황을 밝히는 기능을 한다. 더욱이 말씀과 더불어 기도를 이끌어 갈 때는 성령님께서 그 말씀을 통해서 우리 생각과 마음을 통제하시리라는 믿음이 필요하다.

관상적인 경험(이 부분은 Ⅵ장에서 자세하게 다룸)의 초기에서 보통 주님과 관계가 수동적으로 열리는 듯한 느낌을 받는다. 그런데 그 때 관상적 경험이 우리 의지를 압도할 수 있을 만큼 강한 것이 아니라면, 그 때 느낀 감정이나 통찰력을 적극적으로 수용하면서 능동적으로 주님과 교제를 지속시켜 가도록 한다. 그리고 더 대화를 끌어갈 필요가 없다고 판단된다면 그 느낌 안에 그대로 머물러 주님의 임재를 충분히 맛보는 것도 좋다. 사실 점점 수동적 일치에 가까울수록 더 이상 의도적인 대화가 없이도 이미 주님과 깊은 만남이 일어나고 있기 때문에 있는 그대로 맛보고 느끼는 것으로 대화는 충분하다.

기도 초기에서는 주님과 대화를 시도하기 위해서 매우 능동적으로 주님께 접근한다. 이런 경우 자기 자신 안에서 자의적으로 만들어 낸 것처럼 느끼는 생각이 꼬리에 꼬리를 물고 일어난다. 그럼에도 불구하고 성경과 성령님과의 접촉점을 찾기 위해서 성경 본문에 기초하여 다양한 질문을 쏟아 놓으면서 주님께 접근해 갈 때 기도는 살아난다. 이 때 대화를 시도하기 위해서 능동적으로 끌어 낸 질문에는 세 가지 부류가 있을 수 있다. 첫째, 기도 안으로 들어가고자 하는 단계에서 마음 깊은 곳에서 자발적으로 일어나는 질문이 있다. 그런 질문은 기도를 이어가는 데 있어서 매우 유용한 동기가 된다. 질문을 던지는 즉시 기도자는 기대와 열망이 일어난다. 그 답이 주어지는 즉시 다음의 대화로 이어갈 수 있는 원동력을 얻게 된다.

둘째, 답에 대한 기대가 거의 없는 질문을 위한 질문이 있다. 그런 질문은 기도를 이끌어 가는 데 도움이 되지 않는다. 보통 아무런 반응도 일어나지 않는다. 셋째, 호기심을 자극하는 질문이 있다. 그런 질문에 대해서도 전혀 반응을 기대할 수 없다. 그것은 솔직한 내면의 소리가 아니기에 무슨 답이 있다 할지라도, 주님과 만날 수 있는 내면의 소리는 될 수 없다. 자기 자신과의 대화 이상의 자아 초월적인 응답은 기대할 수 없다. 오히려 기도가 무미건조하게 느껴질 뿐이다. 이러한 경험적인 결과를 고려해 볼 때 기도의 출발점에 있어서 강하든 약하든 수동적으로 느껴져 오는 내적인 감각을 감지하는 일이 무엇보다 중요하다. 소위 그것을 성령님으로부터 비롯된 세미한 음성이라 할 수 있다. 엄밀한 의미에서 대화적 기도는 이 세미한 음성으로부터 비롯된다. 일단 그것을 감지할 수 있다면 거기에서부터 도출된 물음이나 그에 대한 반응이 자연스럽게 일어날 수 있기 때문이다.

이제까지 고찰한 바와 같이 말씀과 함께 하는 기도가 살아 움직이는 기도가 되기 위해서는 무엇보다도 성령님의 활동으로부터 비롯되는 수동적인 체험과 이에 대해 기도자가 어떻게 적절하게 반응하느냐에 달려 있다. 말씀으로 기도하면서 그 말씀이 전해 주는 분위기나 내용에서 기도자는 마음 깊은 곳으로부터 불편한 심기나 불만, 저항 등을 느낄 수 있다. 이러한 감정은 말씀과 성령님과 기도자의 마음이 서로 부딪쳐서 일어나는 것이기에 이 역동적인 순간을 잘 포착할 때 기도가 시작된다. 예를 들면 어떤 기도자가 이사야 45:9-13 말씀을 가지고 기도에 들어갔다. 그는 곧 "질그릇 조각 중 한 조각 같은 자가 자기를 지으신 이와 더불어 다툴진대 화 있을진저 진흙이 토기장이에게 너는 무엇을 만드느냐 또는 네가 만든 것이 그는 손이 없다 말할 수 있겠느냐"라는 말씀이 마음에 부딪쳐 오면서 불만과 저항이 일어나는 것을 느꼈다. 순간 기도자는 그 불편한 심기가 무엇을 의미하는지를 기도 속에서 감지하였다. 왜냐하면 평소 자기가 품고 있었던 외모에 대한 열등감, 자신의 성격에 대한 불만스러움, 사람들에게 주목을 받을 만한 재능이 없는 것에 대한 불만 등을 있는 그대로 받아들이라는 요구로 알아들었기 때문이다. "네가 불만스럽게 생각하는 너의 모습을 내가 지었다. 그것에 대해서 네가 이렇다 저렇다 시비하느냐?"는 음성으로 듣게 된 것이다. 즉 말씀을 통한 성령님의 요구와 자신을 있는 그대로 수용할 수 없는 자신의 불만이 서로 부딪친 것이다. 이러한 수동적인 경험에 대해서 적절한 능동적인 대항이 없다면 기도는 여기서 끝나 버린다.

　보통 사람들은 불만스러운 자기 감정을 감추고, 자신이 그러한 불손한 생각을 가지고 살아가는구나라는 자책감을 먼저 일깨우면서 회개하는 방향으로 기도를 몰아간다. 물론 진실로 마음에 품은 불만에 대해서 하나님께 마음 깊이 죄스러움을 느꼈다면 당연히 회개로 이어질 수 있다. 그러나 주님이 하신 일에 대해서 만족스럽게 수용하지 못하면서도, 단순히 그러한 생각을 하고 있다는 그 자체로 마땅히 회개해야 할 것으로 여기고 기도의 방향을 그렇게 끌고 간다면 그 기도는 원활하게 살아나지 못한다. 자기 안에 담겨 있는 분노나 저항감이 소화되지도 않았고, 그렇다고 주님께 충분히 전달되지도 않은 상태의 회개는 단지 입술 봉사에 불과할 뿐이다. 그래서 그 기도 후에 아무런 위안이나 응답을 기대할 수 없다. 자신이 품고 있는 열등감이나 불만스러운 상황이 주님께 충분히 전달되었다고 느낄 때에야 비로소 회개와 더불어 하나님과 친밀한 관계 형성을 이루어 갈 수 있으며, 성령님의 요구에 기꺼이 동의하고 순종할 수 있다.

　한 기도자는 예수님 탄생 이야기를 기도하면서 예수님 때문에 겪는 마리아와 요셉의 연속되는 고통이 마음에 깊게 다가왔다. 이전에 느끼던 양상과는 달리 마치 자기의 고통처럼 느껴졌다. 그들의 아픔에 동조하면서 그들을 바라보고 있는 동안에 자연스럽게 자신이 겪고 있는 고통과 일치되는 느낌을 받았다. 이 때 적절한 능동적인 대응이 요구된다. 보통 많은 기도자들이 자신의 고통이 마리아와 요셉의 고통과 같다는 동병상련(同病相憐)적 의식을 경험하면서 주님의 위로를 받는 것으로 기도를 마친다. 그러나 이것은 성령님의 감동에 대해서 기도자가 충분히 응답했다고 할 수 없다. 성령님은 그 감동을 통하여 주님과 더 깊은 사귐과 만남을 기대하고 계시다. 이 때 적당한 대응을 위해서 자신이 겪고 있는 고통에 대한 마음의 소리에 귀를 기울여야 한다. 그 소리를 중심으로 주님께 정직하게 반응할 수 있다. 그리고 그것이 주님이 부르시는 방법이라는 확신이 있을 때까지 내적 투쟁을 벌이면서 주님과 깊은 만남을 이룬다.

활발하게 진행되는 기도일수록 하나님의 의지가 압도적이고 절대적이어서 기도자는 그저 수동적으로 반응하고 사로잡혀 가는 느낌을 받는다. 그러한 경험이 만족스럽고 무엇인가 새로운 활력을 가져다 준다면 수동적인 대응만으로 충분하다 할 수 있다. 그러나 그러한 주도적인 이끌림에 대하여 좌절감이나 무기력감을 느낀다면 그것은 기도자 편에서 제대로 반응했다고 할 수 없다. 그런 경우에는 능동적으로 그 좌절감을 표현해야 한다. 그렇게 나의 주장을 펴 갈 때 비로소 하나님의 진정한 의향을 알아차릴 수 있다. 나를 향한 하나님의 의향을 알아차리지 못한 상태의 순종은 공허한 약속에 불과할 뿐, 진정한 사랑이 깃든 순종이라 할 수 없다. 따라서 기도를 통해서 무엇보다도 서로간의 의향의 소통이 충분히 일어나야 하며, 그러한 과정에서 자연스러운 순종이 일어난다.

말씀으로 기도를 하는 과정에서 수동적인 경험을 위해 피해야 할 태도는, 말씀을 묵상하는 동안 어떤 특정한 말씀을 자기 상황에 재빨리 적용시키려는 시도이다. 우리는 말씀 가운데 성령님의 임재를 믿는다. 그러므로 그 말씀이 성령님에 의해서 어떻게 살아나는가에 주의를 기울이면서 성령님의 인도를 자연스럽게 경험하는 것이 필요하다. 그리고 그것을 감지하면서 능동적으로 대처해야 하는 시점을 알아차리는 훈련이 필요하다. 성령님의 감동이 내 생각과 느낌을 완전히 압도하는 경우는 그렇게 흔하지 않다. 거의 대부분 그 동안에 형성된 내 생각과 감정이 성령님의 감동과 부딪치면서 제삼의 감정을 경험한다. 그것이 부정적인 경우라 할지라도 자기를 쉽게 정죄하거나 회개하는 것으로 기도를 끝내려 하지 말고 정직하고 적절하게 대응하도록 한다. 그리고 난 후 내 안에서 일어나는 제삼의 감정을 읽으면서 하나님의 의향과 내 의향이 무엇인지를 감지한다. 그럴 때 무엇을 극복하고 수용해야 할 것인지, 무엇을 위해서 투쟁해야 하는지에 대한 목표도 분명해진다.

기도 체험과 영적 지도

자기 몰입형 기도와 자기 초월형 기도

기도는
자기 몰입형 기도로부터
자기 초월형 기도로 발전되면서
하나님과의 관계적 친밀감을
형성하게 된다.
자기 안에서 일어나고 있는
분노의 감정,
상처 입은 감정 등을
솔직하게 드러냄으로써
자기 몰입형 기도를
극복할 수 있다.

자기 몰입형 기도와 자기 초월형 기도

기도자는 자기 몰입형 기도와 자기 초월형 기도 사이에서 움직인다. 기도의 일차적인 사명은 현재적인 자기 모습을 직시하고, 성경적 가치관이 요구하는 바에 따라 자기를 개혁시켜 가는 데 있다. 자신의 정체성이 분명하지 않거나 더욱이 왜곡된 자기 모습을 그대로 지니고 있는 한 주님과의 올바른 관계를 형성해 갈 수 없기 때문이다. 자기 이해가 분명하지 않은 사람들이 타인과 올바른 관계를 맺어 갈 수 없는 것과 같다. 자기 자신을 어떻게 발견하고 이해할 수 있는가? 스스로 자기 자신 안에서 자기를 볼 수 있는가? 만일 그렇다면 그것은 자기 안에서 자기를 볼 수 있는 또 다른 기준이나 거울이 있다는 것을 의미한다. 물론 철학적인 인간관에 있어서 인간은 자기를 초월할 수 있는 능력이 있기에 자기를 초월하여 자기를 볼 수 있다고 주장한다. 그러나 성경은 그러한 주장에 동의하지 않는다. 이미 인간은 자기 자신을 볼 수 있는 눈을 상실했다. 그리스도인은 성경만이 인간을 가장 정직하게 보여 줄 수 있는 신뢰할 만한 거울이라고 믿는다. 그러므로 자기 개혁을 추구하는 기도라면 성경이 매우 중요한 기도 자료임에 틀림없다. 성경은 그 속에 담고 있는 다양한 인물과 사건을 통해서 자기 모습을 보고 개혁하고자 하는 동기를 부여한다. 성서(the Scripture)가 성경(the Bible)이 되는 것은 성경에 나타난 다양한 인물과 사건이 우리의 전 존재를 바라볼 수 있는 가장 표준적인 잣대가 된다고 믿기 때문이다. 뿐만 아니라 사람을 새롭게 하도록 동기를 부여해 주는 능력이 그 말씀 안에 있기 때문이다. 기도 가운데서 자기가 변화해 가는 모습을 눈여겨보면 다음과 같은 과정이 발견된다.

말씀과 더불어 기도를 진행해 갈 때 기도자는 일반적으로 다음과 같은 두 가지 태도로 말씀에 접근한다. 첫째는 자기 몰입적 태도이다. 이것은 주어진 말씀 안으로 깊이 들어가기 전에 자기 자신의 문제를 그 말씀에 투사하여 말씀을 임의적으로 해석하고 적용하려는 태도이다. 두 번째는 자기 초월적 태도이다. 주어진 말씀에 대해 자기 자신의 삶의 자리를 초월하여 말씀 자체로 들어가서, 말씀을 통하여 전달하시는 성령님의 음성에 귀를 기울이는 태도이다. 이렇듯 말씀을 가지고 기도할 때 우리가 드리는 기도는 자기 몰입적 태도와 자기 초월적 태도 사이를 오간다. 자기 자신과 자기와 얽혀진 주변의 일에 묶여 있는 사람일수록 자기 몰입형 기도에 머물게 된다. 자신으로부터 얼마나 자유로우냐에 따라서 점점 초월적 태도로 옮아 간다. 즉 부적합한 집착(inordinate attachment)으로부터 이탈(detachment)하여 참된 애착(authentic attachment)으로 옮아 가는 과정에서 자기 몰입적 태도를 취할 수밖에 없다.

예를 들어 보자. 일과 자기를 떼어 놓을 수 없는 상태에서 기도를 할 때 그 기도는 매우 자기 몰입적 상태로 빠져들 수밖에 없다. 자기를 보는 모습이 늘 자기와 얽혀져 있는 '일이라는 거울'을 통해서 보게 되기 때문이다. 즉 외적이고 기능적인 일을 통해서 평가된 자기 자신의 만족스럽지 못한 모습 때문에 갈등한다. 때문에 그것이 기도의 주요한 내용이 된다. 그런데 이런 사람들에게 다음과 같은 질문을 할 수 있다. "일과 얽혀진 자아, 소위 분석 심리학적 차원에서 사회적 인격이라고 말하는 페르조나(persona)[20]를 뛰어넘어 절대적 자기(self)를 볼 수는 없는가?" 아무리 그 일이 순수하고 거룩한 일일지라도 '나' 라는 존재는 일과 상관없이 하나님으로부터 선택받고 부름받은 존재이다.

내가 어떤 사역자로 부름을 받기 전에 순전히 자연인으로서 주님과 관계를 맺고 있는 존재이다. 그러므로 기능적인 인간으로부터 완전히 벗어나 자기와 하나님과의 관계를 분명히 할 때, 비로소 자기 성숙의 길을 걸을 수 있다. 어떤 일과 연관된 자신의 모습은, 정도의 차이는 있지만 늘 과장되거나 혹은 축소된다. 일하는 존재로 본질적인 자기를 평가하려는 것은 바람직한 태도가 아니다. 거기서는 일에 매여 있는 집착된 자기 모습을 보는 것으로 충분하다. 하나님은 먼저 나를 사랑하는 자녀로 부르신 것이지, 어떤 일을 위한 도구로 부르신 것이 아니다. 우리는 종종 주어진 어떤 사역이 버겁게 느껴지고 한계에 부딪치면, 그것은 곧 내가 무능력하거나 열등한 존재라는 것을 증명하는 것처럼 생각함으로써 자기 몰두나 자기 연민에 빠진다. 그러나 주님은 있는 그대로의 모습을 용납하신다. 내가 그만큼 열등한 존재가 아니라, 그만큼 능력을 부여받은 존재일 뿐이다. 하나님은 일로 인해서 나 자신을 평가하시는 분이 아니다. 그래서 내가 그 일을 잘 하지 못하고, 열정을 가지지 못하는 것 때문에 회개하기 전에, 그것 때문에 힘들어하는 자기 자신을 먼저 발견하고, 그 안에서 왜곡된 하나님의 모습을 보고 주님과의 교제를 시작한다면, 그 기도는 점점 자기 몰두에서 자기 초월로 넘어갈 수 있다. 내가 나를 바라보지 않고, 하나님이 바라보시는 대로 나를 볼 수 있는 능력을 얻게 되기

---

20) 페르조나(persona)라는 말은 본래 헬라문화에서 연극을 할 때에 다른 사람의 역할을 가장하기 위해서 쓴 가면이라는 말이다.

때문이다.

한 기도자가 예수님이 수난을 당하시는 장면 중에서 베드로가 주님을 부인하는 말씀을 가지고 기도에 들어갔다. 그는 쉽게 자기 자신을 베드로라고 가정하고 예수님께 접근했다. 그는 예수님이 고난당하시는 그 현장보다는 베드로가 예수님을 부인하는 그 장면에 초점을 맞추었다. 기도하는 중에 그는 변덕스러운 자신의 성품과 분별없이 화를 뿜어 내는 거친 자신의 성품을 보았다. 그래서 그 성품 때문에 그 동안 고통을 당했던 사람들을 떠올리면서 회개했다. 이는 자기 몰입적 측면에서 이루어진 기도라 할 수 있다. 가장 쉽게 접근할 수 있는 기도의 태도로, 자기를 이해하고 회개하는 데 도움을 받은 좋은 기도이기는 하지만, 그것이 결론이 아니고 자기 초월적인 길로 나아가는 길목에 해당하는 기도라 할 수 있다.

만일 진정으로 자기 모습을 발견하고 동시에 회개를 경험했다면, 이 기도는 그 다음 단계로 수난당하시는 주님 자신에게로 넘어갈 수 있다. 즉 주님은 주님이 예견하신 대로 사랑하는 제자들로부터 하나씩 하나씩 배반을 당하고 마침내 홀로 남게 된다. 그 순간 고독한 예수님과 부딪치면서 그분과의 심정적 일치를 경험했다면 예수님과 깊은 교류가 일어날 수 있다. 그리고 그 예수님을 통하여 자신의 모습을 보다 더 통렬하게 볼 수 있는 영적 통찰력을 얻게 된다. 첫번째의 결론과 비슷할지 모르지만, 그 내용은 상당한 차이가 있다. 자기 몰입형 기도에서는 직접적인 목적이 자기 모습을 보는 데 있고, 주님과 교제는 간접적인 목적이 된다. 따라서 예수님과의 관계는 그만큼 멀게 느껴질 수 있다. 그러나 자기 초월형 기도는 위의 기도와는 정반대의 목적을 가진다. 예수님과 부딪침에 초점을 두고 그분과 사귐이 기도의 직접적인 목적이요, 나 자신의 모습을 발견하는 일은 간접적인 목적이다. 그러므로 기도자는 전자보다 후자의 기도를 통해서 주님과 보다 더 친밀한 관계를 형성하게 된다.

　기도자가 성경 말씀으로 기도할 때 그 말씀이 주님과 대화의 매개체로 인도되기까지 한동안 말씀과 씨름을 하게 된다. 그 때 주의해야 할 점은 순간 떠오르는 말씀이나 통찰력에 매달리지 말고, 그 말씀이 전개되고 있는 상황 속으로 깊이 들어갈 때까지 인내할 필요가 있다. 만일 상황 깊이로 들어가기 전에 어떤 통찰력을 전해 주는 말씀에 매달리면 자기 몰입형 기도에 빠지기 쉽다. 상황 속으로 깊이 들어가면 갈수록 내가 말씀을 통제하려는 욕구로부터 점점 해방을 받게 되며, 말씀이 나를 초대하는 경험을 하게 된다. 그 말씀은 우선 그 상황 안으로 나를 끌어들이며, 그리고 그 장면의 한 인물과 만나게 된다. 그 인물을 통하여 주님께로 안내를 받는다. 그런데 여기서 주님과 직접적인 교제로 넘어가지 못하고 특정한 인물과 하나가 되어 그 단계에 머물러서 빠져 나오지 못한다면 자기 몰입형 기도로 넘어가고 만다. 그러면 기도자는 거기서 그 인물을 거울로 삼아 자기 자신의 모습을 비추어 보는 일에 모든 시간을 보낸다.

　물론 그 단계를 반드시 거칠 수밖에 없는 경우도 있다. 즉 왜곡된 자아상이나 상처 혹은 죄책감으로 인해서 자기를 떨쳐 버리는 것이 매우 어렵다고 판단될 때는 자기 몰입형 기도가 함정이라기보다는 주님과 만나기 위한 디딤돌이 될 수 있다. 그러나 기도할 때마다 습관적으로 자기 연민에 빠져든다면 그것은 반드시 극복되어야 할 자기 몰입형 기도이다. 자기 연민에 빠져 있는 사람은 주님의 초대에 정직하게 반응하기가 쉽지 않다. 따라서 기도할 때마다 습관적으로 자기 몰입적 태도를 취한다면 주님과 관계 형성이 어렵기 때문에 기도를 통한 영적 성장도 어렵다. 소위 메시야적 콤플렉스(Messianic complex)에 빠져 있는 사람들은 기도할 때마다 회개가 중요한 주제로 등장하곤 하는데, 이 경우 충분히 용서받는 경험도 하지 못할 뿐 아니라 주님과 친밀한 교감도 맛보지 못한다. 그러므로 말씀 안에서 만난 인물은 그것이 최종 목표가 아니고, 주님과 관계 발전을 위한 준비 단계임을 기억해야 한다.

기도가 진행되는 동안 말씀이 전해 주는 여러 가지 이야기와 주제가 자기가 처한 상황과 부딪치면서 자기 안에서 어떤 감정이 일어나는 것을 경험한다. 승리감, 위로, 기쁨, 패배감, 서러움, 처절함, 안타까움 등의 상황이 현재 자기 모습과 일치를 이루면서 감정이입이 일어난다. 그 감정이입은 기도를 활기차게 하는 데 매우 중요한 원동력을 제공한다. 그러나 그러한 감정에 너무 집착한 나머지 자기 몰입형 기도로 빠지면 말씀이 이끌어 가는 대로 기도를 전개해 갈 수 없다. 그것을 극복하는 길은 그러한 감정에 집착하는 대신 그 감정을 주님과 교제하는 매개적인 수단으로 사용하는 것이다. 기도 가운데서 경험하고 느끼는 감정을 솔직하게 주님께 쏟아 놓으라. 예를 들면 "지금 내 마음이 매우 혼란스럽고 당혹스럽습니다."라고 주님께 표현한다.

많은 경우 그러한 상태에 이르게 되면 더 이상 기도를 진행시키지 못하고 주저앉고 만다. 혼란스러운 감정에 빠져서 기도 자체가 혼란스럽게 되기 때문이다. 그럴 경우 그 순간 왜 기도가 혼란스럽고 당혹스러운지 주님께 토로하면서 주님의 관점에서 그러한 감정을 정리하고 소화시키는 작업이 필요하다. 내 안에서 일어나는 감정을 자세히 들여다보면, 그것이 단순한 감정의 문제가 아니라, 그 감정에 상응하는 어떤 사실이나 사건과 연루되어 있다는 것을 발견한다. 그러므로 감정은 그에 상응하는 진실을 주님께 솔직하게 드러내는 데 매우 유용한 매개체가 된다.

자기 몰입형 기도로부터 자기 초월형 기도로 발전되어 가는 과정에서 나타나는 현상은 일 중심의 사고로부터 관계 중심의 사고로 전환되는 일이다. 일 중심의 사고는, 자기라는 존재를 언제나 자신과 연루된 일을 통해서 확인한다. 하지만 그것이 아무리 거룩한 일이라 할지라도 일 중심의 사고는 자기 자신을 있는 그대로 직면할 수 없다. 그 사실을 직시한 사람들은 관계 중심의 사고를 발전시켜 가면서 사람과의 관계, 하나님과의 관계 그 자체를 소중하게 여긴다. 관계를 소중히 여기면서 기도에 임할 때 자기 자신이 보는 자신의 모습으로 인해서 자신과 투쟁할 것이 아니고, 주님이 바라보시는 나의 모습을 직시하면서 주님과 투쟁한다. 이렇게 기도를 전개해 갈 때 자기 몰입형 기도로부터 자기 초월형 기도로 발전한다. 이렇게 기도가 발전되어 가는 과정에서 자기 정체성 확립과, 자기 개혁 혹은 상처의 치유 등을 경험하게 되는데, 그것이 기도의 최종적인 결론은 아니다. 기도가 내 안에 몰입되는 상태로부터 하나님에게로 나아가고 있기에, 그 기도 과정에서 무엇을 경험했든지 그것이 지향하는 궁극적인 목표는 하나님과의 관계 형성에 있다.

  기도자가 자기 몰입형 기도에서 좀처럼 벗어나지 못하는 이유는 자기 안에 숨겨진 분노나 원망, 깊은 죄책감 등의 감정이 밖으로 드러나지 않기 때문이다. 평소에 그러한 감정을 자연스럽게 표출할 수 있는 환경이 조성되거나 하나님 앞에서 그것을 자연스럽게 드러낼 수 있다는 믿음을 가질 때 그것은 극복될 수 있다. 많은 경우 하나님에 대한 고정된 이미지가 자기 몰입형 기도 형태를 벗어나지 못하게 한다. 예를 들면 "하나님 앞에서는 원망이나 분노를 드러내서는 안 된다. 그분에게는 오직 용서와 은혜만을 구할 수 있을 뿐이다. 그분 앞에서 어떠한 분노나 감정을 드러내는 것은 불경스러운 일이다."라고 생각하는 것이다. 그래서 기도를 아름다운 미사여구로 장식하며, 마음에 없는 용서와 참회로 그분에게 접근해 간다. 그러나 마음 깊은 곳에서는 그분과 전혀 소통이 일어나지 않는다는 것을 경험한다. 물론 친밀감도 일어나지 않는다. 그래서 거듭 자기 자신과 투쟁을 하게 되며, 그 투쟁이 거듭되어 갈수록 자기 연민에 사로잡히게 되고 더 깊은 죄책감에 빠져 산다. 그래서 동일한 죄목의 회개가 반복되곤 한다. 충분한 의사 소통이 일어나지 않는 상태에서 회개와 용서의 확신은 있을 수 없다.

　하나님으로부터 상처를 받을 수 있는가? 그럴 수 있다. 성경이 제시하는 가치관은 실존적인 삶에 비추어 볼 때 다다르기에 너무나 높고 깊으며 현실적인 상황에서 감당할 수 없는 기준처럼 느껴진다. 그렇다면 하나님께서 그분의 요청을 감당할 수 있도록 주변 환경을 수월하게 바꾸어 주시든지, 아니면 다다라야 할 기준을 낮추어 주시든지 해야 한다. 그러나 말씀에서 제시하는 기준은 여전히 변함없다. 그 요청은 더욱 강하게 느껴진다. 그러므로 하나님은 접근하기 어려운 분일 수밖에 없다. 그래서 인간은 더욱 깊은 고뇌와 수렁으로 빠져드는 듯 그치지 않는 갈등에 사로잡힌다. 그런데도 우리는 표면적으로 모든 것을 나 자신의 문제처럼 생각하고 거듭 회개를 한다. 하지만 이처럼 생각과 마음이 일치되지 않는 기도에서 어떻게 하나님과의 진실한 만남을 기대할 수 있는가? 그러므로 기도자는 담대하게 자기 안에 품고 있는 하나님을 향한 분노의 감정, 상처받은 감정을 그대로 드러냄으로써 하나님께 나아가야 한다. 그럴 때 그 순간 자기 몰입적 태도로부터 벗어날 수 있다. 즉 거듭되는 피상적인 회개보다는 있는 그대로의 내면의 감정이나 느낌을 드러냄으로써 더 빨리 주님과의 관계를 회복해 갈 수 있다.

　어떤 신학생이 가난의 문제를 가지고 기도했다. 평소에 가난은 자기를 훈련시키는 은혜라고 믿어 왔다. 그러나 그 가난이 자기 혼자만의 문제가 아니라 아내와 아이들에게 영향을 미치는 견디기 어려운 현실이라는 것을 깊이 자각하게 되었다. 그러나 그의 마음 속에는 그 가난이 부당하다고 말할 수 없었다. 하나님이 허락하신 은혜라고 생각해 왔기 때문이다. 그렇기에 그의 마음 속에는 양가감정(兩價感情)이 공존하고 있었다. 한편으로는 감사하는 마음과 다른 한편으로는 원망하는 마음이다. 그래서 그는 자기의 솔직한 감정을 드러내지 못하고, 단순히 그 어려움을 극복할 수 있는 지혜를 달라고 간구할 뿐이었다. 그러나 그에게는 주님과 어떠한 소통도 일어나는 것 같지 않았고, 물론 주님과 친밀한 감정도 느낄 수 없었다. 그는 이미 하나님으로부터 어떤 상처를 받고 있었다. 그러나 그것을 인정할 수 없었다. 그래서 그는 기도에서 그 부분을 다룰 수 없었다. 즉 그는 그 동안 가난을 은혜로 여기고 하나님께 감사하는 마음으로 그 어려움을 극복해 왔지만, 아내와 자녀들에게도 그 가난의 짐을 짊어지게 하시는 하나님에 대해서 가혹하다고 생각했다. 그러한 감정을 정직하게 드러내지 않는 한 하나님과 소통은 가능하지 않다. 그에게 누가복음 12:22-32 말씀을 통하여 주님과 직면하도록 했다. 그는 이 말씀과 부딪치면서 "너희 목숨을 위해서 무엇을 먹을까 몸을 위해서 무엇을 입을까 염려하지 말라"는 말씀에 이르자 마음에 분노가 일어났다.

여기서 그는 내면에 흐르고 있는 강한 저항감을 포착했다. 그래서 그것을 기도로 드러냈다. "염려하지 말라고요? 염려하지 않을 수 없는 가난이라는 상황 속에서 어떻게 염려하지 말라 하십니까?" 이어서 "나는 새도 아니고, 들에 핀 백합화도 아니다."라는 반발이 일어났다. 생각의 흐름을 연속해서 기도로 표출했다. 그렇게 정면으로 주님과 부딪치자 주님의 음성이 그에게 들려 왔다. "너희는 무엇을 먹을까 무엇을 마실까 하여 구하지 말며 근심하지도 말라 … 이런 것들이 너희에게 있어야 될 줄을 아시느니라" 그 소리에 그는 잠시 자기 상황을 돌이켜보았다. 자신이 지금 염려하고 분노하는 것이 현재 직면하고 있는 먹고 마시는 등의 의식주의 문제인가? 아니면 고통스러운 어떤 문제에 직면하면서 일어나는 원망과 불만인가? 이렇게 자기의 실존적 모습을 현미경으로 보듯 들여다 보았다.

그러자 자기가 품고 있는 모든 염려와 걱정이 사실은 매우 막연한 것이라는 것을 발견했다. 아직 닥치지 않은 미래에 대한 염려, 현재를 바라보는 왜곡된 시선으로부터 비롯된 두려움과 분노 등이 함께 얽혀 있는 것을 발견했다. 그 모든 것이 주님을 신뢰하지 못하는 불신앙으로부터 비롯되었다는 것을 자각하게 되었다. 그는 비로소 자신의 진면모에 직면하면서 "주여 나를 불쌍히 여겨 주옵소서."라는 진실된 참회를 할 수 있었고, 주님을 전적으로 신뢰할 수 있는 믿음을 구하게 되었다. 그 때 주님의 음성이 그의 마음 속에 전해져 왔다. "너는 나의 일을 하고, 나는 너의 일을 하마. 너와 함께 하겠다." 이 말씀과 더불어 주님과 활발한 소통이 일어나는 것을 경험하게 되었다. 곧 마음의 안정과 평화를 되찾을 수 있었다.

그 기도에 이어서 영적 지도자는 그에게 예수님의 수태고지 사건인 누가복음 1:26-56 말씀을 가지고 기도하도록 하였다. 주님과의 더 깊은 교제로 나아가도록 도와 주기 위해서였다. 그는 이미 앞의 기도에서 주님을 향하여 마음이 열려 있었기 때문에 보다 정직하고 진실한 마음으로 주님께 접근할 준비가 되어 있는 상태였다. "주의 계집종이오니 말씀대로 내게 이루어지이다"라는 마리아의 고백이 마음 속으로 파고들었. 그는 한동안 가난으로부터 자유롭게 되기를 간구했지만, 그 상황이 바로 주님께 순종할 수 있는 아주 적합한 환경이라는 것을 발견하게 되었다. 비천한 한 여인의 몸 속으로 들어오신 성육신하신 그리스도 예수를 바라보면서 주님의 길을 따르는 것이 무엇인지를 배우게 되고, 또 그렇게 따를 것을 요구하시는 주님의 자비로운 음성에 직면하게 된다. 물론 여기에서도 투쟁은 계속된다. 그러나 이 투쟁은 자기 몰입적인 자기와의 투쟁이 아니고, 보다 진실하게 하나님께 응답하려는 투쟁이다. 보다 완전한 순종에 이르기 위해 주님의 의향을 완전히 파악하고자 하는 투쟁이다. 그래서 주님과 함께 말씀의 순례 여정을 떠나게 된다. 어떠한 말씀이 주어지더라도 자기 주변의 일과 문제에 사로잡히지 않고, 주님에게로 초점이 맞추어지면서, 매번 기도가 끝날 때마다 새로운 면모의 주님을 경험하게 된다. 그러면서 그의 삶 속에서 그리스도의 지식이 날로 깊어지고 넓어지는 것을 경험한다. 그 지식은 결코 단순한 인지적 지식(cognitive knowledge)이 아니고 주님을 보다 가까이 따를 수 있는 힘을 지닌 지식, 존재를 변화시킬 수 있는 동력적인 지식이다.

자기 몰입형으로부터 자기 초월형으로 나아가는 기도의 또 다른 예를 들면 다음과 같다. 한 기도자가 가나 혼인 잔치에서 물이 포도주로 변한 그 사건을 두고 기도하기 시작했다(요 2:1-11). 이 말씀을 가지고 기도를 시작한 기도자는 즉시 자신의 무능력함에 직면한다. 사역자로서 흥이 깨져 가는 그 목양 현장을 바라보며, 아무 일도 할 수 없는 무기력한 자신의 모습을 보면서 자기 연민에 깊이 빠진다. 도대체 내가 할 수 있는 일이 무엇인가? 흥이나 깨는 인물인가? 그래서 그는 늘 자신이 했던 방식대로 능력 있는 사역자가 되기를 간구했다. 그러나 그것은 늘 반복되는 일상의 기도일 뿐 어떠한 감동도 느낄 수 없었다. 주님과 충분한 의사 소통도 느낄 수 없었다. 자기 생각이 전달되지도 않았을 뿐만 아니라, 그것이 진정으로 주님이 바라시는가에 대한 확신도 없었다. 철저히 자기 몰입형 기도이기 때문에 자기 외에 다른 상황을 전혀 고려할 수 없는 입장이었다. 그래서 단순히 일방적인 간구 기도 외에는 대화적 기도를 생각할 수도 없었다.

그에게 다음과 같이 발전적인 권고를 해 주었다. 잔치의 흥이 깨지고 있는 그 현장에 누가 있었는지를 자세히 살펴보고, 그 현장에서 무엇이 일어나고 있는지를 눈여겨보라고 했다. 그 권고대로 그 장면을 지켜보는 동안 핵심적인 인물 몇 명이 눈에 들어왔다. 예수님, 마리아, 하인들, 그리고 연회장과 흥에 취해 있는 손님들이다. 그 중에 나의 관심은 누구에게 있는가? 몇 가지로 접근해 볼 수 있다. 첫번째는 흥이 깨져 가는 것을 안타까워하면서 예수님께 접근해 가는 예수님의 어머니 마리아를 만날 수 있다. 여기서 그는 마리아의 눈을 통하여 예수님에게 접근한다. 예수님은 마리아의 요청에 대해서 싸늘하게 반응하신다. "어머니, 그 일이 나와 무슨 상관이 있다는 말입니까? 괜한 걱정 마시고 그저 손님으로 계세요." 그러나 마리아는 그러한 태도에 결코 승복하지 않고, 아들 예수님의 적절한 처분을 기다린다. 아들 예수님은 이렇게 안타까운 사정을 결코 모르는 체하지는 않을 것이라는 확신이 있었기 때문이다. 기도자는 이 장면에서 냉랭하게 반응하는 예수님의 태도와 인내하며 기다리는 마리아를 만난다. 우선 기도자는 매우 냉랭하게 반응하는 예수님과 부딪치게 된다.

그 때 기도자는 그 동안 쌓였던 주님을 향한 섭섭한 감정이 일어나는 것을 경험한다. 자기 일에 대해서도 늘 그런 식으로 반응하시는 주님과 직면한다. 들으셨는지 안 들으셨는지 도무지 자기 일에는 관심을 보여 주지 않으시는 주님께 불만의 소리를 터뜨릴 수 있다. 이렇게 자기 감정을 정직하게 드러낼 수만 있다면 주님과 의사 소통은 자연스럽게 일어나며, 자기 몰입적 태도로부터 벗어날 수 있는 좋은 기회를 얻게 된다. 이어서 곧바로 마리아의 태도로 관심을 기울이자 예수님의 새로운 면모를 발견한다. 예수님은 결코 무관심하지 않으시며, 그분의 때에 맞게 일을 행하신다. 이것을 경험하면서 기도자는 인내하지 못하는 자신의 조급한 모습을 보고 회개한다. 그리고 예수님의 때에 대해서 주님과 더 깊은 대화를 나누게 된다.

두 번째 경우는 예수님과 하인의 관계에 초점을 맞출 수 있다. 하인들의 태도에서 기도자는 당혹감과 환희와 통쾌함 등의 상반적 감정과 태도를 전해 받을 수 있다. 하인들의 눈을 통해서 기도자는 예수님께 접근한다. 하인들은 마리아로부터 예수님께서 무엇이든지 하라고 하시는 대로 그대로 행하라는 부탁을 받았지만, 정작 예수님께서 하인들에게 돌연 큼직한 돌 항아리에 물을 채워 넣으라 하셨을 때 그들은 당혹스러워한다. 잔치 중간에 갑작스럽게 웬 이런 고된 일을 시키시는가? 연회장도 아니고 주인도 아닌 당신이 도대체 누구이길래 우리들에게 이런 무리한 요구를 하시는가 불만과 당혹스러움을 드러낼 수 있다. 그와 동시에 기도자는 주님으로부터 많은 간섭을 받고 있다는 느낌을 받는다. 도무지 내 삶에 그렇게 도움이 되지 않는 듯한 명령과 주문이 늘 나를 힘들게 하고, 또 따르지 못하는 것 때문에 괴로워하고 죄책감에 시달리고 있는 자신의 모습이 떠오르면서 마음에 분노가 섞인 섭섭한 감정이 일어난다.

성경 본문에서는 하인들이 자신의 감정을 드러내지 않았지만, 기도자가 자기 안에서 일어나고 있는 감정을 그대로 묻어 두고 넘어간다면 자기 몰입적 태도로부터 결코 벗어날 수 없다. 그렇기에 자기 초월형 기도로 나아가기 위해서는 정직하게 그 감정을 쏟아 놓아야 한다. 그렇게 할 때 비로소 물을 돌 항아리에 부으라는 이유를 알게 된다. 그리고 열심히 물을 항아리에 옮겨 붓는 하인들을 만난다. 마음 안에 도사리고 있던 불만 같은 감정이 해소되면서 주님이 행하시는 일에 관심을 보이게 된다. 그리고 무슨 일이든지 명령대로 행하고자 하는 욕구가 일어난다. 그리고 그 결과에 대해서 매우 만족스러워하는 하인을 만난다. "연회장은 그 포도주가 어디서 났는지 알지 못하나 하인들은 알더라"는 말씀이 강하게 부딪쳐 오면서 과연 주님은 흥이 깨져 가는 삶의 현장에서 다시금 삶의 맛을 돋우어 주시는 분이라는 확신을 얻게 된다. 단지 내가 할 수 있는 일이란 주님의 명령에 순종하는 삶일 뿐이다. 그러한 생각에 미치자 삶의 현장에서 들려 오는 주님의 구체적인 명령이 떠오른다. 그리고 어떻게 순종할 것인가에 대한 구체적인 방안을 가지고 주님과 대화를 하게 된다. 이러한 과정에서 주님과 깊은 만남과 일치를 이룬다.

기도는 결코 무엇을 이루고자 하는 도구적인 수단이 아니고, 기도 자체가 그 목적이다. 기도가 자기 몰입형으로 일관될 때 기도는 자주 수단으로 전락된다. 즉 자기 몰입형 기도는 자기 자신이나 자신의 삶의 언저리를 부드럽게 해 주는 수단이 될 것이며, 기도 형태는 일방적 간구가 될 것이다. 그러한 기도는 주님을 더 깊이 알아 가는 일에 별로 도움이 되지 않는다. 그러나 기도 자체가 목적일 때는 무슨 기도를 하든지 그 초점은 주님과 사귐과 만남에 있다. 만남이 제대로 일어나면 주님의 요구나 명령에 직면하게 되며, 그것에 기꺼이 순종하고자 하는 과정에서 기도는 더욱 활발하게 진행된다. 따라서 기도는 하나의 결과를 얻어 내기 위한 반복적인 행위가 아니라, 완성되지 않은 미시적인 결과를 바탕으로 보다 거시적이고 궁극적인 결과를 향하여 연속적으로 나아가는 연속극과 같다. 그렇게 기도가 성숙됨에 따라서 자기 몰입형 기도로부터 자기 초월 기도로 변화되어 간다.

보다 성숙한 기도로 나아가기 위해서는 표면에서 일어나는 피상적인 생각 밑에 자리잡고 있는 보다 깊은 내면의 소리에 귀를 기울이는 훈련이 필요하다. 20-30분 동안 자기 마음에 귀를 기울이면서 들려 오는 소리를 그대로 수용해 보라. 그러면 그 안에서 활동하시는 하나님의 신비로움에 놀라게 될 것이며, 우리 존재의 근원이 하나님 자신이라는 것을 새삼스럽게 확인하게 된다. 그리고 기도의 근본적인 목적이 하나님과 친밀한 관계 형성에 있다는 것을 자연스럽게 받아들이게 된다.

기도 체험과 영적 지도
관상 기도

관상 기도는 개방과 참여로
그 특징을 말할 수 있다.
관상 기도는 관상적 태도로부터 비롯되며,
관상적 태도란
하나님이 원하시는 때에 언제나 개입하실 수 있도록
마음의 공간을 열어 놓는 상태이다.
이러한 상태는 능동적으로 준비할 수 있으나
온전한 관상 상태는
전적으로 은혜일 뿐이다.

관상 기도

요즈음 곳곳에서 관상 기도라는 말이 회자(膾炙)되고 있다. 세간에는 그것이 마치 무슨 특별한 방법의 기도인양 호도(糊塗)하는 경향이 있다. 결론부터 말하자면 모든 기도는 관상적이다. 관상적(觀相的)이라는 말은 반드시 기도의 경험만을 지칭하는 용어는 아니다. 먼저 관상적 태도를 통해서 관상적 상태에 이르게 된다는 말을 생각해 보자. 관상적 태도란 내가 가지고 있는 나의 모습을 상대방에게 투사하지 않고, 그 사람 자체, 그 사물 자체로 볼 수 있는 눈을 말한다. 대상을 관찰할 때 '…같다' 라는 표현은 그 대상과 관찰자 사이에 또 다른 선이해가 깔려 있다는 것을 전제하는 말이다. '그것이 …와 같다' 라고 보는 대신에 '그것은 바로 그것이다' 라고 볼 수 있는 태도를 관상적 태도라고 한다. 내가 끊임없이 상처를 받는 이유는 자기 자신의 모습으로 상대방과 사물을 대하기 때문이다. 대항적 의식으로 상대를 대할 때 상처를 받는다. 그러나 내가 없어지면 상처도 없다. 그리고 상대를 있는 그대로 받아들일 수 있다. 그래서 주님은 온전한 삶을 위해서 자기를 부인하라고 하신다. 그러면 상대방

안에서 나를 보게 되고 경험하게 된다. 새는 새로서 노래하고 지저귄다. 그런데 어떤 사람은 새의 지저귐을 통해서 방해를 받는다. 새가 자신을 시끄럽게 한다고 느낀다. 자기 몰두로부터 새를 대하기 때문이다. 새는 누구도 대항하지 않고 새로서 지저귈 뿐이다. 관상적 태도를 기르기 위해서는 자기 초월을 통하여 대상 앞으로 나를 넣는 훈련이 필요하다. 엘리엇(T. S. Eliot)의 '사중주'라는 시에는 이런 구절이 있다. "음악이 들리네/ 음악이 없네/ 음악이 곧 나인걸" 이것은 하나의 관상 상태로 넘어가는 과정을 보여 주는 좋은 예이다. 처음에는 대상의 소리로서 들리다가 그 대상이 없어지고, 마침내 대상과 내가 하나가 되는 상태를 말한다.

기도를 형식적인 측면에서 보면 기도를 드리는 주체가 있고, 기도를 받으시는 객체가 있다. 여기서 기도자와 하나님과의 관계적 친밀함의 정도를 설명할 때 관상이라는 용어를 사용한다. 기도가 깊어지면 깊어질수록 주체와 객체의 차이가 점점 극복된다. 이것은 마치 너와 나라는 사람이 오랫동안 사귀면서 너와 나라는 간격이 좁혀지는 경험과 같다. 정도의 차이는 있지만 오랜 사귐을 통하여 주체와 객체가 하나가 되어 서로 어우러지는 듯한 경험을 하게 되는데 이것을 관상적 체험이라고 한다. 사실 어떤 기도든지 관상적 체험을 목적으로 하지 않는 기도는 없다. 어떻게 기도를 하든지 정도의 차이는 있지만 기도자와 하나님과 관계적 일치가 없을 수는 없다. 엄밀히 말해서 그러한 체험을 목적으로 하지 않는다면 그것을 기도라 할 수 없다. 그런 의미에서 모든 기도는 관상적이며, 관상 기도라고 말할 수 있다.

그러나 관상 기도가 마치 별개의 방법이나 특수한 현상처럼 사람들에게 주목을 받는 이유는 오늘날 그리스도인이 주로 하고 있는 기도가 관상적 체험과는 거리가 멀게 느껴지기 때문이다. 그러므로 본래적 기도로 회복하자는 의미에서 관상 기도라는 말이 회자되고 있다고 할 수 있다.

이미 앞에서 언급한 대로 기도를 단순히 한계적 존재인 인간이 무한한 능력을 가지신 분에게서 무엇인가를 얻어 내는 수단으로만 생각한다면 그러한 기도에서는 분명히 주체와 객체 사이의 간격을 좀처럼 좁히기가 어렵다. 이것이 지속적으로 간구 기도를 함에도 불구하고 주님과의 거리가 좁혀지지 않는 이유이다. 더욱이 소위 관상적 경험이라고 할 수 있는 관계적 일치는 기대할 수도 없다. 그래서 사람들은 자주 기도를 함에도 영적인 목마름이 여전하며, 무엇인가 또 다른 신비적인 것을 갈구한다. 이러한 열망 가운데서 오늘날 관상 기도라는 말이 빈번히 사용되고 있다고 생각한다. 한 마디로 말해서 관상적 체험이란 하나님과 하나 되는 체험이며, 그 체험을 보다 효과적으로 할 수 있는 기도가 있다면 그것을 관상 기도라고 일컫는다. 그러므로 만일 우리 기도가 하나님과 친밀감을 형성하는 방향으로 회복된다면 특별하게 들리는 그 말은 더 이상 필요 없게 된다.

관상적 기도는 개방과 참여라는 말로 그 특징을 설명할 수 있다. 기도를 기도자의 심리 상태에 따라서 두 가지로 구분할 수 있다. 첫째는 폐쇄적 자세이다. 이는 기도자로부터 나가는 통로는 있는데, 하나님으로부터 들어오는 통로는 막혀 있거나 대단히 제한적인 상태를 말한다. 듣고 싶은 소리가 한정되어 있기에 그 외의 것은 차단된다. 그러한 기도를 폐회로식(閉回路式) 기도라고 한다. 자신이 기대하고 있는 바와 일치하지 않는 주님의 의사 전달은 결코 받을 준비가 되어 있지 않기에 마음의 상태가 일방 통행적이다. 둘째는 개방적 자세이다. 이는 양 방향이 모두 열려 있는 상태를 의미한다. 주님을 향한 기도자의 마음도 열려 있고, 주님이 어떠한 의사를 전달할지라도 응답할 준비가 되어 있는 상태이다. 이를 소위 개회로식(開回路式) 기도라고 한다. 이 기도에서는 언제든지 자기 주장이나 욕구를 포기할 준비가 되어 있다. 자기 자신에게 솔직하기에 하나님 앞에서도 자기의 의사나 감정을 솔직하게 드러낼 수 있는 능력이 있고, 주님과 원활한 의사 소통이 가능하다. 관상적 태도란 바로 후자와 같이 하나님이 언제나 개입하실 수 있도록 마음의 공간을 활짝 열어 놓은 상태를 의미한다.

관상적 기도의 또 다른 특징은 기도자가 관찰자가 아니고 참여자가 된다. 관상적 상태라는 것 자체가 하나님의 은총에 기초하고 있기 때문에 원칙적으로 수동적인 상태라고 말해야 한다. 그러나 관상적 경험을 추구하는 인간의 심리적 측면에서 볼 때 기도자는 의도적이고 적극적으로 참여적인 자세를 취함으로써 관상적 상태에 이르기 때문에 이러한 상태를 능동적 관상이라고 한다. 그래서 능동적 관상은 그 체험 자체가 우리 자신에게 달려 있는 것처럼 보인다. 예를 들어 예수님의 탄생 이야기를 가지고 주님과 만남을 시도하는 기도를 한다(눅 2:8-20). 천사들로부터 베들레헴에 한 아이가 탄생했으며, 그가 곧 그리스도라는 전갈을 받은 목자들은 베들레헴으로 달려간다. 기도자는 그 목자들 가운데 한 사람이 되어서 구유에 누인 아기를 만났다. 그러나 그에게는 어떠한 감동도 일어나지 않았다. 그저 그림을 보듯이 아기를 바라볼 뿐이었다. 말씀에서 전개되고 있는 놀라움과 그 환한 영광의 빛이 어디에도 없었다. 그의 마음 속에는 그 구주 예수의 탄생이 전혀 기쁘지도 새롭게 느껴지지도 않았다.

그런데 이러한 기도에 익숙한 사람은 이 순간이 바로 예수님과 접촉할 수 있는 좋은 기회라고 생각하게 된다. 즉 능동적으로 기도를 이끌어 갈 수 있는 기회를 얻은 것이다. 그 순간 자기가 느낀 그대로 주님께 자기 마음을 쏟아 놓는다. "주님, 주님 앞에 서 있음에도 불구하고 나는 왜 이렇게 무감동한 상태에 있습니까? 내 안에 주님을 향한 열망이 없는 것입니까? 내가 인간으로 오신 예수님을 받아들이지 못하고 있습니까? 내가 생각하는 또 다른 이미지의 그리스도가 있는 것입니까?" 이런 물음을 통해서 주님과 접촉을 시도해 본다. 그러는 동안 아기 예수님이 매우 슬픈 모습으로 다가온다. 그리고 기도자는 그렇게 무능하고 연약한 모습의 그리스도를 받아들일 수 없는 자기 자신을 발견한다. 그래서 자신의 왜곡된 그리스도상에 대해서 어떤 변화를 기대하면서 보다 가까이 주님께 나아갈 수 있다. 여기서 만일 기도자가 능동적으로 주님과 만남을 시도하지 않았다면 그 기도는 매우 무미건조하게 끝났을 것이다.

기도가 잘 전개되어 가지 않을 때 마음 밑바닥에 답답함과 분노의 감정 같은 것이 흐르고 있다는 것을 발견할 수 있다. 그 원인을 자세히 성찰해 보면 주님이 내 마음대로 움직여 주지 않기 때문에 일어나는 감정이다. "왜 나는 주님을 이토록 사모하고 열망하고 있는데, 주님은 침묵으로 일관하시는가? 나에게 무슨 문제가 있는가? 그러면 그 문제를 지적해 주시든지, 왜 묵묵부답(默默不答)이신가?" 이런 답답함과 원망이 내 안에 도사리고 있다. 그런데 사람들은 그러한 분노를 잘 감지하지 못하는 경우가 많다. 왜냐하면 하나님에 대한 편협되고 고정된 이미지가 기도자의 마음을 사로잡고 있기 때문이다. 하나님은 쉽게 움직일 수 없는 분, 감정이 없으시고 마음대로 하시는 분, 그분은 거룩 거룩하신 분, 무감각하시면서 전능하신 분이라는 생각이 큰 바위 위에 달걀을 던지는 듯한 막막함을 느끼게 한다.

그래서 그분과의 관계 사이에 흐르고 있는 자신의 감정을 살피기 전에 위와 같은 하나님의 이미지 앞에 주눅이 들곤 한다. 자기 마음을 살피기도 전에 좌절감에 빠지곤 한다. 무시당하고 거절당하는 듯한 무기력함에 빠져서 항의할 마음도 감정을 표현할 용기도 잃어버린다. 영적 지도자는 그로 하여금 그러한 감정을 헤아리도록 격려함으로써 주님과 접촉점을 이루도록 도와 주어야 한다. 그러면 곧 그 굳은 하나님의 이미지가 풀리는 경험을 하게 된다. "내가 그렇게 너에게 냉혹하게 대했느냐? 그래서 네가 나로부터 그렇게 많은 상처를 받았구나. 네 안에 있는 아픔을 쏟아 놓아라. 그토록 사람들이 너를 아프게 하였구나. 네 부모 형제가 혹은 친구가 너를 그렇게 힘들게 하였구나. 그러나 그 때도 나는 너와 함께 있었다. 그렇기에 오늘 네가 지금 내 앞에 있다." 이러한 주님의 변함없는 사랑과 보호하심을 체험하게 된다. 그래서 주님께 더 가까이 다가갈 수 있는 기회를 얻는다. 사실 혼자 이러한 미묘한 내면의 흐름을 찾아 내기는 쉽지 않다. 그래서 영적 지도자라는 도우미가 필요하다. 도우미를 통해서 기도자가 능동적으로 반응할 수 있는 기회를 얻게 됨으로써 능동적 관상 체험을 하게 된다.

기도자가 말씀 안에 담긴 이야기를 상상력을 통하여 사건화시켜 가는 과정에서 기도자는 기도가 마치 가상적인 사건을 연출하는 듯한 느낌을 가질 수 있다. 위에서 보여 준 예수님의 수태고지를 오늘 다시 재현하면서 기도자가 그 아기 예수 앞에 선다는 것이 마치 가상적인 연출이라도 하는 듯한 느낌을 갖게 된다. 만일 상상을 통한 그러한 연출이 주님과 부딪침으로 연결되지 못하고, 그분과 대화로 이어 가지 못한다면 그것은 마치 상상 속에서 시연(試演)해 본 연극에 불과하다. 그래서 말씀과 한동안 씨름을 했을지라도 기도라는 확신을 가질 수 없게 된다. 이런 경우 능동적인 대처가 대단히 중요하다. 말씀의 장면을 따라가는 동안 일어나는 내면의 감정이나 흐름을 재빨리 알아차려 능동적으로 대응하도록 도와주어야 한다.

사실 상상을 통한 주님과 접촉점을 마련하는 것 자체가 능동적인 관상을 추구하는 하나의 조치이다. 말씀과 더불어 기도를 따라가는 동안 무슨 생각이 떠오를 때 그 생각을 받아서 그 생각에 담긴 자신의 감정을 표현하거나 혹은 또 다른 대응적 생각으로 반응하지 않으면, 처음 떠오른 생각이 하나님으로부터 비롯된 것인지 혹은 그렇지 않은지에 대한 확신을 가질 수 없다. 수동적으로 주어진 어떤 생각이나 느낌도 자주 불완전하기에 그것을 확인하는 작업으로 적당한 능동적인 대응이 필요하다. 즉 그것에 대한 의문이 있으면 의문을 다시 주님께 넘겨 드림으로써 주님과 관계를 보다 분명하게 해야 한다. 예를 들면 기도 중에서 "하나님을 의지하라. 순종하라."는 음성을 듣게 된다고 하자. 그것이 성령의 감동에 의한 것인지 아닌지 의문이 들 때, 취해야 할 다음 단계가 있다. 실천적인 물음을 던지는 것이다. 즉 어떻게 행동해야 하는지를 물어 주님과 관계를 분명히 함으로써 그 출처에 대한 확신을 얻게 된다.

능동적인 관상의 상태를 눈여겨보면 하나님 체험을 감지하는 데 여러 가지 요인이 작용하고 있다는 것을 발견한다. 하나님을 만나는 경험은 훈련인 동시에 하나님의 은총이다. 즉 체험하고자 하는 열망이 필요한 동시에 주어진 대로 감사함으로 받는 태도도 필요하다. 우리는 자주 주님은 늘 거기에 계시는데 왜 전심으로 찾아야 하는가 물음을 갖는다. 주님이 늘 거기에 계신다는 사실은 경험 이전에 믿음으로 받아들이는 사실이다. 칼뱅이 '기도는 믿음의 연습'(exercises of faith)이라고 했듯이, 기도는 이미 보편적으로 승인하고 있는 믿음을, 각 개인이 구체적인 상황 아래에서 사유화하는(appropriative) 작업이다. 그분이 거기에 계시지만 자의식적으로 내 영혼의 문을 열지 않는다면 그는 거기에 계시지 않는 것과 같다. 아무런 교제와 소통이 일어나지 않기 때문이다. 우리가 전심으로 찾는다는 것은 숨어 계시는 그분을 찾는 것이거나 하늘 저 높은 보좌 위에서 끌어내리려는 행위가 아니다. 오히려 내 자신을 찾는 작업이다. 나의 현재적 갈등과 번민과 고통이 바로 하나님을 향한 갈망과 목마름이라는 사실을 감지하는 순간 바로 거기 계신 하나님을 발견하면서 그분과 통교(通交)를 경험하는 것이다.

관상의 또 다른 참여적 특징은 수동적 상태이다. 주님께서 임의적으로 우리를 그분 안으로 끌어들이는 사건이다. 그것은 하나님이 허락하신 전적인 은총으로 더 뺄 것도 더할 것도 없는 완전한 일치의 상태를 말한다. 그러한 상태는 마치 주님을 향한 영적 여정의 종점처럼 느껴진다. 그러나 기독교 영성사에서 관상가(혹은 신비가)들이 보여 주는 바는 아무리 수동적인 관상적 일치라 할지라도 항구적이지 않다는 것이다. 오히려 수동적인 일치일수록 매우 강력하지만 순간적이다. 그러나 그 순간이 아무리 짧다 할지라도 우리가 그토록 갈망하는 연인과 같은 주님의 강렬한 사랑의 불꽃이 사랑하는 당신의 자녀(혹은 연인)의 가슴 한가운데를 강타하기 때문에 지울 수 없는 상흔(傷痕) 혹은 흔적으로 남는다. 그러한 경험을 인위적으로 더 연장시킬 수도 더 강렬하게 할 수도 없다. 그저 수동적으로 그것을 맛보고 순종하는 수밖에 없다. 그러한 상태가 영적 여정의 완성점이 아니기 때문에 평생 여러 번 반복해서 경험될 수 있다. 그러한 경험이 일상적인 기도 가운데서 어떻게 일어날 수 있는지가 우리의 관심사이다.

필자가 만난 한 백인 여자 노인의 이야기이다. 그분은 미국 서부의 어떤 기도원을 책임 맡고 있는 사람이다. 언덕 위에 지어진 매우 아름다운 집이었고, 언덕 아래는 야구장만큼이나 넓은 잔디가 깔린 뜰이 펼쳐져 있었다. 본래 기도원 용도로 지어진 집 같지는 않았다. 그 곳에서 머무는 동안 어느 날 아침 그 노인은 그 기도원의 유래에 대해서 들려 주었다. 그 기도원은 본래 자기의 사저(私邸)였다고 한다. 사저치고는 대단히 크고 화려하다는 생각이 들었다. 본래 그분의 가정은 미국 내의 큰 체인 슈퍼마켓을 거느린 백만장자였다. 그런데 어느 시점에서인가 자기가 누리고 있는 부에 대해서 점점 부담을 느끼기 시작했다. 그러던 어느 주일 아침 교회에서 기도를 드리는 동안 주님의 음성이 내적 음성으로 들려 왔다. "딸아 네가 영생을 얻고자 하느냐. 그러면 네 있는 것을 팔아 가난한 자에게 나누어 주고 나를 따르라."는 음성이었다.

이전의 양심의 움직임과는 달리 너무나 탁월하고 강력한 음성이었다. 지금 듣고 있는 그 말씀은 오래 전부터 알고 있었던 것이고, 때때로 그 말씀으로부터 자극을 받곤 하였지만, 이 순간만은 이전과 비교할 수 없을 만큼 강렬했고 분명하게 느껴져 왔다. 모르는 체할 수도 없었고, 잊어버릴 수도 없었다. 순간적인 마음의 소리였지만 의심할 수 없는 주님의 소리로 여겨졌다. 그래서 집에 돌아오자마자 남편에게 자기의 경험을 털어놓았다. 그러자 남편 자신도 그 날 동일한 경험을 하였노라고 고백했다. 그들은 더 이상 망설일 필요도 지체할 필요도 없었다. 즉시로 그들은 재산을 정리하기 시작했고, 마침내 남은 그 저택도 교회에 바쳤다. 그러나 교회 당국은 그분들이 생존하는 동안 관리하면서 기도원으로 운영하도록 결정하였고, 그래서 이 기도원을 섬기게 되었다고 한다. 이 두 노인의 경험은 인위적으로 만들 수도 없고, 경험된 것을 없었던 것으로 취소할 수도 없는 탁월한 하나님 체험이다.

이러한 경험은 일상적인 기도 생활 가운데서도 일어난다. 기도 자체가 성령님의 일이기에 얼마든지 탁월한 경험을 기대할 수 있다. 그러나 동일한 기도임에도 불구하고 어떤 때는 매우 적막할 정도로 답답하게 느껴지고, 또 어떤 때는 저항할 수 없는 강력한 하나님의 일치가 일어나는데 이에 대한 일관된 설명은 불가능하다. 그것은 전적인 하나님의 은총의 영역이기 때문이다. 주님과 일치의 경험을 보장하는 그 어떤 전제 조건도 있을 수 없다. 심지어는 회개도 흔히 알려진 것처럼 주님과 탁월한 경험을 보장하는 조건이 될 수 없다. 물론 어떤 경우에는 회개라는 통로가 주님과 깊은 경험으로 이끌기도 한다. 그러나 그것을 전제 조건이라고 말할 수 없는 이유는 다음과 같다.

하나님이 우리를 향해서 늘 다가오시지만, 그분을 충분히 받아들일 만큼 마음의 공간을 넓혀 놓지 않았거나 혹은 주님과 기도자 사이에 어떤 장애물이 있을 경우 우리는 주님을 경험할 수 없다. 그러한 장애적 요소를 충분히 제거함으로써 다가오시는 주님을 보다 분명히 맛볼 수 있다고 설명할 수 있다. 반면에 그러한 전제 조건이 없이도 무조건적인, 영혼을 향한 하나님의 침투를 막을 수 없다. 왜냐하면 주님은 당신이 원하시는 대로 한 영혼을 당신께로 이끌고자 하는 원의(願意)가 있고, 그것을 통해서 한 인간을 회개의 삶으로 이끌어 가실 수 있기 때문이다. 예를 들자면 예수님께서 길에 지나시다가 세관에 앉아 있는 세리 마태를 보시고 "나를 따르라" 하시니 마태가 주저함이 없이 즉시 따랐다는 사건이 있다(마 9:9). 성경 본문대로라면 마태가 주님의 소리를 듣기 위한 어떤 준비가 되어 있었다고 할 수 없다. 그저 갑작스럽게 부름을 받았고, 마태는 그 부름을 저항할 수 없는 주님의 탁월한 은총의 순간으로 받아들였다. 그래서 마태는 주저함 없이 즉시 응답했다. 본문의 전후 사정으로 볼 때 마태는 주님의 은총을 덧입을 어떠한 전제 조건도 갖추어져 있지 않았다. 그저 죄인인 마태를 있는 그대로(마 9:13) 주님의 원의대로 부르셨을 뿐이다.

우리의 기도 가운데서도 정도의 차이는 있지만 그러한 수동적 관상 체험은 계속 일어난다. 예수님 탄생 이야기를 배경으로 하는 기도에서 연약하고 무기력한 듯이 보이는 아기 예수님을 만나게 된다. 그 연약한 아기 예수님으로부터 하나님의 아픔과 눈물을 깊이 맛보게 되곤 한다. 또 예수님의 공생애를 묵상하면서 주님의 생애를 그 어느 때보다 가까이 경험하게 된다. 특히 예수님의 고달픈 생애와 부딪치면서 백성들을 향한 예수님의 측은지심(惻隱之心)에 깊은 공감을 느낀다. 그리고 그 어느 때보다도 예수님을 따른다는 것이 무엇인지에 대해 깊은 각성을 경험한다. 사람들은 보통 이러한 경험을 한 후에 어떤 행동의 변화가 일어날 것인지에 대해 기대를 건다. 그 열매로 그 경험의 뿌리의 진위를 식별해야 한다는 일종의 중압감이 있기 때문이다. 그러나 그러한 결과에 너무 집착함으로써 기도 가운데 맛본 하나님의 은총을 소멸할 수 있다는 것을 기억해야 한다. 수동적으로 주어진 하나님의 은총은 그 자체로 충분한 가치가 있다. 그러한 경험이 즉시 어떤 외적인 열매를 가져다 주지 않을지라도, 세월을 두면서 서서히 우리를 변화시킬 흔적으로 남는다. 이것이 수동적 관상 경험의 탁월성이다.

기도 체험과 영적 지도 X
반추와 식별

반추는 기도 응답이라고 할 수 있는
기도의 결과에 대한 관심보다는
그 결과에 이르는 과정에 관심을 둔다.
그 기도 과정에서 하나님이 어떻게 작용하시고
개입하시고 있는지를 식별하기 위함이다.
식별은 그 일의 결과에 대한
성공과 실패를 가늠하기 위한 조치가 아니고
하나님의 영광을 위해서 최선이 무엇인지를
선택하기 위함이다.

1. 반추의 필요성과 방법

하나님은 우리와 더불어 창조의 역사를 이루어 가시기 위해서 우리를 초대하신다. 하나님은 우리를 도구로 사용하실 뿐만 아니라, 인격적인 관계를 통해서 당신의 뜻을 이루어 가기를 원하신다. 그렇다면 그분의 동역자로 부름받은 우리는 단순히 그분이 우리 삶 속에 베풀어 주시는 그 결과에만 주목해서는 안 된다. 그런 결과가 어떤 과정을 통해서 성취되어 가고 있는지에 관심을 기울여야 한다. 하나님은 창조의 역사를 이루시는 과정에서 그분의 의향을 우리에게 알리고자 하시기에 우리를 기도의 사람으로 부르신다. 기도는 단순히 하나님을 움직여 이 땅에 무슨 일을 이루게 하는 도구 이상이다. 기도는 하나님과의 대화를 위한 초대의 장(場)이다. 그러므로 기도가 진행되어 가는 상황을 이해하고 식별하기 위해 반드시 반추(reflection)가 필요하다. 기도 후에 기도를 다시 되씹어 보면서, 그 맛이 무엇이며, 그것이 무엇을 의미하는지를 평가해 본다는 의미에서 반추(反芻)라는 말을 사용한다.

일반적으로 사람들은 기도를 해 두면 자기도 감지하지 못하는 사이에 무슨 일이 일어나겠거니 하는 식으로 기도를 끝맺는 경향이 있다. 기도한다는 것은 우리 문제를 하나님의 권한과 처분에 맡긴다는 의미에서 그렇게 기도할 수도 있다. 또 하나님께 맡겼으니 그 진행 상황을 알 필요도 없다고 생각할 수도 있다. 그러나 그러한 기도는 자신이 목적한 결과에만 집착할 뿐, 그 일을 이루어 가시는 주님의 의향에는 관심이 없다는 의미가 될 수 있다. 기도가 내 뜻을 이루는 것이 아니고 하나님의 뜻을 이루어 가는 과정이라고 한다면 반추가 없는 기도는 진정한 의미에서 완성된 기도라 할 수 없다. 어떤 일을 이루어 가는 과정을 감지하지 못하기 때문에 하나님 일에 내가 동참하고 있다는 의식을 가질 수 없으며, 따라서 그 기도를 통해서 하나님과 성숙된 관계를 이루어 가기도 쉽지 않다. 그리고 단일한 종류의 기도가 연속성 없이 반복되면서 차곡차곡 쌓여 마침내 어떤 일이 이루어지는 것이라고 기대한다면 그것은 전적으로 기도를 주문(呪文)적인 역할에 제한시키는 결과를 초래한다. 각각의 기도는 동일한 내용의 축적이 아니고, 하나님과 교제의 진전을 바라보는 연속적인 과정이어야 한다. 그래서 진정한 기도는 단막극이 아니고 연속극이라 할 수 있다. 그러므로 다음 기도가 어떻게 진행되어 가며, 어떻게 진행되는 것이 좋은지를 감지하기 위해서 반추가 필요하다.

　기도 후 경험을 반추할 때 우리는 무엇보다도 하나님과 관계의 성숙 정도를 발견할 수 있다. 하나님을 향한 우리의 갈망에 대해서 그분의 반응은 무엇이었는가? 무응답이었다면 하나님의 절대적인 침묵이었는가, 내 쪽에서 감지하지 못하는 것인가? 하나님의 절대적인 침묵이라면 나는 어떻게 해야 하는가? 지속적이고 의도적으로 주님과 관계를 시도하면서 신뢰와 믿음을 가지고 견뎌 낼 수밖에 없다. 그러나 기도자 자신의 문제로부터 비롯된 것이라면 그 문제를 찾아 내어 제거하는 작업이 필요하다. 사실 반추도 기도 후의 기도라고 할 수 있다. 반추를 하는 동안 기도 안에서 경험했던 느낌을 다시 경험하며, 그 경험 가운데서 간접적으로나마 주님과 교제가 지속된다. 그러한 과정을 거치는 동안 기도 가운데서 경험했던 것들이 보다 명료하게 드러나며, 마음 깊은 곳에 더 확실한 흔적으로 남는다. 이처럼 반추는 시작과 끝이 무엇인지 명료하지 않은 얽히고 설킨 실타래와 같은 기도의 경험을 보다 분명하게 표현하고자 하는 노력이다. 말씀과 더불어 하는 기도에서 생명이라고 할 수 있는 "가슴은 뜨겁고, 머리는 냉철하게"라는 격언이 이러한 과정에서 실천된다. 기도 안에서는 논리적인 이성보다 전인적인 감성을 추구하므로 그 경험이 매우 모호하게 느껴진다. 그것은 마구 얽혀 있는 경험의 덩어리라고 할 수 있다. 그런데 그것이 반추라는 논리적인 전개 과정을 밟으면서 이성적으로 이해하고 받아들일 수 있는 정도로 풀리게 된다.

또한 반추를 통해서 기도의 진행 상황을 파악할 수 있다. 기도는 나와 주님이 만나는 사건이다. 그러므로 기도에서 우리가 이상적으로 바라는 것은 나와 주님이 완전한 합의를 이루는 일치의 경험이다. 그러나 많은 경우 기도가 미완성으로 끝난다. 약속된 시간의 제약이나 교제의 미숙함 때문에 주님과 교제가 충분히 완료되지 않은 채 끝나기도 한다. 기도하는 사람 편에서는 기도가 끝났지만, 반추를 통해서 돌이켜볼 때 주님은 아직 나와 대화가 끝나지 않은 상태라는 것을 발견하게 된다. 때로는 주님과 교제가 일어나고는 있지만 주님의 의향이 분명히 드러나지 못했다고 판단되는 경우가 있다. 또는 주님의 의향은 분명하게 전달되었지만, 그러한 주님의 의향에 대해서 내 자신의 감정이나 의지를 드러내지 않았기에 기도가 불충분하게 느껴지는 때도 있다. 그러한 상황을 발견했을 때 우리는 반추를 통해서 반복적으로 해야 할 기도를 찾아 낸다. 계속되어야 할 기도라면 주님과 보다 완전한 교류를 위해서 그 시점을 중심으로 기도를 반복할 수 있다. 그래서 반추와 반복 기도는 매우 밀접한 관계를 맺고 있다.

　반복 기도는 단순히 충분히 이해하지 못한 부분을 온전하게 이해하기 위해서 다시 되풀이한다는 의미는 아니다. 더욱이 이전에 했던 기도에서 아무런 느낌이나 경험이 없기 때문에 똑같은 기도 자료를 반복적으로 사용하여 어떤 경험을 일어나도록 하기 위한 재시도를 말하는 것도 아니다. 반복이란 잘 되지 않는 부분을 완전히 새롭게 하는 것이라기보다는 이전에 얻은 통찰력이나 영성적 위안 혹은 영성적 고독[21] 등을 근거로 하여 미완성된 주님과의 교제를 더 깊게 하기 위한 것이다. 미완성된 그 경험 자체로 돌아가는 것이 아니고, 그 경험을 유발시켜 준 성경 본문의 어떤 특정한 부분에 초점을 두고 기도를 하는 것이다. 반복은 이전 기도 속에서 우리를 다루기 시작하신 성령님을 존중하는 태도이며, 그분과 더 깊이 사귀고자 하는 의도이다. 이것은 우리가 사랑하는 주님과의 대화를 다시 회상하며 그분과의 사랑을 더 깊게 맛보면서 기도에서 경험했던 분노, 고독, 메마름 등을 치유받으며, 하나님의 분명한 계획에 대해서 새로운 이해를 갖고자 함이다.

　반복 기도는 이전에 있었던 경험을 자세히 들여다보면서 이미 시작한 주님과의 교제를 보다 깊게 하고자 하는 것이 가장 중요한 목적이다. 반복 기도를 하는 동안 기도자는 주님이 더욱 자유롭게 우리 영혼 안에서 활동하시도록 내면의 공간을 활짝 열어 놓는 관상적 태도가 필요하다. 그러므로 반복이라 할지라도 이전에 있었던 특정한 경험이나 감정에만 집착할 필요는 없다. 전에 있었던 경험이 반복 기도의 출발점은 될 수 있을지라도 반드시 그 경험의 연속을 고집할 필요는 없다. 시작이 그렇게 되었다 할지라도 성령님은 그 기도를 얼마든지 다른 방향으로 이끌어 가

---

21) 본 책 X.2. "식별의 일반적 원칙"과 X.4. "식별과 영성 지도"에서 더 자세한 이해를 얻을 수 있다.

실 수 있다는 가능성을 열어 두어야 한다. 반복 기도에서 예상할 수 있는 것은 다음과 같은 경험이다. 첫째는 하나님과의 관계에 있어서 보다 친밀감을 맛본다. 둘째는 주님과의 관계 속에서 자신의 모습을 보다 분명하게 들여다볼 수 있다. 나를 향하신 주님의 의향과 그 의향에 대한 나의 의향이 무엇인지가 분명하게 알려진다. 세 번째는 지속적인 투쟁을 통하여 적절한 결단에 이르게 된다.

　기도를 반추하는 과정에서 가장 소중하게 여겨야 할 부분은 기도의 내용이 아니고 기도 후에 남겨진 느낌이나 여운이다. 성령님은 우리의 지성적 통찰력뿐만 아니라 우리의 감성을 움직임으로써 전인적으로 반응하도록 하신다. 주로 감성이나 남겨진 여운을 중심으로 반추해 가면서 그 내용이 무엇인지 추적해 가며 해석해 나갈 수 있다. 다음과 같은 항목을 기준으로 반추를 펼쳐 갈 수 있다. 첫번째는 주님과의 접촉점이 어느 부분이었는지를 확인하는 작업이 필요하다. 이 접촉점의 여부를 통해서 주님과 만남이 이루어지고 있는지 혹은 기도가 진행되어 가고 있는지를 가늠할 수 있다. 두 번째는 주님과의 접촉점이 확인되었으면 그 친밀감의 정도는 어떠했는지를 추적해 본다. 친밀감의 정도가 기도 전반에서 일정하게 유지되는 것은 아니다. 어느 부분에서는 강하게 어느 부분에서는 미미하게 느껴진다. 또 어느 부분에서는 전혀 느껴져 오지 않는다. 이 친밀감의 정도를 통해서 우리는 기도 속에서 하나님의 임재와 부재를 확인한다. 그것은 해석 이전에 직감적으로 느껴져 오는 경험의 산물이다. 그것을 기초로 기도자는 왜 그런 일이 벌어지고 있는지를 점검해 본다. 그 이유가 확인될 때 다음 기도에서 보다 발전적인 기도를 기약할 수 있다.

　세 번째는 매번의 기도에서 어떤 이미지의 하나님을 경험하고 있는지를 묻는다. 기도자는 각각 다른 성경 본문과 각각 다른 환경과 부딪치면서 하나님의 다양한 성품과 이미지를 만난다. 그 다양한 이미지의 하나님을 경험함으로써 기도자는 하나님을 보다 풍성하게 경험할 수 있으며, 자신을 보다 분명하게 이해할 수 있다. 그래서 네 번째는 그 기도 속에서 어떤 모습의 자신을 경험하고 있는지를 묻는다. 하나님과의 관계 속에서 드러나고 있는 자신의 모습은 누구인가? 그것에 대해서 자신은 어떻게 반응하고 있는지를 반추해 본다. 다섯 번째는 그러한 반응을 가늠하기 위해서 일어나고 있는 내적인 경험을 반추해 본다. 다음과 같은 심리적인 용어로 표현해 볼 수 있다. 환희, 기쁨, 슬픔, 의혹, 확신, 혼돈, 투명해짐, 갈등, 사랑, 증오, 만족, 불만, 평안, 불안, 조급함, 초연함, 따스함, 외로움, 위로, 분노, 두려움, 열망, 좌절감, 용기, 담대함, 희망 등이다. 이러한 감정이 무엇을 말하는지를 확인함으로 기도를 보다 활발하게 지속시켜 나갈 수 있다. 여섯 번째로 남은 과제는 "이제 보다 영적 진보를 위해서 취해야 할 다음 조치는 무엇인가?" "기도가 어떻게 마무리 되었는가?"를 살펴보면서 반복해야 할 기도가 무엇인지를 찾아 낸다.

반추를 위해서 너무 많은 시간을 할애하지는 않도록 한다. 기도 후에 보다 분명하게 남겨진 흔적을 중심으로 잠시 생각한 후에 느껴지는 대로 흘러가는 생각대로 기록하는 것이 좋다. 이것은 될 수 있는 한 기도 속에서 일어난 내면의 경험을 있는 그대로 담아 내기 위해서이다. 너무 많은 시간을 반추에 쏟아 부으면 기도 안에서 일어난 일 외에 반추 자체를 위한 또 다른 글이 되기 쉬우며 기도의 내용을 왜곡시킬 수 있다. 그리고 기도할 때마다 매번 해야 하는 반추가 오히려 부담스럽게 여겨진다. 그래서 반추를 지속적으로 해내기가 쉽지 않게 된다. 반추에서 사용하는 용어는 할 수 있는 대로 '…라고 생각했다.' 라는 표현보다는 '주님께서 …라고 말씀하셨다.' 혹은 '주님께서 이렇게 떠오르게 하셨다.' 라는 표현이 좋다. '내가 이렇게 생각했다.' 라는 표현보다는 '내가 이렇게 느꼈다.'라는 표현이 더 좋다. 기도에서 얻은 경험은 수동적인 상태로부터 비롯된 것이기 때문이다.

반추의 예를 들면 다음과 같다.

예1) 기도 자료: 눅 5:1-11

나는 기도를 반추하는 동안 그 기도 안에서 경험한 내용에서 "빈 배와 같은 인생에게"라는 주제를 찾아 냈다. 본문을 가지고 연속해서 두 번 기도를 시도했다. 처음 기도에서는 거의 성경 말씀을 꼼꼼히 기억 속에 각인시키는 정도로 끝을 맺은 듯하다. 특별히 주님과 부딪치는 부분이 어떤 것인지를 잘 감지할 수 없었으며, 기도가 끝난 것 같은 느낌도 들지 않았다. 그러나 내면에서 무엇인가 움직이고 있다는 느낌이 있었다. 그래서 같은 본문으로 기도를 반복하다 보니 그 말씀이 서서히 살아나는 듯했다.

외롭게 바닷가에 물결치는 대로 흔들리는 빈 배와 그 옆에 서성이는 베드로가 보였다. 그 배를 잠깐 사용하신 주님은 밤새도록 수고했지만 아무것도 채워지지 않은 배와 베드로를 보시고 매우 불쌍히 여기신다는 느낌을 받았다. 이어서 떠오르는 생각이 있었는데, 그것은 빈 배와 같은 내 인생에 주님이 일찍이 찾아오셨다는 깨달음이 있었다. 그분이 세월이 흘러갈수록 나의 삶을 더욱 풍성케 하신다는 느낌이 있어서 마음 속 깊이 감사가 일어났다. 마치 베드로가 뜻하지 않게 엄청난 고기를 잡게 된 것과 같은 경험이 내 삶 전반에 걸쳐 가득 차 있다는 느낌이 왔다. 그리고 언제부터인가 주님이 내게 베푸신 은혜에 비해서 주님을 향한 나의 희생과 헌신이 충분하지 않다는 생각이 떠올랐다. 빈 배와 같은 나에게 찾아오신 그분을 더 깊이 느끼면 느낄수록 내 마음 깊은 곳에는 빚진 자의 심정이 더 강하게 일어나고 있는 것을 확인했다. 그리고 주님께서 나에게 무엇인가를 요구하시는 느낌이 있었다. 은혜에 합당한 어떤 삶으로의 방향 선회를 요구하시는 것 같았다.

베드로와 같이 "나를 떠나소서. 나는 죄인이로소이다."라는 말 대신에 "주여, 주님을 더욱 깊이 맛보고 싶습니다. 빈 배를 계속 채우시는 당신이 어떤 분이신가 더 깊이 맛보기를 소원합니다."라는 열망이 일어났다. 내 영혼 깊은 곳에는 그분을 더 깊게 만나고 싶은 열망이 있다. 오래 충분히 마음의 여유를 가지고 기도하고 싶은 열망이 계속 일어나는 것을 느낀다. 무엇인가 해야 할 일과 쫓기는 일에 마음을 빼앗기지 않고, 온전히 그분을 향해 초점을 맞추어 그분을 충분히 맛보고 경험하고 싶은 열망이 있다. 잡힐 듯하면서도 잡히지 않는 그분과의 만남이 더욱 답답하게 느껴진다. 주님과 보다 친밀한 삶을 위해서 또 다른 삶의 방식을 요구하시는가라는 물음이 일어났다.

그런데 다른 한편으로는 나 혼자 그렇게 주님을 충분히 맛보고 즐기는 것으로 주님이 내게 주신 인생을 잘 살았다고 말할 수 있는가 하는 의문도 있다. 나는 주님이 거저 주신 은혜를 갚아야 하는 빚진 자가 아닌가라는 의식도 일어났다. 오늘 일상의 삶을 살면서도 주님을 목말라하고, 그분을 더욱 깊이 만나고자 하는 열망을 가진 사람들을 도처에서 만난다. "그들을 어떻게 도와 주어야 하는가?"의 사명도 내게 있지 않은가? 적당히 물러감과 나아감이라는 조화로운 삶을 간절히 갈망하고 있는 나 자신을 바라본다. 그런 모양으로 주님이 나를 따르라고 명하시는 소리를 듣는다. 그것이 더 깊은 곳이라는 느낌이 든다. 그러나 구체적으로 어떻게 순종해야 하는지 분명하지 않다. 그래서 나는 계속적으로 그 깊은 곳이 어디인지를 묻고 있다. 이전과 비슷한 주제로 기도가 계속되고 있다. 새로운 삶으로의 방향을 전환하라고 하시는지, 지금의 삶을 유지하되 태도를 바꾸라고 하시는지를 잘 모르겠다. 계속되어야 할 기도이다.

예2) 기도 자료: 막 16:1-11

텅 빈 무덤처럼 기도 중에 텅 빈 느낌을 받았다. 그저 그 장면 이상 아무것도 전개되는 것이 없었다. 답답한 상태로 한 시간을 보냈다. 왜 그랬는가? 무엇을 어떻게 해야 하는가? 아마 예수님이 그 장면 속에 없었기 때문에 대화할 상대가 없어서 그랬는가? 충분히 역할이 정해지지 않아서 그랬는가? 이런 생각이 든다. 예수님을 찾아가는 여인들의 마음을 자세히 읽은 후에 그 심정을 가지고 무덤으로 달려가는 것이 좋겠다는 생각이 든다. 그리고 뒷부분을(9-11) 주목하지 못했다. 그 곳까지 주목하였더라면 더 생각이 확장되어 주님과 교제를 할 수 있지 않았나 생각된다.

본문을 읽을 때 충분히 주목하지 못한 원인도 있다. 단순히 무덤 속에 나타난 천사 청년에만 주목하기를 힘썼는데, 거기서는 아무 감동도 일어나지 않았다. "예수께서 너희보다 먼저 갈릴리로 가시나니 전에 너희에게 말씀하신 대로 너희가 거기서 뵈오리라"는 말씀을 여러 번 되뇌이면서 감동을 일으키려 하였지만 여전히 멈춘 상태였다. 그리고 자주 졸음에 빠지곤 했다. 홀로 남겨진 느낌이었다.

다음 반복 기도에서는 무덤으로 달려가는 여인들의 마음을 충분히 헤아리면서 한 여인의 심정으로 그 무덤에 들어가 보아야겠다. 그리고 부활의 소식을 전하라는 천사의 부탁을 듣고 내 속에서 어떤 반응이 일어나는지를 살펴보는 것이 좋겠다. 그 여인처럼 두려워 떨고 있는지, 아니면 희망이 솟아나는지를 살펴보아야겠다. 오늘 하루 동안 천사의 부탁에 대해 주목하면서 종종 묵상해야겠다. 그리고 오늘 놓친 부분을(9-11) 다시 살피면서 반복 기도로 들어가야겠다.

예3) 기도 자료: 요 20:11-18

마리아가 슬피 우는 장면이 떠올랐고, 동시에 예수님께서 "내 형제들에게 알려라" 하는 말씀이 마음에 부딪쳐 왔다. 마리아의 슬픔은 텅 빈 무덤과 같다는 느낌이 들었다. 아무것도 소망할 것 없는 그 상태에서 죽은 시체라도 붙들고 싶은 마리아의 심정을 읽을 수 있을 것 같다. 주님의 부활이 없었더라면 인생은 그렇게 슬픈 존재일 수밖에 없다는 느낌이 밀려왔다.

그 때 나타난 부활하신 주님은 막달라 마리아의 처절한 심정을 일시에 유쾌하게 만들었다. 예수님은 그 소식을 네 마음 속에만 담아 두지 말고 내 형제들에게 전하라고 부탁하셨다. 동일하게 슬픔과 낙심 가운데 빠져 있는 형제들의 아픔을 헤아리시고 전하라고 하셨다. 여기서 주님이 "내 형제들에게"라고 하시는 소리가 마음 깊숙이 전해져 왔다. 나도 주님의 형제구나 하는 확신이 밀려왔다. 오늘 나는 막달라 마리아의 소식을 듣고 있다. 제자들이 마리아로부터 들은 소리를 오늘 말씀으로 기록했으니 나도 막달라 마리아로부터 듣고 있는 것과 마찬가지이다. 예수님에게 보다 친밀한 느낌이 들었다. 예수님이 나에게 과연 내 형제라고 하셨구나 하는 자신감이 일어났다.

예수님은 나의 맏형이 되셨다. 그렇기에 예수님은 "내 아버지 곧 너희 아버지, 내 하나님 곧 너희 하나님"이라고 강조하셨다. 주님은 나에게 형님으로 다가오셨다. 그 형님과 더욱 가까이 지내고 싶은 열망이 일어났다. 나는 기도 가운데 여러 번 주고받는 대화가 있었는데, 과연 형님이 하시는 소리인가라고 확인하곤 하였다. 내 안의 소리와 주님의 반응이

혼재되어 나타난다는 느낌이 들었다. 여전히 능동적인 기도에 머물고 있다. 그러나 어느 때는 내 의지가 완전히 주님께 붙들릴 것이고, 그 때 기도는 온전히 수동적일 수 있다는 희망이 있다.

이번 기도에서 경험되는 것은 살아 계신 주님, 누구보다도 가까이 계시는 주님이라는 느낌이다. 그 외에 어떤 특별한 다른 내용을 추구하지는 않았다. 막달라 마리아를 통해서 주님이 나를 형제라고 불러 주셨고, 나는 주님을 형님이라고 부르게 되었다. 이전에도 알고는 있었지만, 이렇게 생생하게 감성적으로 느껴져 오기는 처음인 것 같다. 막달라 마리아에게 전한 그 메시지는 분명히 나를 두고 하신 말씀이라는 확신이 있었다. 이미 하나님 아버지께로 올라가신 예수님은 시간을 초월하여 현재에 머물고 계시기에 이 말씀은 2천년이라는 세월을 초월하여 오늘 나에게 전해져 오는 생생한 말씀이라는 확신이 일어났다.

이 말씀으로 반복 기도를 할 때는 '형님 예수님' 이라는 새로운 발견에 초점을 두고 주님께 더 친밀하게 다가가는 경험을 하고 싶다. 한 걸음 더 나아가 보다 수동적으로 형님이신 주님의 음성을 듣고 싶다. 그리고 최근에 내 마음 속에서 일어나고 있는 새로운 공동체를 향한 열망에 대해 주님의 의견을 듣고 싶다. 오늘 기도에서도 어렴풋이나마 "내가 형으로 너와 함께 있으니 두려워 말고, 원하는 대로 행해 보라."는 느낌이 왔다. 영광스럽게도 주님의 부활을 증언하는 첫 사람으로 선택된 막달라 마리아가 내 안에 새겨지면서 주님과 친밀한 삶, 그 순수한 사랑 외에 나머지는 모두 군더더기라는 생각이 들었다. 학문, 이름, 명예 등 모두 헌신짝과 같은 것이다. 사랑받고 사랑할 수만 있다면 무엇이든지 가능하겠다는 느낌이 온다. 이 부분에 대해서 더 확인받고 싶다.

2. 식별의 일반적 원칙

여기서 다루고 있는 영성 식별은 기도 안에서 일어나고 있는 여러 가지 경험의 기원과 출처를 밝혀 내고 걸러 내는 작업을 의미한다. 기도자는 주님의 부르심에 응답할 준비를 하면서 기도 속으로 들어가야 한다. 기도 속에서 경험하는 모든 것들은 기도자로 하여금 어떤 방향으로 움직이도록 하는 나침반의 역할을 한다. 기도의 경험이 반복되면 될수록 기도자는 그 경험이 이끄는 방향으로 행동하도록 초청을 받는다. 즉 기도 안에서의 경험은 알게 모르게 어떤 행동을 유발한다. 그러므로 그 경험의 출처를 식별하는 일은 매우 중요하다.
  영성 식별은 선한 것이냐 악한 것이냐를 구분하는 도덕적인 기준이나 성공할 것인지 실패할 것인지에 대한 가시적인 결과를 가늠하고자 하는 것이 아니다. 예를 들면 우리를 그렇게 행동하도록 충동하시는 그 기원이 성령님이라면 그 일은 반드시 성공한다든지, 아니면 그것을 잘못 판단한 채 행동하면 실패를 하고 고생을 하게 된다는 식의 식별을 의미하지는 않는다. 그럴 경우도 있지만, 여기서 우리가 다루는 영성 식별은 가시적인 성공과 실패를 뛰어넘어서 하나님을 향한 최선의 선택과 관련되어 있다. 즉 최선과 차선의 문제인 것이지, 도덕적으로 옳은가 그른가의 문제를 영성 식별의 주제로 끌어들이지는 않는다.

예를 들면 어떤 사람이 사업을 시작하려고 하는데, 그 사업이 하나님이 원하시는 일인지 원하시지 않는 일인지의 문제를 가지고 기도하고 있었다. 기도자는 그 문제를 가지고 긴 시간 기도했지만 쉽게 분별이 되지 않았다. 그런데 제삼자가 볼 때 그것은 도덕적으로 문제가 있는 사업이었다. 그러므로 명백히 하나님이 원하시는 사업이 아니라는 것이 판단되었다. 그런데 본인은 왜 그것에 대한 식별이 어려웠는가? 그에게 있어서 영성 식별이란 "하나님이 그 사업을 좋아하시는지, 그래서 그 사업을 도와 주실 것인지, 아니면 하나님의 주목을 받지 못하고 실패할 사업인지"를 가늠하는 것으로 이해하고 있기 때문이다. 그래서 열린 마음으로 주님과 소통할 수 없었기에 식별이 어려웠다.

만일 그 일이 하나님의 영광을 위하여 최선인가라는 물음을 가지고 접근했더라면 식별은 매우 단순하게 된다. 즉 사업에 대한 성공과 실패의 문제를 떠나 하나님을 향한 최선인가, 하나님께 영광을 돌리는 일인가의 문제가 식별의 주제가 된다. 그럴 때 하고자 하는 사업이 도덕적으로 문제가 있는 것이라면 즉시 판단이 서게 된다. 그러나 엄밀히 말하면, 도덕적 판단과 영성 식별과는 차이를 두어야 한다. 하나님께 최선의 삶을 추구하면서 기도를 하는 동안 보다 높은 도덕적 가치관을 세울 수 있는 능력을 얻을 수는 있지만, 직접적으로 도덕적인 문제가 있는 것을 굳이 영성 식별의 주제로 다룰 필요는 없다. 식별의 주제가 되는 것은 적어도 도덕적 판단으로는 문제의 소지가 없는 것이어야 한다. 즉 어느 것을 선택할지라도 문제가 있는 것은 아니지만 하나님을 향하여 최선의 삶인가에 대해서라면 선택의 여지가 있다. 왜냐하면 최선의 선택은 하나밖에 없기 때문이다. 그것을 찾아 내기 위한 작업이 영성 식별의 본래 목적이다. 예를 들면 가난과 부가 선택의 문제로 주어졌다면 그것을 도덕적 기준으로 판단할 수는 없다. 그것은 오직 하나님의 부르심과 관련하여 무엇이 최선인가를 가늠하고자 할 때 영성 식별이 필요하다.

기도 속에서 일어난 경험도 영성 식별의 주제가 된다. 그 경험이 자주 독백적인 깨달음이나 통찰력인지 혹은 성령님의 개입의 결과인지에 대한 기원을 밝히기 위해서 식별이 필요하다. 우리의 기도가 성령님의 개입과 상관없는 자기와의 독백적인 대화인가, 혹은 성령님의 개입을 전제하는 주님과의 대화인가에 대해 우리는 자주 혼란을 겪는다. 기도 중에 주님의 개입이 수동적으로 강하게 느껴지지 않을 때 더욱 그러한 의혹이 강하다. 그런 경우에는 다음과 같은 기준으로 독백적 기도와 대화적 기도의 성격을 구분지어 식별할 수 있다.

첫째, 독백적인 깨달음은 맑고 선명한 느낌은 주지만, 여기에서는 역동성이나 내면의 갈등이나 투쟁을 잘 감지하지는 못한다. 그러나 대화적 기도는 역동성이나 갈등 및 투쟁의 경향을 지닌다. 둘째, 독백적 결과는 지성적인 만족은 주지만, 심리적이고 감성적인 충만감은 느껴지지 않는다. 대화적 기도에서는 지성적 작용보다는 감성적 움직임이 더 강하다. 셋째, 독백적 깨달음은 일회적 사건처럼 느끼지만, 대화적 기도는 연속적인 과정으로 느낀다. 전자의 기도에서는 어떤 깨달음을 전해 받으면서도 홀로라는 느낌이 강하다. 후자의 경우에서는 지성적 통찰력을 얻는 가운데서도 홀로가 아니라는 느낌을 받는다. 자세히 살펴보면 주님과의 만남의 흔적을 찾아 낼 수 있기 때문이다. 물론 깨달음과 통찰력이 대화적 기도와 완전히 별개의 차원은 아니다. 많은 경우 기도 속에서 일어난 지성적 통찰력은 주님과 풍요로운 대화로 나아가는 창구 역할을 하기도 한다. 그러나 지성적 통찰을 기도로 더 발전시키지 못하고 단지 그것에

만족해 버린다면, 그 기도는 매우 메마르게 되고, 기도가 마치 자신의 생각 속에 갇혀 있는 독백처럼 느껴진다.

그러므로 기도자가 침묵 가운데서도 기도하고 있다는 확신을 가지기 위해서는 무엇보다도 주님과의 관계에서 어떤 투쟁이나 갈등과 같은 흔적을 찾아보는 것이 필요하다. 기도가 무르익으면서 투쟁은 순종으로 바뀌어 가지만, 그 순종에 이르는 과정 가운데서 자주 주님과 정면으로 부딪칠 수밖에 없다. 이는 자신의 의향과 주님의 의향이 서로 일치하지 않기 때문이다. 그 투쟁을 그대로 받아들일 때 기도는 자기 생각 속에 갇히지 않으며, 주님을 향해서 내면의 에너지가 활발하게 뻗어 가는 것을 경험한다. 전체적으로 뚜렷한 움직임은 없지만 그런대로 여러 종류의 흐름이 있는 듯한 기도에서 주님과 분명한 만남의 시점을 찾고자 한다면, 상대적으로 더 뚜렷하게 드러나는 움직임을 찾아, 그 곳으로부터 실마리를 풀어 가는 것이 좋다. 그 부분이 강하게 느껴져 오지 못하는 근본적인 이유를 발견하고 반복 기도에서 의도적으로 주님과 대화를 시도해 본다. 대부분의 결과는 성령님의 개입이 있었지만 자신이 그것에 대해서 주목하고 적극적으로 대응하지 못했기 때문에 주님과의 관계가 불투명하게 느껴진다.

기독교 영성사에 의한 전통적인 이해로는, 기도 중에 떠오르는 생각이나 들리는 소리의 출처는 세 곳으로부터 비롯된다고 믿고 있다. 첫째, 순전히 자기 자신으로부터 비롯된 것이 있다. 둘째, 선한 영(성령)으로부터 비롯된 것이 있다. 셋째, 악한 영(악령)으로부터 비롯된 것이 있다. 이러한 것을 어떻게 분류해 내는가는 영성 식별에서 다루어 할 중요한 과제이다. 사실 위의 분류 중 순전히 자신의 생각으로부터 비롯된 것이 있는지에 대해서는 논란의 여지가 있다. 특별히 기도 중에서라면 어떠한 영적인 실체의 영향을 받지 않고 순전히 자신의 생각으로부터 비롯된 것이 있다고 말할 수 있겠는가? 만일 그렇다면 그 사람은 기도의 형식은 갖추었지만, 실제로 기도의 실존(reality) 속으로 들어갔다고 말할 수는 없다. 기도 안으로 들어갔다면 이미 성령님이나 악령에 의해서 자신의 생각이 영향을 받거나 통제를 받을 수밖에 없다. 그런데 기도 후에 자기 생각에 불과하다고 느낀다면 그것은 다음과 같이 식별을 해낼 수 있다. 곧 기도 속에서 떠오른 생각이나 통찰력이 순전히 자기 자신으로부터 비롯된 것인지, 혹은 영의 실체에 의해서 영향을 받고 있는 것인지에 대한 물음보다는, 내가 과연 기도의 실존 가운데 있었는지 하는 물음이 더 우선되어야 한다.

자신이 의식적으로 기도 가운데 들어가 있었는가? 들어가 있는 동안에 주님과 의도적인 만남을 시도했는가? 즉 대화적 자세를 가지고 있었는가? 그리고 내면에서 어떤 움직임을 감지하였는가? 이러한 물음에 대해 생각해 보면 자신의 기도의 진면모를 확인해 볼 수 있다. 그리고 고려해야 할 또 다른 사항이 있다. 성령님의 감동을 인정하고 받아들이기를 주저하는 자신의 습관적 태도나 성령님의 감동을 소멸하도록 책동하는 악한 영의 작용에 대해서 식별해 보아야 한다. 특별히 외부로부터 영향을 미치는 영적인 실체를 인정하지 않고 모든 내면의 움직임을 자신으로부터 비롯된 심리 환원주의적 성향을 성찰해 보아야 한다. 그러한 성향이 악한 영의 책동을 허용할 수 있는 가능성을 지니고 있기에 그 부분에 대해서 깊은 인식이 있어야 한다.

우리는 기도 중에 일어나는 생각이나 통찰력에 대해서 일반적으로 이렇게 이해할 수 있다. 우리 내면의 생각이나 성향은 성령님에 의해서 개선되기도 하고, 악한 영에 의해서 악화되기도 한다. 때로는 마음의 기본적 태도가 성령님이나 악한 영을 불러들여 그 영의 실체에 봉사해 주기도 하지만, 성령님이나 악한 영의 실체가 주도해서 우리 생각을 바꾸기도 하고 악화시키기도 한다. 그러나 우리의 선한 생각을 악한 영이 작용하여 개악(改惡)시키는 경우는 흔하지 않다. 혹 악한 영이 천사로 가장하여 우리 영혼을 속여서 우리 영혼을 자기 의도대로 끌어갈 수는 있다. 그런 경우 매우 복잡한 식별이 필요하다. 자기 생각의 흐름이 어디로부터 시작되어서 어떻게 흐르고 있었는가 그리고 그 결과가 어떻게 진행되어 가고 있는지를 살펴보아야 한다. 처음과 중간과 끝이 일관성이 없이 움직인다면 천사로 가장된 악한 영의 작용인지를 의심해 보아야 한다. 그리고 결과적으로 우리 영혼을 매우 혼란케 하고 낙담케 한다면 바로 악한 영에게 속은 것이다. 천사로 가장한 악한 영은 매우 부드럽게 접근하지만 점점 우리 영혼을 혼란케 하면서, 정체가 발각될 때는 소리를 지르며 나간다. 그 결과로 우리 영혼은 심각한 상처를 입게 된다.[22]

이것은 천사로 가장한 악한 영이 선하고 거룩한 우리 생각과 의도를 왜곡시키는 예이다. 그러나 악한 영이 우리의 왜곡된 의도와 생각을 바르게 바꾸어 주거나, 선한 의도와 생각을 더 좋은 것으로 발전시켜 줄 수는 없다. 그것은 악한 영의 역할이 아니기 때문이다. 그러므로 기도의 시작과 중간과 끝이 모두 우리 마음을 거룩하고 선하게 감동시켜 간다면 그것은 성령님의 역사로 받아들이는 것이 합당하다. 성령님은 악한 생각이나 의도를 보다 거룩하고 선한 생각과 의도로 바꾸기를 시도하신다. 그 과정 속에서 성령님의 의도와 상반되는 자신의 의도와 부딪치면, 고통스러운 갈등과 투쟁이 내면에서 일어난다. 그럼에도 불구하고 그 심령 속에서는 주님을 향한 열정과 헌신과 사랑이 끓어오르는 경험을 하게 된다. 이렇게 상반된 두 감정은 내면에서 갈등을 빚지만, 자세히 들여다보면 고통 중에 환희를 맛보게 된다.

---

22) 『영신수련』의 선신과 악신을 분별하는 규범들 332, 334.

반면에 의도가 거룩하고 선한 영혼의 기도에 성령님이 개입하신다면, 그분은 그를 더욱 거룩하고 선하게 이끌어 가신다. 같은 의도끼리 만났기 때문에 두 실체가 부딪치는 소리는 매우 조용하고 부드럽다. 그래서 기도 가운데 더욱 환희와 평화를 맛보는 경험을 한다. 좋은 것으로부터 더 좋은 것으로 나아가기 때문이다. 그러나 이렇게 좋은 감정의 경험에서도 주의할 부분이 있다. 일반적으로는 기도 가운데 평화와 기쁨을 맛보면 의심하지 않고 성령의 개입으로 확신하는 경향이 있다. 그러나 이런 경우에도 반드시 성령님의 개입만 있는 것은 아니다. 악한 의도를 가진 사람이 악한 영과 만나도 동일한 경험을 할 수 있기 때문이다. 악한 영을 만나서 악한 의도가 더욱 악하게 빠져들어감에도 불구하고 그 영혼은 평안하고 심지어는 환희도 느낄 수 있다. 왜냐하면 서로 같은 의도끼리 만났기 때문에, 그런 경우의 경험 역시 스펀지에 물이 스며들어가듯이 조용하고 달콤하다.[23]

그러므로 식별에서는 그것이 내 생각인가 아니면 영의 실체로부터 비롯된 것인가에 대한 물음보다는 내 생각이나 의도가 선한지 악한지에 대한 물음이 더 중요하다. 성령님이나 악한 영은 얼마든지 순간순간 자유롭게 우리 영혼을 이끌어 갈 수 있지만, 자신의 기본적 태도나 의도는 쉽게 변화를 겪지 않기 때문에, 그 상황을 파악하기는 어렵지 않다. 그러므로 기도 후에 중요한 식별의 태도는 내면의 악한 의도가 개선되고 있는지, 개악되고 있는지, 또 내 선한 의지에 대한 열망이 더 향상되고 있는지, 그 열망이 시들고 있는지를 살펴보는 일이다.

기도 후에 반추를 강조하는 것도 바로 이러한 여러 움직임을 돌이켜보지 않으면 감지하기가 쉽지 않기 때문이다. 또 반추를 하는 동안 내 안에

---

23) 『영신수련』의 선신과 악신을 분별하는 규범들 335.

갇혀 있던 주관적인 생각과 느낌이 보다 객관화됨으로써 그 실체와 윤곽을 선명하게 파악할 수 있게 한다. 때때로 자기 안에서 경험하고 있는 것을 곧 행동으로 옮겨야 하고, 그래서 그 경험이 결과에 막대한 영향을 미칠 것을 우려한다면 그 경험을 입 밖으로 공개하는 것도 좋은 방법이다. 내면의 일이 밖으로 드러나면 객관화되기 때문에 그 경험으로부터 적당한 거리에서 볼 수 있는 영적 시력을 얻게 된다. 뿐만 아니라 전통적인 식별 규범에 의하면 악한 영은 자기 자신의 실체가 드러나는 것을 꺼려하고 두려워한다.[24] 그러므로 일단 자기 자신의 실체가 드러나면 매우 악한 본성을 드러냄으로써 그 실체가 만인에게 알려진다. 이것을 심리적으로 해석하면, 자기 밑바닥 근저에 숨겨져 있는 동기와 의도가 명확하게 드러나는 것과 같다. 그러므로 아주 모호한 경험일수록 제삼자를 영적 지도자로 받아들여 자신의 경험을 드러낼 때 매우 안전한 식별을 할 수 있다.

하나님과의 깊은 교제를 맛보고 난 후에, 삶의 현장으로 내려가는 것을 두려워하는 사람들을 자주 본다. 통념적으로 사람들은 큰 은혜를 받은 후에는 반드시 악한 영의 시험이 따라온다고 믿고 있기 때문이다. 물론 욥의 경우처럼 하나님이 각 사람의 믿음을 든든하게 하시기 위해서 특별한 시험을 허락하실 수 있다. 그러나 은혜 후에 반드시 시험이라는 공식은 적합하지 않다. 그럼에도 불구하고 그러한 믿음이 사람들 가운데 팽배해 있는 것은 그러한 경험을 실제로 하고 있기 때문이다. 그렇다면 그런 상황은 어떻게 설명할 수 있는가? 하나님과의 깊은 교제를 맛본 사람은 영적 민감성이 살아난다. 영적 민감성이 살아나기 전에는 시험이 와도 시험을 규정할 능력이 없었다. 시험 한가운데서 시험과 더불어 살

---

24) 『영신수련』의 선신과 악신을 분별하는 규범들 326.

아가는 것이 인간이라고 볼 때, 죄악된 삶을 살아가는 상태는 달리 악한 영의 책동이라고 말할 필요도 없다. 영적 민감성이 살아났기에 시험을 시험으로 볼 수 있는 능력이 생겨났고, 그 시험에 대항해야 할 필요성을 느꼈기 때문에 하나님과의 깊은 만남을 경험하기 전보다 더 힘들게 느껴질 뿐이다.

3. 하나님의 음성에 관하여

기도가 하나님과의 대화라고 할 때 무엇보다도 선결되어야 할 문제는 하나님의 음성에 대한 확신이다. 과연 우리는 성경에 나타난 아브라함이나 야곱이나 혹은 바울처럼 어깨 너머로 들려 오듯이 그렇게 하나님의 음성을 들을 수 있는가? 그리스도인 중에 누구도 그렇게 하나님의 음성은 들을 수 없다고 단언하는 사람은 아무도 없을 것이다. 그러나 또 한편으로는 당신은 하나님의 음성을 듣고 있는가 물으면 확신 있게 그렇다고 대답하는 사람도 흔치 않다. 오히려 그런 문제를 공개석상에서 다루는 것조차 꺼려한다. 매일 기도를 하는 사람들 가운데서도 하나님의 음성을 듣는다는 것에 대해서는 경계하는 눈초리를 보인다. 기도를 통해서 하나님과 대화를 하면서도 하나님의 음성 듣는 것에 대해서는 부정적인 생각을 갖고 있는 것은 모순 중의 모순이다. 그러한 생각이 하나님의 음성을 듣는 것을 방해하고 기도를 발전시키는 데 큰 걸림돌이 되고 있다. 방법과 상황이 다를 뿐 오늘 기도하는 모든 사람들이 성경에 나타난 하나님의 사람들처럼 하나님과 대화하며 교제할 수 있다. 그러므로 "하나님의 음성을 들을 수 있는가?"라는 물음 대신에 "하나님의 음성을 듣는다는 것이 무엇인가?"라는 물음으로부터 문제를 풀어 가야 한다.

우선 기도를 하고 있지만 독백적 형태의 기도일 뿐 하나님의 음성은 들을 수 없다고 하는 사람들은 다음과 같은 몇 가지 질문을 통하여 자기 자신을 성찰해 보아야 한다. 첫째, 자신은 하나님의 음성을 무엇이라고 생각하는가? 일상 생활 속에서 하나님이 어떻게 개입하신다고 믿는가? 하나님의 음성을 들을 수 없다고 생각하는 사람들 중 많은 경우는 하나님의 음성을 상식 밖의 일에서부터, 또는 초월적이고 비상한 현상 가운데서 찾고자 한다. 이는 성경에서 보여 주고 있는 비상한 하나님 체험으로부터 영향을 받은 바가 크기 때문이다. 그러나 비상한 현상 자체에 초점을 두지 말고, 그 사건이 일어난 배경과 그 사건의 주인공이 처한 상황을 잘 고려하면서 하나님의 간섭을 이해해야 한다.

오늘도 하나님은 똑같은 사건이지만 그 처지와 상황에 따라서 다양한 방법을 구사하신다. 동일한 사건임에도 불구하고 그것을 이끌어 가시는 하나님의 방법은 매우 신축자재하시고 유연성으로 가득 차 있다. 이런 의미에서 성경에서 보여 주는 하나님의 개입의 역사는 오늘날에도 누구에게나 영향을 미칠 수 있는 보편적인 거울로 받아들여야 한다. 그렇기에 성서(the Scripture)가 성경(the Bible)이 된다. 오늘 우리는 매우 다양한 환경과 상황에 처해 있다. 오늘 내가 처한 독특한 상황을 인정하면서, 하나님은 오늘도 계속해서 우리 상황에 맞갖은 모습으로 우리에게 다가오시고 말씀하신다는 믿음을 가져야 한다. 즉 내가 처한 삶의 정황 속에서, 그리고 상식선에서 주님은 자주 말씀하신다.

둘째는 하나님을 나의 진정한 대화의 파트너로 받아들이고 있는지를 물어 보아야 한다. 하나님은 높고 높은 보좌에 앉아 계신 전지전능하시고 무소부재하신 분, 거룩하신 분, 우리를 그저 멀리서 불쌍히 여기시면서 물끄러미 바라보시는 분이라는, 그런 하나님의 이미지를 가지고 있다면 결코 그분을 대화의 파트너로 인정할 수는 없다. 그저 높은 분에게 낮고 천한 자가 빌고 또 비는 일을 반복해서 할 수밖에 없는 종과 주인의 역할 이상 아무것도 아니다. 그런 사람들이 가지고 있는 신관(神觀)은 삼위일체 하나님 중에서 주로 성부 하나님에게 집중되어 있다. 그런 사람들은 삼위일체 하나님의 이미지를 계발하고 발전시킬 필요가 있다. 더 나아가서 성자 예수님, 특히 공생애를 사셨고, 고난당하시고, 죽으시고, 그리고 부활하신 인간 예수님과의 깊은 사귐이 필요하다. 오늘도 예수님은 영으로 우리 가운데에 임재하셔서 우리를 대화의 파트너로 받아들이시고 있다는 믿음을 발전시켜야 한다. 예수님이 선택하신 사람들을 향하여 "너희를 친구라 하였노니 내가 내 아버지께 들은 것을 다 너희에게 알게 하였음이라"(요 15:15) 하신 말씀을 우리 자신에게 현재화하는 믿음이 필요하다.

 셋째는 듣고자 하는가, 혹은 듣고 순종하고자 하는 열망을 가지고 있는가를 물어 보아야 한다. 이것은 하나님의 음성에 대해서 개방적이고 관대한 태도를 가지고 있는지에 대한 물음이다. 더욱이 순종하려는 자세를 가질 때, 하나님을 향한 우리의 영혼은 더욱 활짝 개방되어 있기에 내면의 움직임에 대해서 매우 민감하게 된다. 영적 민감성이 예민해질 때 각 채널 즉 마음의 소리, 주변 환경을 통한 소리, 기억된 성경 말씀의 소리를 통하여 곳곳에서 하나님의 음성은 들려 온다.

4. 식별과 영적 지도

　영적 지도의 핵심적인 역할은 식별의 문제이다. 그 식별의 중심에는 기도자의 경험이 자리를 잡고 있다. 영적 지도자는 기도자의 내면의 움직임에 초점을 두고, 그것이 무엇을 의미하는지를 읽도록 도와 준다. 기도자는 자주 말씀과 함께 기도를 하고 있음에도 불구하고 말씀에 깊게 뿌리를 내리지 못하고 평소에 가지고 있는 자기 문제에 자주 몰두하곤 한다. 그래서 그 말씀을 통하여 주님과 관계 형성을 추구하기보다는 그 말씀으로부터 자기 문제의 해결점을 찾아보려는 일에 몰두함으로써 자기 몰입형 기도에 빠지곤 한다. 그런 경우 영적 지도자는 기도자의 경험을 주의 깊게 살펴보면서 그 경험의 진정성(authenticity)을 식별하도록 도와 주어야 한다.

　한 기도자가 선택해야 할 어떤 사역(청소년 사역자, 선교사 혹은 도시 목회 등)을 앞에 두고 주님과 사귐의 기도를 하였다. 기도가 매우 활기가 넘치는 듯했다. 그는 기도 내내 주님께서 자신의 사역을 적극적으로 지지하신다는 느낌을 받았다. 그는 자신이 그 일에 부름을 받았다는 확인을 받기 위해서 예수님 사역의 절정이라고 할 수 있는 주님의 수난과 죽음의 사건을 가지고 기도하였다. 그런데 그는 주님의 십자가 사역을 깊이 접근하면 할수록 주님을 따르는 것에 대해서 상당한 부담감과 거부 반응이 일어나는 것을 느낄 수 있었다. 이러한 상반된 결과를 자세히 반추해 본 사람들이라면 상당히 당혹스러울 밖에 없다. 전자의 기도에서는 주님이 자기의 길을 인정하는 듯했지만, 후자의 기도에서는 십자가의 길에 직면하면서 그 길이 자기의 길이 아닌 것처럼 느끼고 있기 때문이다. 무엇이 진실인가? 이 부분에서 식별이 필요하다. 자기가 품어 온 야망이나 꿈을 주님이 부여하신 사역이라고 믿고 있는 것인가? 전자의 기도에서 그 활기와 기쁨은 어디로부터 비롯된 것인가? 이것을 식별하는 작업이 필요하다. 혹은 후자의 기도에서 자신에게 부담감과 거부 반응을 일으키게 하는 그 기원이 무엇인지를 분별할 필요가 있다.

우선 기도 가운데서 활기와 기쁨이 일어났다면 자기의 지향(志向)과 영의 실체(성령님 혹은 악한 영)의 지향이 서로 일치하고 있다는 말이다. 후자의 경우에서 부담감과 거부 반응을 일으키고 있다는 말은 자기의 지향과 영의 실체의 지향이 서로 일치하지 못하고 내면에서 갈등을 빚고 있다는 말이다. 만일 전자에서 영의 실체가 성령이라고 한다면 기도자 자신의 지향이 선하다는 말이다. 그렇다면 그의 내면의 움직임이 하나님의 뜻과 일치하고 있다는 것을 보여 주는 경험이다. 여기서 순간적으로 변할 수 없는 요소는 마음의 지향이다. 그것은 그의 삶의 바탕을 이루고 있는 성향이기 때문이다. 그러므로 그리스도의 십자가의 길을 가지고 기도할 때도 그는 여전히 선한 지향을 가지고 있다고 보아야 한다. 그러면 그가 십자가 앞에서 두려워하고 부담감을 느끼게 하는 것은 악한 영의 실체라고 말할 수 있다.

또 다른 식별이 있을 수 있다. 첫 기도에서 보여 주고 있는 그의 마음의 성향이 악한 지향이라고 가정할 수 있다. 여기서 악한 지향이라고 말하는 것은 반드시 악마적이거나 죄악적인 것을 의미하지는 않는다. 하나님의 뜻을 이루려는 열망보다는 자기의 야망이나 꿈을 실현하고자 하는 열망에 사로잡혀 있는 마음의 상태를 말한다. 때때로 그것이 하나님의 의향과 일치하는 것이기는 하지만 그 동기 자체가 거룩한 열망이라고 할 수 없기에 악한 지향이라고 할 수 있다. 그러면 악한 지향을 지니고 있는 그 사람이 기도 중에 활기와 기쁨을 맛보고 있다면 악한 영의 개입이 있다고 말해야 한다. 같은 지향끼리는 서로 일치하기에 기쁨과 활기를 맛보고 있는 것이다.

악한 지향을 지니고 있는 그 사람이 후자의 기도를 할 때 부담감과 거부 반응을 일으키고 있다면 외부에서 그에게 영향을 미친 영의 실체는 성령님이라고 할 수 있다. 이 때 영적 지도자는 그의 사역이 하나님의 부르심인가 그렇지 않은가를 식별해 주기보다는 무엇보다 먼저 그가 지니고 있는 기본적 지향이나 성향을 바꾸어 보도록 도와 주어야 한다. 한동안 주님을 따르는 길이 무엇인지를 경험하면서 회개를 이끌어 갈 수도 있고, 주님이 걸어가신 삶의 성향에 자신의 삶을 조율할 수도 있다. 그리고 후에 변화된 성향을 가지고 자신의 사역을 위해서 다시 기도하면서 식별할 때 보다 온전한 주님의 부르심을 인식할 수 있다.

기도가 언제나 거룩한 열정이 동기가 되어 시작되지는 않는다. 아니 더 많은 경우 기도는 보다 나은 일상적인 삶을 추구하는 방향으로 기울어지곤 한다. 즉 물질의 문제, 인간 관계 문제, 가정의 문제, 질병의 문제, 성격의 문제, 정체성의 문제, 사역의 문제, 학업의 문제 등이 기도의 중심 과제가 되곤 한다. 영적 지도의 일차적인 관심은 그러한 개개의 문제를 어떻게 풀어 주어야 하는지에 있지 않다. 영적 지도자는 "한 개인이 왜 그러한 문제에 얽혀서 고통을 겪고 있는가? 그러한 고통이 그를 어느 방향으로 이끌어 가고 있는가? 하나님과의 관계를 형성하는 데 어떠한 영향을 미치고 있는가? 지금 그로 하여금 그러한 문제에 얽매이게 하고, 심리적으로 고통을 겪도록 하는 실체는 무엇인가?"를 식별하는 데 관심을 기울인다. 그러한 고통 가운데서 기도자의 내면의 성향이 하나님을 향하여 움직이고 있는가, 혹은 세속적인 열망에로 기울어져 있는가를 살펴보면서 그를 지배하고 있는 영의 실체를 식별하도록 도와 준다. 그러한 과정을 거치는 동안 기도자는 자기가 직면하고 있는 문제가 해결되었든지, 그대로 있든지에 상관없이 영적인 성장에로 발돋움을 할 수 있는 기회를 얻게 된다.

　기도 경험의 패턴은 사람들의 성격에 따라서 다르게 나타날 수 있다. 어떤 사람은 주로 지성적인 통찰을 통하여 주님과의 접촉점을 갖는다. 그럼에도 불구하고 그들은 감성적인 통찰에 의존하고 있는 사람들에 비해서 영적 체험에 대한 확신이 상대적으로 결여되어 있다. 그 이유는 그들이 기도에서 지성적 통찰을 주로 사용하고 있지만, 다른 한편으로 그러한 유형에서 벗어나는, 보다 감성적인 경험을 기대하고 있기 때문이다. 동시에 지성적 통찰을 통해서 얻은 경험에 대해서 스스로 충분한 신뢰를 보내지 않기 때문이다.

　반대로 감성을 통한 주님과의 접촉을 선호하는 사람들은 일반적으로 지성을 사용하는 사람보다 자신의 영적 체험에 대해서 더 신뢰를 보내는 경향이 있다. 왜냐하면 그들은 감성이 자신의 지성을 통제하는 경험을 하고 있기 때문이다. 반면에 지성은 감성을 통제하기보다는 감성의 경험을 소멸하는 경향이 있다. 그러므로 기도에 있어서는 지성적 통찰보다는 감성적 통찰을 계발할 때 보다 활발한 기도로 발전시켜 갈 수 있다. 반면 기도 중에 일어났던 감성적 경험을 반추할 때는 지성적 통찰을 사용해야 한다. 기도 속에서 감성적 통찰이 결여될 때 식별의 자료를 얻기가 쉽지 않다. 그래서 지성적 통찰에만 의존하는 기도는 각 개인의 영적 성장을 돕는 데도 한계가 있다. 그래서 영적 지도를 할 때 그 내용이 무엇이었느냐라는 질문보다는 그 느낌이 무엇이었느냐라는 질문을 더 선호한다.

우리는 침묵 기도에 익숙한 사람들과 통성 기도에 익숙한 사람들로부터 종종 상반된 경험을 듣곤 한다. 전자는 기도가 성숙하면 할수록 모든 집착이나 애착으로부터 초연해진다고 한다. 그러나 사역이나 사람들을 향한 사랑의 열정은 식는 듯한 느낌을 받는다고 한다. 반면에 후자의 기도에 익숙한 사람들로부터 듣는 반응은 기도가 무르익으면 익을수록 사람이나 사역을 향하여 더욱 열정적이 되어 간다고 한다. 그러나 초연함이라는 말을 들을 때는 열정이 없는 게으른 사람이라는 인상을 갖게 된다고 한다. 과연 기도의 유형이 사람들을 이렇게 다르게 만든다고 하면 그것은 성령님의 역사라기보다는 심리적인 효과라고 말해야 한다. 곧 그것은 성령님과의 관계 속에서 누리는 초연함이나 열정이라기보다는, 그러한 생활 습관 속에서 길들여진 심리적인 효과라고 할 수 있다. 그런 심리적인 효과를 성령의 열매라고 할 수 있겠는가?

갈라디아서 5장의 "오직 성령의 열매는 사랑과 희락과 화평과 오래 참음과 자비와 양선과 충성과 온유와 절제니 이 같은 것을 금지할 법이 없느니라"(갈 5:22-23)는 말씀을 눈여겨보자. 오래 참음(혹은 초연함)이라는 성령의 열매는 맺었는데, 사랑의 열정은 시들고 있다고 말할 수 있는가? 그럴 경우 이 둘은 성령의 열매라고 말할 수 없다. 성령의 열매라면 각 개인의 기질에 따라 어느 정도 성숙도의 차이가 있기는 하지만, 보통 연속적으로 다양한 열매를 맺어 가야 한다. 성령의 열매는 절름발이식으로 어느 한쪽은 성숙해져 가는데 다른 한쪽은 정반대로 약화되어 갈 수 없다. 그러므로 위의 기도자들의 경험은 그 기도를 통해서 자신의 기질이 개발된 것일 뿐, 성령의 열매의 결과라고 말하기는 어렵다. 어떤 유형의

기도든지 그 기도가 성숙하게 무르익어 간다면 조화로운 성령의 열매가 나타나리라고 기대해야 한다.[25]

---

25) 베리 · 코놀리, 『영적 지도의 실제』, p. 134.

5. 식별과 선택

　기도의 경험을 식별하고자 하는 가장 중요한 이유는 말씀을 통해서 끊임없이 사귀고 있는 주님을 보다 더 잘 섬기고, 그 부름에 보다 충성스럽게 응답하고자 함이다. 이를 위해서 우리는 순간순간 주어진 환경이나 삶의 방식을 신중하게 선택해야 한다. 그 선택의 방향은 악한 것을 피하고 선한 것을 선택하려는 것이 아니라 '보다 더 나은' (magis) 선택을 하기 위함이다. 즉 주님을 위해서 최선의 것을 선택하기 위함이다. 어떤 선택을 앞두고 기도할 때 먼저 취해야 할 조치는 내면에서 일어나고 있는 움직임이 어디를 향하고 있는지를 식별하는 일이다. 로욜라의 이냐시오(Ignatius of Loyola)라는 영성가는 "영성적 위안은 따르고, 영성적 고독에 대해서는 대항하라."[26]는 원칙을 제시하고 있다. 영성적 위안(consolation)과 영성적 고독(desolation)에 대해서는 앞장의 '식별과 영적 지도'에서 구체적인 실례를 들어서 설명한 바가 있다. 다시 간단히 설명해 보면, 일

---

26) 『영신수련』의 선신과 악신을 분별하는 규범들 316, 319.

차적으로 위안과 고독이라는 말 그대로 그것은 기도 가운데서 느끼는 심리적 상태를 설명하는 용어이기도 하다. 영성적 위안이란 기도의 경험이 평안하고 유쾌하고 감사와 사랑이 일어나며 그래서 심리적으로 위안을 느낀다. 그러나 이것으로 영성적 위안에 대한 이해가 충분하다고 할 수 없다. 앞에서 언급한 대로 영성적 고독도 표면적으로는 평안과 유쾌함을 맛볼 수 있기 때문이다.

그러므로 영성적 위안의 상태를 진단하기 위해서 심리적인 안정감과 평안함뿐만 아니라 복음서에서 보여 주고 있는 삶의 방식대로 주님을 따르고자 하고, 성령의 감동에 기꺼이 응답하고자 하는 열망이 일어나고 있는지를 확인해 보아야 한다.[27] 영성적 고독의 경우에는 그 정반대의 현상을 경험한다. 복음적 순종에 대해서는 부담스럽게 느낄 뿐만 아니라, 심지어 그러한 가치관에 대해서 저항감을 불러일으키기도 한다. 그렇기에 심리적으로 매우 불편한 감정이 일어나며, 주님과 멀리 떨어져 있는 느낌을 갖게 된다.[28] 이러한 영성적 위안과 고독의 성질을 잘 이해하면 예수님의 방식에 맞는 선택을 하는 데 있어서 매우 유익을 얻을 수 있다. 그러므로 여러 선택의 가능성에 직면할 때, 기도 중 선택하고자 하는 그 대상에 대해서 나의 내면이 어떻게 움직이는가를 면밀히 점검할 필요가 있다. 내면의 상태를 거듭 점검하는 과정에서 분명히 영성적 위안의 상태를 확인하였다면, 그 때가 선택을 위해서 가장 좋은 상태라고 할 수 있다. 그 때는 선택하고자 하는 대상을 그대로 받아들여도 좋다는 징조이다. 반면에 영성적 고독이든지, 혹은 내면의 움직임을 느끼지 못하거나 움직임이 있더라도 식별이 분명하지 않은 경우에는 선택을 일단 보류하는 편이 좋다.

---

27) 『영신수련』의 선신과 악신을 분별하는 규범들 316.
28) 『영신수련』의 선신과 악신을 분별하는 규범들 317.

기도를 하는 중 도무지 내면의 움직임을 감지할 수 없거나 그 차이를 느낄 수 없는 상태가 지속될 때는 선택을 위하여 또 다른 조치가 필요하다. 이런 때는 선택하고자 하는 대상이나 일에 관련하여 할 수 있는 만큼 정확한 자료를 수집한다. 수집된 자료를 나란히 나열하면서 이성적이고 합리적인 판단을 가지고 그 자료를 분석하고 종합 평가하는 작업을 한다. 이러한 판단 작업을 하는 중에도 기도는 계속적으로 요청된다. 또한 짧은 시간에 이 작업을 끝내 버리지 않도록 해야 한다. 충분히 시간을 들이지 않으면 보다 객관적인 자료를 얻기가 쉽지 않고, 그 자료를 분석하고 평가하는 데 있어서 객관성을 유지하기가 쉽지 않기 때문이다. 순간 순간 달라지는 자신의 기분이나 선호도가 선택에 결정적인 영향을 미칠 수 있다. 그러므로 이 작업의 도구로 다음과 같은 도표를 사용할 수 있다. 이 작업을 하기 전 기도자는 이미 첫 단계에서 마음의 기울어짐과 영성적 위안을 구하면서 기도했지만 결론을 얻을 수 없었기에 여기까지 이르게 된 것이다. 그러므로 다음의 조치는 선택을 위한 두 번째 단계이다. 이 선택의 예는 현재의 사역에서 또 다른 사역에로 부름을 받고 있다는 느낌을 받으면서 과연 어느 것이 주님의 부르심을 향하여 최선의 선택인지를 묻는 작업을 예로 보여 준 것이다.

식 별 작 업 2

또 다른 부름에로 응답을 해야 하는가?			
그렇다		아니다	
강점(얻는 유익)	약점(잃는 것)	강점(얻는 유익)	약점(잃는 것)
1)시간에서 자유롭다. 2)중심 사역에 집중할 수 있다.	1)경제적인 측면에서 부자유스럽다. 2)생활 터전이나	1)경제적인 안정을 누릴 수 있다. 2)이미 누려온 사역에 대한 기득	1)중심 사역에 집중할 수 없다. 2)시간적 부담 때문에 심화적 지

3) 주님과 깊은 교제의 시간을 누릴 수 있다. 4) 주변의 견제와 경쟁이 없기에 내적 평화를 누릴 수 있다. 5) 가족과의 충분한 시간을 누릴 수 있다. 6) 자신의 사역이 보다 다양한 사람들에게 영향을 미칠 수 있다. 7) 주님이 원하시는 공동체의 꿈을 실현시킬 기회를 얻을 수 있다.	활동 무대가 불투명하다. 3) 일정한 사역의 대상을 만나기가 쉽지 않다. 3) 사람과의 교제가 제한될 수 있다. 4) 견제 세력이 없기에 게을러질 수 있다. 5) 가족의 경제적 필요를 충족시켜 줄 수 없다. 6) 지금까지 누려왔던 안정적 사역을 잃게 된다. 7) 새로운 공동체를 세우고 이끌어 가는 동안에 끊임없이 가족의 동의가 필요한데 그 때마다 마찰을 빚을 수 있다. 8) 이제까지 누려 왔던 지명도나 기득권을 잃어버리게 된다.	권을 유지할 수 있다. 3) 사람과의 다양한 교제가 가능하다. 4) 긴장감을 통하여 자기를 통제하는 기회를 얻는다. 5) 지금까지 해 왔던 사역을 새롭게 변화시킬 수 있는 기회가 있다. 6) 개인적인 삶(가족 중심적인 삶)을 그대로 유지할 수 있다. 7) 지금까지 누려 왔던 지명도나 기득권을 유지하면서 새로운 사역을 넓혀 갈 수 있다.	식을 발전시키는 데 어려움이 있다. 3) 자유로운 시간을 누릴 수 없다. 4) 주님과의 깊은 교제의 시간을 누리는 데 제한을 받을 수 있다. 5) 끊임없는 견제와 경쟁의 틈바구니에서 내적 평화를 잃어버릴 수 있다. 6) 타의에 의해 지속적으로 일이 확대됨으로써 본질적인 일이 약화될 수 있다. 7) 가족과 더불어 있는 시간이 제한될 수 있다. 8) 자신의 사역을 통해서 다양한 사람에게 유익을 끼치는 데에 한계가 있다. 9) 예수 그리스도가 제시한 이상적인 삶을 자유롭게 실현해 볼 기회를 얻을 수 없다.

종합 정리	종합 정리	종합 정리	종합 정리
자유로움/내적 평화/중심 사역 심화 가능성	불투명한 미래/경제적 불안/가족과의 마찰 부담/기득권 상실	경제적 안정/기득권 유지/다양한 인간 관계 기회/안정적 사역/가족 중심적 삶 유지	내적 평화와 확보를 위한 투쟁/가족과의 관계 투쟁/중심 사역 심화 약화/주님과의 교제의 시간 확보의 어려움/이상적인 삶에 대한 실현 상실

　이와 같은 작업을 통해서 생각할 수 있는 모든 가능성을 나열한 후에 그것을 종합적으로 정리하면서 핵심적인 요점이 무엇인지를 인지한다. 그 핵심적인 요점의 경중(輕重)을 따져 가면서 서로 우열을 비교한다. 우선 양쪽에서 얻게 되는 강점을 서로 비교하면서 분명한 현실과 분명한 현실은 아니지만 그럴 것이라고 예상되는 것을 다시 꼼꼼히 따져 본다. 그리고 그 중에서 본질적인 것과 비본질적인 것이 무엇인지 가려 낸다. 그 다음 단계로는 양쪽에서 잃게 되는 약점을 위와 같은 절차를 통해서 서로 비교 분석해 본다. 이러한 작업을 할 때는 이 선택과 관련되어 있는 사람들을 토론자로 참여시키는 것이 바람직하다. 제삼자를 통해서 보다 객관적인 의견을 들을 수 있으며, 수정 보완할 기회를 얻는다. 이 때 제삼자의 목소리가 너무 강해서 자신의 본래의 생각이 압도당하지 않도록 주의를 기울여야 한다. 왜냐하면 제삼자가 자신과 같이 똑같은 기도의 과정을 거치지 않았기 때문이다. 충분히 귀를 기울이면서 무엇을 수정 보완할 것인지는 자신이 평가하여 결정할 일이다.
　이러한 작업을 진행시키는 동안 기도자는 어느 한쪽으로 기울어지는 체험을 하게 된다. 그 때 기울어지는 쪽을 선택하면서 이미 제시된 약점을 보완할 수 있는 길이 무엇인지를 고려해 본다. 우선 강점이 우세한 쪽을 선택하기보다는 약점을 극복하기 쉬운 쪽을 선택하여 하나님께 가지고 나아가는 것이 더 편리하다. 왜냐하면 하나님이 또 다른 선택을 요구하시는 것처럼 느끼지만, 현재의 삶을 개혁하고 변화시키라는 주님의 또 다른 요청도 생각할 수 있기 때문이다. 또 다른 방법은 드러난 갖가지 강점과 약점 중에서 자기의 마음을 움직이게 하는 부분을 가지고 집중적으로 생각하고 그 생각을 가지고 주님과 교제하도록 한다. 위의 작업이 끝나고 어느 정도 결정된 문제를 가지고 다시 주님께 나아간다. 그리고 그때 그 기도가 어떻게 흘러가고 있는지를 살펴본다. 이미 앞에서 언급한 대로 영성적 위안을 맛보고 있는지 혹은 영성적 고독을 맛보고 있는지를 점검해 본다. 일관되게 영성적 위안을 맛보고 있다면 그렇게 선택해도 좋다는 신호로 받아들인다. 그러나 여전히 혼돈되거나 영성적 고독으로 시달리고 있다면 선택의 문제는 일단 내려놓고, 하나님 앞에서 자기의 내면 상태를 점검받기 위해서 영적 지도자의 도움을 받도록 한다. 그래서 무엇이 그로 하여금 영성적 고독으로 몰고 가는지를 찾아 그 원인을 제거하거나 개선하여 영성적 위안의 상태를 기대한다. 그리고 난 후에 선택의 문제를 다시 다룬다.

기도 체험과 영적 지도 XI
기도와 상상력

상상력은 객관적 실체를
주관적 실체로 바꾸어 주는 역할을 한다.
그래서 성경 말씀을 통하여 기도할 때,
기도자는 관찰자가 아니라
그 말씀의 한 부분이 되는 참여자가 된다.
즉 그 말씀의 주인공이신 예수님은
기도자에게 더 이상 제삼자가 아니라
보다 친밀한 대화의 상대자가 된다.

기도와 상상력

　이미 제Ⅰ장에서 성경 말씀을 대하는 다양한 태도에 대해서 언급한 바 있다. 그리스도인은 성경에 기록된 말씀을 하나님의 말씀으로 받아들인다. 그러므로 그리스도교적인 신앙 고백을 전제하면서 성경 말씀을 읽는다면 이미 그것 자체가 하나님과의 교제라고 할 수 있다. 하나님과의 교제를 위해서 신앙인들은 성경을 반복적으로 읽기도 하고 연구도 한다. 상상력도 바로 성경을 보다 깊이 가까이에서 경험하기 위해서 사용하는 한 방법이다. 성경을 묵상할 때 일반적인 태도는 지성을 사용한다. 성경의 내용을 객관적으로 연구하거나 그 결과를 전하려고 할 때 훈련된 지성을 사용하는 것은 너무나 당연하고 중요한 일이다. 그러나 일반 성도들이 상식적인 차원에서 성경 본문에 다가가서 그 말씀을 맛보고 참여하고자 한다면, 그렇게 고도로 훈련된 지성을 사용할 수 없다. 그들에게 있어서는 훈련된 지성보다는 오히려 건강하게 개발된 상상력이 성경을 보다 가까이 접근하는 데 훨씬 유익할 수 있다.
　성경에는 다양한 문학적 장르가 있다. 그 중에서 특별히 사건을 다루고 있는 이야기체적인 말씀은 그것을 문자적으로 분석해서 이해하기보다는 전체를 아우르는 이야기 속으로 들어갈 때 더 깊은 맛을 느낄 수 있다. 특히 대부분의 복음서는 주님을 따르는 이들에게 사건을 통해 주님의 가르침과 삶을 보여 주고자 하는 말씀이다. 즉 오고 오는 세대에 주님의 사건을 전하기 위해서 문자라는 매체를 사용한 것이다. 그러나 문자를 뛰어넘어 보다 친밀하게 그 말씀이 담고 있는 사건을 전달받을 수 있는 길이 있다면 그것이 곧 상상력이다. 상상력은 기록된 말씀을 사건으로 재현해서 그 사건을 현재화하기 위한 준비 작업이다. 상상력을 통해서 우리는 성경에 나타난 인물을 생생하게 만날 수 있으며, 그 사건 한가운데 계시는 주님과 만나게 된다. 그러한 과정을 통해서 주님과 교제가 이루어진다면 그것이 바로 기도가 된다. 그래서 특별히 복음서 말씀을 자료로 하여 기도를 하고자 할 때 상상력을 사용하도록 권한다.

상상력을 자연스럽게 사용하기 위해서 극복해야 할 몇 가지 장애물이 있다. 지성적인 활동에 익숙한 현대인은 상상한다는 것 자체가 부담이 된다. 우선 그들은 상상은 비이성적인 활동이라고 느낀다. 왜냐하면 상상이 지성적인 활동을 어리석게 만들거나 왜곡시킬 수 있다고 생각하기 때문이다. 그러나 그것은 무엇보다도 상상력에 대한 몰이해로부터 비롯된 선입관이다. 먼저 상상(imagination)과 환상(illusion) 혹은 공상(fantasy)과의 혼돈을 정리해야 한다. 환상이나 공상은 현실(reality)에 뿌리를 내리기보다는 오히려 현실적인 세계에 대해서 도피적이며, 자기가 처한 상황에서 끊임없이 유리되고자 하는 갈망으로부터 비롯된다. 그러므로 환상을 통해서는 결코 보편적으로 인지할 수 있는 유익한 자료를 얻어 낼 수 없다. 반면에 상상이란 실제로 있었거나 있을 법한 사건의 실체나 진실을 맛보고 경험하기 위해서 사건을 새롭게 구축하는 행위이다. 상상은 객관적 실체를 주관적 실체로 바꾸어 경험하도록 해 준다. 사람들은 상상이 비논리적이고 비이성적이라고 생각하지만, 상상은 논리적이지는 않지만 이성적인 면을 지니고 있다. 오히려 상상은 창조적인 논리를 세워 갈 수 있는 탁월한 통찰력과 의미를 전해 준다. 그래서 상상은 우리로 하여금 새로운 세계를 향하여 지적인 비전을 제시하고 만족스러운 목적을 세우도록 도와 준다.[29]

상상력에 대한 일반적인 또 다른 염려는 정화되지 않은 우리의 감정이 여과 장치 없이 반영될 때 상상이 아니라 환상을 만들어 낼 수 있다는 점이다. 그러나 상상력이 하나님의 말씀과 기도로 연결되어 있다는 측면에서 어느 정도 안전 장치가 되어 있다고 할 수 있다. 말씀이 상상의 대상이 된다고 할 때 자기 몰두에 깊이 빠지지 않는 한 그것은 거룩한 상상으로 발전될 것이며, 더욱이 기도가 한 개인의 독백이 아니고 성령님의 간섭이라고 한다면 성령님의 인도하심이 또 한 번의 여과 장치 역할을 하게 된다. 상상을 통한 기도에서 흔히 경험되는 일이지만, 기도 속의 상상은 자기 의도대로 진행되어 가지만은 않는다. 기도 속에서 상상이 일어나고 있다면 자신 안에 있는 상상력이라는 기능 외에 다른 영의 실체가 그 상상에 작용하고 있다고 믿어야 한다. 기도를 하나님과의 통교(通交)를 위한 수신 안테나에 비유한다면, 이성적인 안테나뿐만 아니라 상상과 감성의 안테나도 있다고 할 수 있다. 따라서 이성적 통찰에만 의존하는 기도는 라디오 수신기에 비유할 수 있다. 라디오 수신기는 청각적 소리만 전해 주듯이, 이성적 안테나만 사용하는 기도는 이성적 통찰만 전해 줄 뿐이다. 반면 상상력과 감정을 동원하는 기도는 TV 수상기에 비유될 수 있다. TV 수상기가 소리와 상(象)을 동시에 전달해 주는 통합적인 역할을 하듯이, 상상력과 감정의 안테나를 세워 둔 기도라면 그 기도는 오

---

29) Alfred North Whitehead, *The Aims of Education and Other Essays* (New York: The Macmillan Company, 1929), p.139.

감(五感)이 모두 참여하는 생동력이 넘치는 기도가 될 수 있다.

 기도에서 상상력을 사용하라고 하면 대부분의 사람들은 시각적 상상만 생각하는 버릇이 있다. 그러나 사건을 담고 있는 문학적 형태의 구성을 가지고 있는 성경 이야기를 다시 사건으로 재현하는 과정에서는 다양한 상상력이 필요하다. 그런데 기도자들이 오로지 시각적인 상상력에만 매달리다가 한 발짝도 진전하지 못하고 모든 정신적 에너지를 소진해 버리는 경우를 자주 본다. 그래서 기도를 더욱 어렵게 만들고, 결국 기도에 흥미를 잃어버리는 사람도 생긴다. 예를 들면 어떤 기도자가 한 장면을 그림처럼 떠올렸다. 그리고 이어서 다음 장면이 떠올라 재빨리 다음 장면으로 넘어가 주기를 기대한다. 그러나 가까스로 구상해 낸 그 장면은 그 이상 다음 장면으로 전진하지 못하고 벽에 걸린 액자처럼 꼼짝하지 않고 그 자리에 박혀 버린다. 그럴 경우 기도자는 연속된 장면을 살려 내려고 몸부림친다. 왜냐하면 그 상상은 불완전한 것이라고 생각하기 때문이다. 그러나 많은 경우 그 장면만으로도 기도가 충분하게 진행될 수 있다. 그 한 장면으로부터 어떤 메시지가 살아나거나 또 어떤 느낌을 받는다면 그것으로부터 기도는 시작될 수 있다.

 상상력에 대한 이러한 어려움을 극복하고 보다 생생한 상상력을 개발하기 위해서는, 상상이라는 개념을 보다 유연성 있게 확대시킬 필요가 있다. 상상은 반드시 시각적 상상력만 있는 것이 아니다. 시각적 상상력으로부터 한 걸음 더 나아가는 그 다음 단계는 청각적 상상력이다. 청각적 상상력은 소리를 통해서 그 전체적인 분위기를 느끼는 것이다. 그 장면에 등장하고 있는 인물들이 서로 주고받는 이야기나 명백하지 않으나 그 장면 가운데서 흐르고 있는 청각적인 분위기를 맛보는 것이다. 시각적 상상에서 반드시 움직이는 활동 사진과 같은 상상력을 발휘하려고 노력할 필요가 없는 것처럼, 청각적 상상에서도 뚜렷한 어떤 말소리를 듣고자 애쓸 필요도 없다. 그저 청각적인 어떤 느낌을 받는 것으로 충분하다.

이어서 지각적 상상력을 사용할 수 있다. 지각적 상상력이란 감각적 느낌을 종합적으로 수용하는 능력을 말한다. 이미 앞에서 다룬 시각적 상상력과 청각적 상상력을 바탕으로 지각적 상상력이 발휘되는 것이 보통의 순서이다. 이 세 차원의 상상력이 활동하게 되면 주어진 본문 말씀이 사건으로 살아나는 경험을 한다. 그리하여 기도자가 그 사건 안으로 초청받고 있다는 느낌을 받게 되면 기도가 시작된다. 그리고 그 장면에서 예수님과 직면하는 자기의 역할이 분명하게 세워지면 기도자는 더 이상 그 장면을 만들어 가는 구경꾼이 아니고, 그 사건의 참여자가 되었기 때문에 상상에 더 이상 매일 필요가 없다. 엄밀히 말하자면 상상력 그 자체는 기도로 들어가기 위한 매개체이지 그 자체가 기도는 아니다.

그러면 왜 굳이 그 힘든 상상력의 과정을 밟으면서 참여자가 되라고 하는가? 처음부터 말씀을 읽는 동안 특별한 과정 없이 자기의 모습이 드러나고, 곧바로 적합한 역할로 들어가면 주님과 바로 대화가 가능하지 않겠는가라는 주장도 있을 수 있다. 그런 경우도 사실은 순간적이지만 기도자의 내면 안에서 상상력이 복합적으로 작용했다고 할 수 있다. 그렇기에 그것 역시 가능하다고 볼 수 있다. 그럼에도 불구하고 점검해 보아야 할 것은 그 사건의 분위기와 거기에서 오늘 자신을 향한 메시지가 어느 정도 살아나고 있는가이다. 또 주님을 향하여 내 영혼이 얼마나 활짝 개방되어 있는지는 기도에서 매우 중요한 과제이다. 이렇게 볼 때 상상력을 강조하는 첫째 이유는 보다 생생하게 다가오시는 주님을 음미하고 맛보고자 함이다. 둘째 이유는 그 주님을 향하여 관대하게 자기의 영혼을 개방하기 위한 하나의 과정이다. 그러나 상상력을 지나치게 강조하다 보면, 상상력의 풍요로움의 정도에 따라 기도의 진행 여부를 가늠하고자 하는 오류를 범할 수 있다. 상상력이 풍요롭지 못하면 기도가 잘 안 되었다고 판단하고, 상상력이 매우 다양하고 풍요롭다고 느껴지면 그 자체로서 기도가 잘 되었다고 판단할 수 있다. 그러나 그러한 판단은 옳지 않다. 상상력을 사용할 때 기억해야 할 분별의 기준은 상상의 풍요로움이 아니라, 그 상상력으로부터 전해져 오는 친밀감이다. 펼쳐지는 상상이 빈약했다 할지라도, 그 장면에서 전해지는 친밀감이 두드러진다면 그것이 훨씬 더 기도를 힘있게 이끌어 가는 원동력이 된다.

상상력을 전개시켜 가는 과정에서 기도자가 그 사건 안에서 역할을 설정해 갈 때 적합성과 제한성의 기준은 무엇인가? 종종 복음서의 말씀으로 기도하면서 예수님의 입장이 되어 생각해 보았다고 하는 사람들이 있다. 그것은 만일 말씀 자체를 연구하면서 보다 깊은 뜻을 헤아리는 것이 목적이라면 가능한 이야기이다. 그러나 말씀과 더불어 기도하는 것이 제일 목적이라고 한다면, 기도자가 예수님의 입장에 서는 것은 적합하지 않다. 왜냐하면 기도자가 생각하는 대화의 파트너가 사라지기 때문이다. 동시에 그것은 현실적으로 있을 수 있는 일이 아니다. 그런 설정은 상상이라기보다는 환상이라고 할 수 있다.

어떤 사람은 마리아가 예수님을 잉태하게 될 것이라는 수태고지 사건을 기도하면서 자신이 마리아에게 아기 예수를 잉태하리라는 소식을 전하는 천사가 되었다고 한다. 그것 역시 가능한 이야기가 아니다. 자신을 초월적 존재로 가정한다면 그것은 현실이 아니고 환상일 뿐이다. 여기에서 상상이 환상으로 넘어가는 경계를 볼 수 있다. 환상은 현실을 보다 깊이 조명하지도 못하고, 그 현실을 있는 그대로 직면하지도 못한다. 오히려 그 현실을 왜곡하고 도피하는 속성을 지닌다. 그러므로 우리가 기도속에서 상상을 통해 역할을 정할 때 몇 가지 기준이 필요하다. 첫째는 예수님과 인격적인 교류를 할 수 있는 적합한 역할이 무엇인지를 고려한다. 둘째는 전지전능자의 입장이거나 관찰자의 입장이 아니고, 보다 적극적인 참여자의 역할이 무엇인지를 고려한다. 셋째는 현실적으로 있음 직한 역할이 무엇인가를 고려한다.

어떤 경우에는 기도자가 성경 본문에 등장하는 동물로 자신의 역할을 정한다. 그것은 가능한 일인가? 예를 들어 예수님이 수난받으시기 직전 예루살렘에 입성하시는 장면을 기도할 때 적지 않은 사람들이 예수님이 타시던 나귀의 역할이 되어 예수님과 교제하는 것을 보곤 한다. 그런데 그들 중 상당한 사람들이 매우 강력하게 주님과의 인격적 일치를 맛보는 경험을 한다. 그런 경우 그 역할의 대상이 인격은 아니지만, 의인화된 인격으로서 그 역할이 가능하다고 할 수 있다. 물론 의인화된 인격을 통하여 주님과 인격적인 만남이 이루어질 수 있다는 전제 하에서 그렇다. 상상력을 사용하는 직접적인 목적은, 거듭 강조한 바와 같이 그 장면에 등장하는 주님과 활발한 교제를 하기 위함이다. 그 장면에 나타난 어떤 인물의 역할을 했다고 해서, 꼭 그 인물인 것처럼 가정하여(assuming) 주님과 대화를 흉내낼 필요는 없다.

설정한 역할의 입장에서 일단 주님과의 접촉점이 이루어진다면 그것으로 성경에 나오는 인물의 역할은 충분하다. 그 후로는 기도 속에서 자연스럽게 자기 자신의 모습으로 돌아와 주님과 자유롭게 대화를 이끌어 가면 된다. 예수님을 대하는 태도에 있어서도 마찬가지이다. 기도자는 성경의 배경 속에 나타난 예수님을 먼저 만나게 된다. 그 배경은 인간으로 오신 예수님을 보다 생생하게 맛보고 경험하게 해 주는 역할을 한다. 그래서 기도자는 보다 생생하게 예수님을 관상하게 되고, 친근하게 그분에게 접근해 갈 수 있다. 여기까지 이르게 되면, 기도자는 반드시 그 장면을 전제하는 예수님을 의식할 필요는 없게 된다. 기도 안으로 깊이 들어갈수록 기도자는 성령님의 감동을 느끼게 될 것이며, 그 때부터 영으로 자유롭게 임하시는 주님과 대화를 이끌어 가면 된다.

예수님의 공생애를 자료로 하여 기도할 때 특별히 예수님 탄생 사건이나 유아기 때의 예수님과 교제를 시도하고자 할 때는 설정한 역할이 어색해지는 경험을 하기도 한다. 예를 들어 기도자는 들에서 양 떼를 지키는 목자였다. 그는 천사들로부터 구세주 예수님의 탄생 소식을 들었다. 그리고 다른 목자들과 더불어 바삐 아기 예수님을 찾아 나섰다. 목자들은 한 동굴에 설치된 마구간에 도달했고, 구유에 누인 한 아기를 목격했다. 그러나 기도자 자신은 그 아기를 바라보면서 들에서 목격했던 그 찬란한 광휘와 기쁨이 느껴지지 않았다. 오히려 그 아기를 바라보는 동안 그 아기가 매우 슬프고 가냘프게 느껴졌다. 슬프리만치 누추하고 연약한 이 아기가 과연 하나님의 아들이요 구세주라는 말인가? 왜 하나님은 그렇게 일을 하시는가 의문이 들었다. 잠시 떠오르는 생각은, 주님을 따르는 자신의 모습도 그렇게 초라하게 느껴지는 것이었다. 주님을 따르는 자신의 모습은 천사들의 나팔 소리나 그 찬란한 광휘와는 거리가 멀다. 지극히 무능해 보이고, 초라하게 느껴진 자신의 모습이 마구간에 누인 그 아기와 그대로 연결되었다. 하나님이 하시는 일에 대해서 못마땅한 생각이 일어났다. 그러나 그는 더 이상 그 상태를 진행시키지 못했다. 왜냐하면 자기는 목자였고, 그 목자 중 누구도 그러한 의문을 제기하지 않았기 때문이다. 그래서 억지로 감탄과 놀라움이 있는 그 분위기를 따라갔다.

다른 한편으로 그 기도자가 지속적으로 기도를 발전시키지 못한 또 다른 이유는 대화의 파트너가 구유에 누인 아기라는 사실 때문이다. 즉 아기와 무슨 대화가 되겠는가라는 생각이 있었다. 그러나 만일 여기서 기도를 끝낸다면 그것은 상상력을 통한 하나의 연극일 뿐 기도라고 말할 수는 없다. 앞에서 다룬 것처럼, 그 자신이 목자의 역할이 되었다 할지라도 끝까지 목자의 입장에서 주님과 대화를 이끌어 갈 필요는 없다. 그 마구간 안으로 들어간 것으로 목자의 역할은 충분하다. 그 다음은 자기 자신으로 돌아오면 된다. 의도적으로 역할을 또 바꾸라는 말이 아니고, 자연스럽게 되는 대로 그렇게 돌아가라는 말이다. 아기 예수의 경우에서도 마찬가지이다. 그렇게 가냘프고 구차하고 불쌍하게 느껴지는 것으로 그 기도에서 아기 예수의 모습은 충분하다. 그 이후에는 영으로 우리 가운데 임하셔서 일상적으로 우리가 간구하고 대화했던 그 예수님에게로 돌아가서 상상 가운데 전해 받은 느낌을 출발점으로 주님과 자연스럽게 교제를 나누면 된다.

성경의 어떤 특정한 장면에 나타난 예수님을 상상할 때는 그 장면에서 묘사하고 있는 예수님의 마음과 성격을 전해 받는다면 주님과의 교제를 생생하게 하는 데 도움이 된다. 그런데 만일 내가 상상한 그분의 심정에 대해서 그것이 사실(reality)인지, 아니면 하나의 가정인지(assuming)에 대해서 의혹이 들면 주님과의 교제가 매우 어렵게 된다. 하지만 다음과 같은 이유 때문에 그런 의혹에 사로잡힐 필요는 없다. 예수님의 성품에 대해서는 사람들의 이해가 각각 다르고 다양하다. 어떤 사람은 예수님은 매우 적극적이고 명랑하신 분으로 이해한다. 또 다른 사람은 예수님은 매우 우울하고 고독하신 분으로 이해한다. 또 어떤 사람은 예수님은 매우 활동적인 분으로 이해하는가 하면, 또 다른 사람은 예수님을 관상적(觀想的)인 분으로 이해한다. 어떠한 이미지를 선택했을지라도 각 사람은 자기 자신이 완전하고 바른 이미지를 선택했다고 자신할 수 없다. 그러므로 부족하게 느껴진 그 이미지 때문에 기도를 방해받을 필요는 없다. 그저 자기 자신에게 전해져 온 예수님의 이미지를 그대로 받아들이면서 그 기도에 임하면 된다. 왜냐하면 우리가 기도 가운데서 경험한 예수님의 이미지는 성령님께서 우리의 상상력을 사용하시어 허락하신 통찰력이라고 믿기 때문이다. 우리는 우리가 처한 현재의 상황 속에서 그런 예수님의 이미지가 필요하기에, 예수님께서 그런 이미지로 각 개인에게 성육신했다고 믿는다. 그러나 어떤 특정한 이미지에 고착되어 버린다면 자신의 영적 성장에 제한을 받을 수 있다는 것도 염두해 두어야 한다.

어떤 경우에는 기도자가 경험한 상상이 환상적인 것은 아니라 할지라도 역사적 현실성과는 너무 거리가 먼 듯한 것일 수도 있다. 그래서 그것을 기도로 처리하는 과정에서 모든 것이 하나의 가장된 연극처럼 느껴질 때가 있다. 그런 경우는 어떻게 대처해야 하는가? 예를 들어 어떤 기도자가 예수님의 탄생과 어린 시절을 묵상하고 기도할 때 자신의 역할을 예수님 가까이에 있는 어떤 사람으로 정하였다. 그리고 예수님의 출생이나 그의 빈한(貧寒)한 가정에 아무런 도움을 주지 못하는 안타까움을 느꼈다고 한다. 만일 기도를 그렇게 끝냈다면 그것은 기도라고 하기보다는 하나의 가상적인 연극처럼 느낄 수밖에 없다. 이성적이고 합리적인 관점으로 바라보자면, 그것은 어처구니없는 구상이다. 그러나 실제적으로 상상력을 사용하여 기도할 때 이런 일은 흔히 일어난다. 그러면서도 기도를 하고 나면 무엇인가 불충분하다는 느낌을 받는다.

그렇다면 기도 후의 이 느낌을 중심으로 반추를 해 보는 것이 중요하다. "왜 그러한 구상이 떠올랐을까?" 그럴 때 이러한 구상이 어떤 다른 구상보다는 수동적이었다는 것을 느끼게 될 수도 있다. 곧 예상치 않은 상상력이었다는 말이다. 그렇다면 거기에는 성령님이 하시고자 하는 무슨 의도가 있지 않은가 의문을 가져볼 필요가 있다. 그래서 기도자는 반추를 하는 동안 현실성이 없는 이런 유감스러운 감정이 주님과 교제를 위한 매개체적인 심상이라는 것을 감지하게 된다. 그러면 반복 기도에서 이렇게 기도를 이어 갈 수 있다. 곧 유감스러운 감정을 유지하면서 "주님 내가 어떻게 주님을 도울 수 있습니까?"라고 묻는 것이다. 예상컨대 주님은 이렇게 반응하실 수 있다. "오늘도 나는 마구간에서 태어나고, 여전히 헐벗고 배가 고프다." 그러면서 "내가 주릴 때에 너희가 먹을 것을 주었고 목마를 때에 마시게 하였고 나그네 되었을 때에 영접하였고 헐벗었을 때에 옷을 입혔고 병들었을 때에 돌보았고 옥에 갇혔을 때에 와서 보았느니라"(마 25:35-36)는 복음서의 말씀이 교차될 수 있다. 이 때 기도자가 적합하게 대응을 하면 여기서부터 기도가 활발하게 진행되어 간다. 그러므로 기도 가운데에서 일어난 상상이 의혹을 줄 때 꼼꼼한 반추를 통해서 기도를 완성시켜 가면 된다.

그 동안 한국 교회는 음성(통성) 기도를 주로 가르쳐 왔고 실천해 왔다. 그러나 최근에 들어 침묵 기도에 대한 요구가 점점 높아져 가고 있다. 그 이유는 매우 다양할 수 있으나, 심리적인 요인을 생각해 보면, 현대인들은 외적인 문제뿐만 아니라, 이전보다 훨씬 더 내면의 삶에 관심을 기울이고 있다. 그런데 그 내면의 소리를 말로 담아 내기에는 한계가 있다는 것을 자각하고 있다. 사람들은 그 어느 때보다도 점점 더 내향화되어 가고 있다.[30] 그러나 침묵에 익숙하지 않은 사람들에게 있어서 침묵의 세계는 언어의 세계에 비해 훨씬 더 혼란스럽고 복잡하게 느껴진다. 그래서 그들은 침묵의 세계로 들어가자마자, 그 맛을 보기도 전에 잡념과 혼란으로 시달리곤 한다. 음성 기도를 하는 사람들은 자기 생각을 일정한 시간과 공간 안에 두고 논리를 펴 가기 때문에 기도에 쉽게 집중할 수 있다. 그러나 침묵은 시간과 공간을 망각하거나 뛰어넘으려는 시도로부터 비롯된다. 그래서 논리의 세계로는 침묵의 세계를 통제하기가 쉽지 않다. 소리가 없는 침묵의 상태는 언어가 마음을 통제하지 않기 때문에 고삐 풀린 망아지처럼 마음이 제멋대로 흘러간다. 이렇게 볼 때, 거룩한 상

---

30) 헨리 나우웬, 『상처 입은 치유자』, 최원준 옮김 (서울: 두란노, 1999), pp. 42-45.

상은 침묵에 익숙하지 않은 현대인들에게 침묵의 세계로 들어가기 위한 중요한 매개체가 된다. 상상은 마음을 묶어 둘 뿐만 아니라 마음을 순차적으로 풀어 내는 역할을 한다. 더욱이 상상은 고삐 풀린 마음과 성경의 말씀을 자연스럽게 연결시켜 주는 역할을 하기도 한다. 그러한 과정을 통하여 기도자는 점점 깊은 침묵의 세계로 들어가면서 주님과 친밀한 사귐을 가지게 된다.

기도의 실제
복음서를 따라 기도하기

> 기도는
> 이론이 아니고 실천이다.
> 거듭되는 기도는
> 기도를 수정하고 발전시킨다.
> 말씀과 함께 반복되는 기도는
> 기도자의 인격을 말씀에 적응시켜 가는 데
> 결정적인 역할을 하게 된다.

기도의 실제

지금까지 읽어 온 경험적인 기도의 이야기를 바탕으로 말씀을 따라 기도하면서 주님과 친밀한 사귐을 가져 보자. 특별히 복음서를 중심으로 기도를 이끌어 가도록 한다. 왜냐하면 복음서는 어느 성경보다 구체적인 예수님의 행적과 말씀을 담고 있기에, 대화적 기도를 이끌어 가는 데 보다 수월하게 접근할 수 있기 때문이다. 그리고 주님과 사귐이 무르익어 가면서 기도자는 각자의 상황에 따라서 주님의 부르심을 인식하며, 그 부름에 따라가는 삶이 구체적으로 어떠한 것인지를 자각하게 된다. 즉 다음에 제시되는 기도의 자료는 주님의 제자로서 주님이 원하시는 방식대로 주님을 따라가는 것이 무엇인지를 미리 기도 가운데서 경험하는 것이 일차적인 목적이고, 그 경험을 바탕으로 사도적인 삶을 살아가도록 하는 것이 그 다음 목적이다. 이렇게 복음서를 통한 기도가 익숙해지면, 기도의 자료를 다른 성경으로 확대시켜 갈 수 있다.

기도는 주님과의 사귐이며, 사귐이란 시간을 드리는 것이기에 다음과 같은 시간 안배를 권한다.

기도의 구조

i) 내적인 고요와 하나님의 임재를 위한 준비: 5분

ii) 주어진 기도 자료 읽기: 10분

iii) 기도 시간: 50분

iv) 반추와 기록: 15분

1. 준비 기도:
하나님 은총의 역사 경험하기

첫째 기도

주 제

'나는 역사를 가지고 있다.' (I have a history)라기보다는 '나는 역사다.' (I am a history)라는 말이 적합하다. 생애 동안 크고 작은 사건이 이어져서 한 개인을 형성시켰기 때문이다. 이 사건 중에서 의미가 없는 것은 하나도 없다. 마치 이스라엘 백성의 역사가 구속의 역사인 것처럼 나 자신의 삶의 역사도 구속의 역사이다.

길잡이

자신의 생애 동안 일어났던 중요한 사건을 평가 없이 나열하면서 기록해 본다. 그리고 다음에 제시한 말씀의 인도를 받으면서 그 사건을 매개체로 주님과 만남을 시도해 본다. 그리고 긍정적인 사건이든 부정적인 사건이든 주님이 어떻게 개입하셨는지를 추적하면서 주님과 대화를 시도해 본다.

기도 자료

a) 요 14:16-18, 25-29: 그리스도께서 보혜사 성령을 우리에게 보내심으로 우리와 함께 하시며 그가 모든 것을 가르치고 생각나게 하실 것이라고 약속하셨다.

b) 민 20:2-13: 하나님의 인도하심을 믿지 못하고 모세와 다툰 이스라엘 백성. 그러나 하나님은 그들을 벌하지 않으시고 바위에서 물을 내어 먹이셨다.

c) 사 43:1-5: 하나님이 이스라엘 백성을 지명하여 구속하셨고, 물과 불 가운데서 인도하셨다.

둘째 기도

주 제

당시에는 인식하지 못했지만 오늘 비로소 내 삶의 모든 사건 속에 하나님이 개입하셨음을 깨닫는다.

길잡이

하나님의 임재와 부재를 경험했던 때와 사건을 기록한다. 그 때 느낀 감정은 무엇이었는가? 내면의 갖가지 움직임에 대해서 깊이 묵상하고 기도한다.

기도 자료

a) 시 139:1-18: 하나님은 내 모든 것을 감찰하시며 하나님 앞에 숨길 것

은 이 세상에 아무것도 없다.
b) 시 105:5-22: 여호와께서 언약하신 것을 이루시기 위해서 이스라엘의 모든 행사에 간섭하시고 참여하셨다.
c) 시 105:23-45: 이스라엘을 애굽의 객이 되게 하시고 그들을 구속하시는 과정에 여호와께서 간섭하시고 참여하셨다.

셋째 기도

주 제
나의 삶의 역사 속에서 어두움의 의미를 추적한다. 상처를 주고받은 기록이 자신의 삶의 역사 속에 있을 것이다. 다른 사람들이 나에게 상처를 입히기도 하였고, 내가 다른 사람들에게 상처를 주기도 하였던 삶의 역사를 발견한다. 그 때 예수님은 예루살렘을 향하여 우셨던 것처럼, 나를 향하여 안타깝게 바라보고 계셨다. 나 자신의 힘으로는 이 상처로부터 벗어날 길이 없지만, 하나님의 영은 나를 환난과 죄악의 사슬에서 벗어나게 하실 수 있으며, 어두움으로부터 빛으로 인도해 내신다.

길잡이
하나님이 부재한 것처럼 보이는 그 순간으로 돌아간다. 그 때를 깊이 숙고하고 묵상하면서 그것에 대해서 솔직한 감정을 표현한다. 그 순간 어떤 영적인 유익이 있는지를 발견한다. 그러한 사건을 통해서 하나님은 나를 향해 어떻게 개입하고 계셨는지를 보여 달라고 간구한다.

기도 자료
a) 요 3:16-21: 예수 그리스도를 믿는 자는 심판을 받지 아니하고 빛으

로 인도된다.
b) 사 49:14-18: 나 여호와는 너희들을 내 손바닥에 새긴 것처럼 결코 잊지 아니하리라
c) 눅 13:31-35: 암탉이 날개 아래 제 새끼를 모으려 하듯이 예수님은 우리를 거듭 모으려 하셨다.

넷째 기도

주 제
셋째 기도와 동일함.

길잡이
셋째 기도와 동일함.

기도 자료
a) 렘 1:4-10: 복중에서 짓기 전에 우리를 아셨고 구별하여 우리 입에 여호와의 말씀을 주셨다.
b) 렘 29:10-14: 우리를 향한 하나님의 생각은 평안과 소망이며 그를 전심으로 찾으면 만나리라.
c) 롬 8:31-39: 그리스도를 우리에게 주신 이가 우리에게 모든 것을 주시지 않겠는가? 누가 우리를 그리스도의 사랑에서 끊을 수 있겠는가?

다섯째 기도

주 제

셋째 기도와 동일함.

길잡이

셋째 기도와 동일함.

기도 자료

a) 눅 12:22-31: 공중의 새와 들에 핀 백합화를 보라. 하물며 너희일까 보냐. 염려하고 근심하지 말라.

b) 신 1:26-33: 과거에 불 기둥과 구름 기둥으로 인도하신 분이 너희들과 함께 싸우실 것이다.

c) 시 103:1-14: 하나님은 우리의 죄를 사하시고 질병을 고치시며 죄악을 따라 갚지 않으신다. 진토와 같은 우리의 체질을 아시기 때문이다.

2. 회개를 위한 기도

 준비 기도(하나님의 은총의 역사 경험하기)를 끝낸 기도자는 새로운 기도 양식에 어느 정도 익숙해지고 인생에 있어서 하나님의 인도하심이 어떠하였음을 체험함으로 그 영혼 안에 감사와 그분을 향한 영적 갈망이 일어나는 것을 경험한다. 그리고 피조물에 대한 애착으로부터 벗어나 보다 초연하고 중용적인 자리에서 주님을 섬기고자 하는 열망을 가지게 된다. 기도자는 보다 순전하고 깨끗한 영혼을 주님께 드리고자 하며, 자아의 정체성을 인식한 기도자는 자신의 내면의 정화를 위하여 기꺼이 시간과 노력을 기울이고자 한다.

준비 단계

 준비 기도를 거치는 동안 하나님과 나 자신과 세상에 대한 나의 상(像)이 무엇인지가 점차로 드러난다. 바람직한 상과 바람직하지 못한 상이 구별되면서 궁극적으로 수정되어야 할 상을 향하여 나아갈 준비를 갖추게 된다. 하나님에 대한 상(像)을 완전하게 그릴 수는 없다. 그러나 하나님의 신비에 접근하기 위해서는 어떤 형태든지 상이 필요하다. 더욱이 하나님과 자신과 세상에 대한 상은 서로 밀접한 관계를 지니고 있다. 우리는 우리 자신의 경험을 통해서 하나님을 우리 역사 속으로 끌어들이고자 하며, 그 경험을 통해서 우리 삶을 하나님과 연관시키고자 한다. 그것을 위해서 우리는 우리 안에서 작용하고 있는 상이 무엇인지 인식하는 것이 필요하다. 우리 각자는 하나님과 자신과 세상에 대하여 다분히 왜곡된 상을 가지고 있다. 그 상 중에 어떤 것은 중요한 역할을 하고 있으며, 어떤 것은 특정한 상황에서만 작용한다. 어떤 것은 하나님과 자신과 세상이 잘 조화를 이루도록 하는 데 기여해 준다. 다음에 제시된 상의 예를 보면서 자신의 삶을 지배하고 있는 상이 무엇인지, 그리고 그것이 건강한지, 하나님과 자신과 세상이 서로 조화를 이루며 건강하게 살아갈 수 있는 길이 무엇인지를 숙고해 본다.

하나님에 대한 상(像)	자아상(自我像)	세계관(世界觀)
하나님은 끊임없이 요구하시는 분이다. 하나님은 훌륭한 사업가시다. 그래서 무엇을 공짜로 주시는 법이 없다. 하나님은 전능하신 분이다. 하나님은 모든 것을 아시는 분이다. 하나님은 세상을 사랑하지만 세상일에 적극적으로 개입하시지는 않는다. 예수님은 우리에게 하나님을 계시하시는 분이지만 연약해서 인간적인 상황에 제한을 받으셨다.	나는 하늘나라가 필요하다. 나는 하나님의 사랑을 얻을 수 있다. 나 자신은 사랑받을 수 있는 존재가 될 수 있다. 나는 하나님의 은혜를 덧입기 위해서 무엇인가를 지불해야 한다. 나는 자유롭지 못하다. 나는 조종을 당하고 있다. 나는 책임적인 존재가 아니다. 나는 예정된 존재이기에 내가 무엇을 하든지 책임이 없다. 나는 자유로운 존재다.	세상은 아름답고 누릴 만한 곳이다. 세상은 끊임없이 나를 필요로 하며 해야 할 일이 많은 곳이다. 세상은 죄악으로 가득 차 있어서 늘 극복해야 할 투쟁의 대상이다. 세상은 한 번 스쳐 지나가는 정거장과 같은 곳이다. 세상은 자주 슬픔을 안겨다 주는 눈물의 골짜기이다. 세상은 구원할 가치가 없다.

예수님은 우리에게 하나님을 계시하시는 분이지만 자신의 정체성을 발견하고 하나님의 뜻을 분별하실 필요가 있었다. 예수님은 우리에게 하나님을 계시하시는 분이지만 역사 한가운데 계셨고, 역사에 의해서 영향을 받으셨다. 삼위일체 하나님은 자유롭게 우주를 창조하시고 그 창조 사역에 충실하시다. 삼위일체 하나님은 우리를 사랑하시고 감동케 하시고 격려하심으로써 우리의 영(靈) 안에서 역사하신다	하나님의 뜻을 이루느냐 이루지 못하느냐에 대해서 나에게 책임이 있다. 나는 하나님의 뜻을 배워야 하고 식별해야 한다. 그리고 충성스럽게 살기를 힘써야 한다. 내가 역사적인 상황 속에서 행하는 모든 일은 의미가 있다. 나는 삼위일체 하나님과 깊은 인격적인 교제의 삶으로 부름을 받고 있다. 나는 사랑을 받고 주는 사랑의 도구이다. 세상을 구원하시는 예수님의 구속 사역에 내가 참여하고 있다. 나는 우주의 중심이다. 세상의 문제의 중심에는 내가 서 있다.	나는 세상 역사 전개 방식에 책임이 있다. 세상 역사가 전개되고 있는 그 모든 방식에는 어떤 섭리가 도사려 있다. 삼위일체 하나님은 세상 안에서 일하고 계신다. 이 세상은 불의한 악의 구조로 가득 차 있지만, 또 한편으로는 하나님의 은혜가 가득 찬 곳이기도 하다. 삼위일체 하나님은 세상을 통하여 나를 사랑하신다.

원리와 기초 묵상

　자신의 영적 상태를 종합적으로 반추하기 위해서 로욜라의 이냐시오가 제시하는 '원리와 기초' 라는 묵상 자료를 음미하면서 영성 수련으로 진입한다. 이 묵상은 이 수련을 효과적으로 이끌어 가기 위한 기본적 자세이면서 동시에 그 수련 목적이다. 아래 문장 구조는 첫째는 인간을 이 땅에 보낸 목적을 보여 주고 있다. 둘째는 다른 피조물을 대하는 태도에 대해서 말하고 있다. 셋째는 인간의 기본적인 삶의 자세를 말하고 있다. 이 수련을 하는 동안 성령님의 인도를 잘 받기 위해서 마음이 좌로나 우로 치우치지 않은 중용적 마음이 필요하다. 여기서 말하는 중용은 어떤 기준이 있는 중용을 말한다. 그 기준이란 "창조된 목적 즉 보다 더 하나님께 영광을 위하여!"이다. 그 목적을 달성할 수만 있다면 질병과 건강, 빈곤과 부귀, 업신여김과 명예, 단명과 장수 이 모든 것이 같은 가치를 지닌다. 이러한 기준을 내면 안에서 깊이 성찰해 보고, 내면의 움직임을 잘 살펴서 그 문제를 가지고 주님과 투쟁도 벌이고 그분께 동의하며 감사와 찬양을 돌려 드릴 수 있다.

사람은 우리 주 하나님을 찬미하고 경외하고 섬기고, 그렇게 함으로써 자기 영혼을 구하기 위하여 지음받았다. 그 외에 이 땅 위에 있는 다른 모든 것들은 다 사람을 위하여, 즉 사람이 창조된 목적을 달성하는 데 도움이 되게 하기 위하여 지음받았다. 따라서 사람은 사물이 이러한 목적을 달성하는 데 도움이 되면 그만큼 그것을 이용할 것이고, 방해가 되면 그만큼 배척해야 할 것이다.
그러므로 만일에 피조물이 우리의 자유에 맡겨졌고 금지 아래 있지 않다면, 우리는 모든 피조물에 대해서 중용을 유지해야 한다. 즉 우리는 질병보다 건강을, 빈곤보다 부귀를, 업신여김보다 명예를, 단명보다 장수함을 더 좋아하지 말아야 할 것이다. 따라서 다른 모든 것에 대해서도 마찬가지이다. 우리의 유일한 욕망과 선택은 우리가 조성된 목적에로 보다 잘 인도하는 것이어야 한다."[31]

---

31) 『영신수련』 23.

첫째 주간[32]

준비 기도

나의 모든 의향과 행동과 노력이 하나님을 섬기고 그에게 영광이 되도록 해 달라는 은총을 간구한다(영신수련 46). 이 준비 기도는 앞으로 계속되는 수련에서 매번 동일하게 드려야 할 기도이다.

길잡이

기도할 자료가 볼 수 있는 사건을 구성하는 구체적 대상인지, 죄악 등과 같은 무형에 관한 것인지를 살펴본다. 만일 상상의 눈으로 볼 수 있는 유형의 것이라면 상상력을 사용하는 주님과의 만남을 시도할 것이고, 볼 수 없는 추상적인 무형의 것이라면 기억과 이성을 사용하는 추리 묵상을 할 것이다.

구할 은총

내 자신이 부끄러움을 느끼며 당혹감을 가질 수 있도록 은총을 간구한다(영신수련 48).

담화 기도

묵상 혹은 관상 기도로부터 빠져 나오면서 드리는 마무리 기도를 한다. 여기에서 드리는 담화는 상상으로 십자가에 못 박히신 예수 그리스도를 눈앞에 두고 다음과 같은 이야기를 나누는 것이다. 첫째, 나는 그리

---

[32] '주간'이라는 말은 한 주간 동안 다섯 번 기도하는 하나의 단위를 나타낸다. 일상 생활을 하면서 매일 하나의 기도 자료를 사용하여 한 차례씩 기도를 하게 된다. 그러면 일주일에 5일 동안만 기도하면 한 주간의 기도 자료가 완료된다.

스도를 위하여 무엇을 하였는가? 둘째, 나는 그리스도를 위하여 무엇을 하고 있는가? 셋째, 나는 그리스도를 위하여 무엇을 해야 하는가?

기도 자료

a) 아담과 이브의 원죄를 묵상한다(창 3:1-13).

내 주위에서 일어나는 갖가지 부정과 부패, 범죄를 떠올린다. 절도, 살인, 강도, 유괴, 사기단, 갖가지 산업체에서 쏟아져 나온 폐수와 매연으로 오염된 공기와 물, 사람들이 마구 쏟아 내는 쓰레기로 인하여 더러워진 환경, 권력층에 의해서 저질러진 갖가지 부정과 부패, 세계 평화라는 미명 아래 갖가지 무기를 팔고 있는 강대국의 위선과 횡포, 쾌락을 좇다가 자기의 몸과 마음을 망치는 어리석은 사람들, 백성을 억압하면서 부와 권력을 누리는 독재자와 악덕 기업가 등을 낱낱이 상상해 보면서 이 죄악의 근원이 무엇인지를 생각하며 아담과 이브가 저지른 원죄를 맛보고 경험한다. 즉 개인의 죄악, 사회적인 구조악, 그리고 인류의 보편적인 죄악을 통찰하면서 인간 내면 속에 깊이 묻혀 있는 아담과 이브의 원죄를 발견하고 체험한다.

b) 약 1:13-18

시험을 받는 것은 자신의 욕심으로부터 비롯되며, 그것이 곧 사망의 근원이 된다.

c) 롬 5:12-21(참고 마 10:21)

한 사람의 죄로 말미암아 세상에 죄가 들어왔고, 사망이 그 한 사람으로 말미암아 세상의 왕 노릇을 하게 되었다.

d) 반 복 (참고 겔 36:25-32)

e) 원죄에 대해서 종합하여 반추하기

둘째 주간

이 기도에서는 준비 시기의 "하나님의 은총의 역사 경험하기"에서 경험했던 것을 반복하는 느낌을 가지게 될 것이다. 형식상 유사한 점이 있지만 내용에 있어서는 전혀 방향이 다르다. 전자는 자기의 생애를 통하여 하나님의 사랑과 은총을 경험하는 것이라면, 여기서는 자기의 생애를 돌이켜보는 동안 하나님을 향한 배은망덕한 죄악의 역사를 관상하고 회개하고자 하는 과정이다.

준비 기도는 첫째 주간과 동일하다.

구할 은총
여기서는 자신의 죄에 대하여 크게 아파함과 통회의 눈물을 구한다(영신수련 55).

길잡이
자신의 생애를 시기별로 나누고 각각에 대해서 다음 사항을 고려하면서 자신의 삶의 역사를 성찰한다.
i) 지금까지 내가 살았던 장소와 집
ii) 내가 만나고 관계했던 사람들
iii) 내가 가졌던 직업

담화 기도
기도를 마치면서 지금까지 발견한 죄악된 삶으로부터 완전히 돌아서고자 하는 회개와 새롭게 되기 위해서 주님께 간구한다. 그리고 이제까지 죄악된 나의 삶을 지켜 주시고 보존해 주심을 감사한다.

기도 자료

a) 1-10살까지의 배은망덕한 삶의 역사

b) 11-20살까지

c) 21-30살까지

d) 31-현재까지

e) 그 이상

f) 내 죄의 무게를 달아 본다.

과정: 첫째, 모든 다른 사람들과 비교하여 나 자신이 얼마나 비천한 존재인가?

둘째, 앞서 간 신앙의 증인들과 비교하여 나는 얼마나 비천한 존재인가?

셋째, 나를 위해서 모든 수고를 아끼지 않으신 하나님의 사랑과 자비하심을 생각할 때 나는 얼마나 배은망덕(背恩忘德)한 사람인가?

넷째, 내 자신으로부터 뿜어 나오는 죄악의 독소와 그 뿌리는 무엇인가?

죄악의 뿌리의 예

*교만: 야망, 허풍, 이기주의, 고집, 독선 등

*탐욕: 인색함, 관대하지 못함, 명예심 등

*분노: 적대감, 무관심, 원망, 불만 등

*시기: 중상, 모략, 음모, 핍박 등

*나태함: 적당주의, 핑계, 속임수 등

*음욕: 성적 호기심, 음란한 일에 대한 관심, 음란한 농담, 음란한 몸짓 등

셋째 주간

준비 기도와 **구할 은총**은 전과 동일하다.

첫째·둘째 주간에서 했던 기도를 반복하면서 주님께 **담화 기도**를 드린다.

i) 헛되고 세속적인 일로부터 벗어나기 위해서 세속적인 속성이 무엇인가를 깨달을 수 있도록 간구한다.
ii) 내가 보통 행하는 행동 속에 숨겨져 있는 죄악된 습성을 깨닫고, 그것으로부터 벗어나 나의 생활을 바로잡을 수 있도록 간구한다.
iii) 나의 죄를 진심으로 깨닫고 미워할 수 있도록 간구한다(영신수련 63).

넷째 주간

지옥에 대한 묵상 (영신수련 65)

준비 기도는 전과 동일하다.

구할 은총

죄악된 습성과 행위로부터 완전히 벗어나기 위해서 지옥 형벌의 두려움과 심각성을 절실히 느끼게 해 달라고 구한다.

기도 자료

a) 우리가 살고 있는 사회 속에서 일어나고 있는 지옥의 현상을 찾아 내고 냄새를 맡아 본다. 원죄 묵상을 할 때 경험했던 사회악, 구조악으

로 인하여 빚어진 불행한 일을 생각한다. 갖가지 공해로 말미암아 많은 사람들이 질병과 죽음의 공포 속에서 살고 있다. 부정과 부패를 저지른 후 그것이 발각되어 부끄러워하는 사람들의 모습을 본다. 소외감과 혼돈과 절망 가운데서 신음하는 사람들의 모습을 본다. 의미를 느끼지 못하고 살아가는 사람들의 허무와 고통의 맛을 느껴 본다. 가정 불화로 인해서 고통을 겪는 현장을 들여다본다. 그 안에서 이미 지옥과 같은 삶을 경험하고 있는 부부와 그들의 자녀를 상상해 본다. 불치병에 걸려 죽음의 공포 가운데 시한부적인 삶을 살아가고 있는 사람들의 마음을 읽어 본다. 이러한 일들이 영원히 끊이지 않고 지속된다면 그것이 곧 유황불로 이글거리는 지옥과 같은 곳이다.

b) 눅 16:19-31: 한 부자가 지옥에 떨어져 벗어날 수 없는 고통을 겪고 있다.

c) 롬 1:18-25: 하나님의 영광을 썩어질 금수와 우상으로 바꾸며, 피조물을 조물주보다 더 경배하고 섬김으로 저희 몸을 서로 욕되게 함.

d) 롬 1:26-32: 하나님 두기를 싫어함으로써 야기되는 갖가지 악덕, 즉 불의, 추악, 탐욕, 시기, 살인, 분쟁, 사기 등.

e) 마 25:31-46: 마지막 심판 때 겪는 수치와 절망, 즉 마귀와 그 사자들을 위하여 예비된 영영한 불에 들어감.

*개인의 죄의 회개를 위하여 더 필요한 경우: 마 22:1-14; 눅 13:6-9; 계 2:1-7

다섯째 주간

준비 기도는 전과 동일하다.

구할 은총: 깊은 회개와 용서의 체험과 새로운 마음을 구한다.

a) 시 51편, 겔 37:1-14: 내 속에 정한 마음을 창조하시고 내 안에 정직한 영을 새롭게 하소서. 하나님의 구하시는 제사는 상한 심령이라. 상하고 통회하는 마음을 주께서 멸시치 아니하시리이다.
b) 눅 15: 1-24: 아버지는 참회하고 돌아오는 둘째 아들을 기쁘시게 받으셨다.
c) 눅 7:36-50: 향유를 붓고 눈물로 회개하는 죄인인 한 여인을 용서하시고 받으시는 예수님.
d) 요 8:2-11: 간음 중에 잡힌 여인을 사람들은 질시하고 정죄하였으나 예수님은 그 여인을 용서하시고 받으셨다.
e) 반 복

여섯째 주간

성령과 악령이 어떻게 영혼 안에서 작용하는지를 이해하고, 영성적 위로와 영성적 고독을 식별하기 위해서 분별 규범을 익힌다(영신수련 313-327).

3. 그리스도의 생애와 함께 기도하기

　회개의 과정을 통하여 그리스도의 사랑과 용서의 은총을 경험한 수련자는 그리스도와 함께 하는 삶을 열망하게 된다. 그분을 따른다는 것이 무엇인지를 배우기 위하여 그리스도의 생애를 맛보고자 한다. 우리의 일과 그리스도의 나라를 성취한다는 것과의 혼돈을 일소하고 그리스도와 함께 일한다는 것이 무엇인지를 분명히 하기 위해서 예수 그리스도의 일생을 관상하게 한다. 그것을 통하여 수련자는 자신의 마음의 성향을 주님의 뜻과 맞추기 위해서 자신을 포기하는 훈련을 하게 된다. 그래서 마침내 우리 마음은 그분의 진리의 빛에 노출되고 조명을 받게 된다.
　여기서 주어진 기도 자료는 모두 복음서에 나타난 말씀이다. 말씀으로 기도한다는 것은 그 말씀이 전해 주는 어떤 의미나 교훈과 만나자는 것이 아니라, 그 말씀 안에서 활동하고 계시는 예수님과 만나고 그분과 인격적인 교제를 나누고자 함이다. 그러므로 어떤 내용의 말씀으로 기도를 하든지 그 말씀 안에 드러나신 인간이 되신 예수님께 초점을 맞추어 기도를 전개해 가도록 한다.

그리스도의 나라 묵상: 조명의 과정에 진입하기 위하여 '그리스도가 통치하는 나라'를 관상함(영신수련 91-100).

주 제

그리스도가 지향하는 하나님 나라가 무엇인지를 관상하고 그 나라를 성취하기 위해서 그리스도께서 어떻게 나를 부르고 계시는지, 나는 어떤 방식으로 응답해야 하는지를 깨닫고자 한다. 이 기도는 앞으로 기도가 어떻게 나아갈 것인지에 대한 방향을 제시한다.

준비 기도는 전과 동일하다.

구할 은총

하나님의 부르심에 대해서 민감해지고, 그분의 거룩하신 뜻을 완성하고자 하는 내적인 열망을 구한다.

기도 자료

a) 예수 그리스도는 나에게 누구이신가?(요 5:1-14; 요 10:1-18; 눅 11:11-13)
b) 예수 그리스도는 세상을 위해서 무슨 일을 하셨는가?(마 9:35-38; 눅 4:14-19)
c) 예수 그리스도는 나를 어떻게 부르시는가?(막 8:34-38; 마 5:10-12)
　　세상의 왕이 자신의 왕국을 세우기 위해서 나를 신하로 부르는 장면을 상상한다. 한 나라의 신하라면, 그와 더불어 누릴 왕국을 생각하면서 충성을 다할 것을 다짐하고 그를 따를 것이다. 하물며 영원하신 임금 예수 그리스도가 당신의 영원한 나라를 세우기 위해서 우리를 부르신다면 우리는 얼마나 황송하게 응답하고 그를 따라야 할 것인지를 상상하고 느껴 본다. 그러나 이를 위하여 얼마나 많은 수고와 희생과 헌신이 수반되어야 하는지를 생각하면서, 그것에 대해서 나의 마음이 어떻게 반응하는지를 살펴본다. 그리고 그 반응을 기초로 해서 주님과 대화하면서 어떤 결단에 이르도록 한다.

d) 결단의 기도를 작성한다(영신수련 98). 다음은 한 예이다.

"모든 만물의 주인 되신 영원하신 주여, 당신의 은혜와 도우심을 힘입어 무한히 선하시고 인자하신 당신의 존전 앞에 나 자신을 드립니다. 내가 당신께 보다 큰 섬김과 찬양을 드릴 수 있다면, 그러한 일을 위하여 나를 선택해 주시고 받아 주신다면 나 기꺼이 주님을 따르겠습니다. 온갖 모욕과 업신여김과 실제적 가난이건 정신적 가난이건 주님을 본받는 것이라면 기꺼이 감수하기를 자발적으로 고백하나이다."

첫째 주간: 그리스도의 탄생의 신비 관상

준비 기도는 전과 동일하다.

구할 은총

나를 위하여 사람이 되신 우리 주 예수 그리스도를 더욱 사랑하고 더욱 가까이 따를 수 있도록 그를 더 잘 알게 해 달라고 구한다.

기도 자료

a) 성육신하시기 전에 영원 속에 계신 삼위일체 되신 하나님을 깊이 숙고하고 관상한다. 특별히 삼위의 하나님이 지상을 바라보시면서 얼마나 당신의 백성들을 사랑하시고 불쌍히 여기셨는가를 생각한다(요일

1:1-4; 요 1:1-4; 13-18).

b) 지상에서 사람들이 어떻게 행하고 있었는지를 상상해 보고, 특히 나사렛에서 무슨 일이 벌어지고 있었는지를 관상한다. 지상에서는 성공한 사람이 있는가 하면 패배 가운데서 좌절해 있는 사람, 평화 중에 있는 사람, 전쟁 중에 불안해하는 사람, 웃는 이가 있는가 하면 슬픔 가운데 우는 이도 있다. 건강한 사람이 있는가 하면 병든 자도 있다. 태어나는 사람이 있는가 하면 죽는 사람도 있다. 이 때 한 천사가 나사렛에 살고 마리아라는 한 여인의 집을 방문한다(눅 1:26-38).

c) b)를 반복한다.

d) 눅 2:1-7: 베들레헴에서 머물 곳이 없는 마리아는 구유에서 아기 예수를 탄생시킴.

e) 반복

둘째 주간

준비 기도와 **구할 은총**은 전과 동일하다.

기도 자료

a) 눅 2:8-20: 들에서 양 떼를 지키던 목자들은 천사로부터 그리스도가 탄생하실 것을 전해 듣고 그들은 구유에 누이신 아기 예수를 경배하는 첫 사람들이 되었다.

b) 눅 2:22-39: 메시야가 나타날 것을 고대하며 성전에서 평생을 기도로 보냈던 제사장 시므온과 안나가 아기 예수님을 품에 안고 구원과 자유함을 맛보았다.

c) 마 2:13-18: 헤롯 왕의 살해 위협을 피하여 천사의 인도를 따라 애굽

으로 피신하신 예수님.
d) 반 복
e) 반 복

셋째 주간: 감추어진 생애의 신비

준비 기도와 **구할 은총**은 전과 동일하다.
공생애 이전의 예수님의 삶의 발자취는 매우 모호하다. 그러나 예수님은 역사 속에 계신 한 인간이었기에 보통 사람들이 겪는 성장 과정을 겪었을 것이다. 성경 속에 나타난 몇 가지 특별한 사건을 중심으로 예수님의 공생애 이전의 감추어진 생애를 관상하고 경험한다.

기도 자료

a) 마 2:19-23: 예수님의 10대 이하를 관상의 대상으로 한다. 애굽의 피난으로부터 돌아온 후 나사렛에서의 소년 시절을 관상의 자료로 한다. 수련자는 그 시대의 예수님의 친구가 되어 예수님을 경험해 본다.
b) 눅 2:41-50: 예수님의 20대 이하를 관상의 대상으로 한다. 열두 살 때 예루살렘 성전을 순례하는 동안 제사장들이 놀랄 만한 담화를 나눈 예수님을 관상한다. 수련자는 그 시대의 예수님의 친구가 되어 예수님을 경험할 수 있다.
c) 눅 2:51-52: 예수님의 20대부터 공생애 이전까지를 관상의 대상으로 한다. 가정을 돌보며 동시에 그 시대를 바라보며 번민하며 기도하면서 공생애를 준비하시는 예수님을 관상한다. 수련자는 그 시대의 예수님의 친구가 되어 예수님을 경험할 수 있다.
d) 반 복

e) 반 복

넷째 주간: 그리스도의 기준과 사탄의 기준에 대한 묵상. 영성 식별을 위한 연습이다.

구체적이고 실제적인 삶의 자리에서 주님의 부르심에 대해서 귀를 기울이고 마음을 열어 놓으면 놓을수록, 부와 명예와 자만에 대한 욕구가 끊임없이 유인하는 것을 경험한다. 그럼에도 불구하고 우리는 그리스도를 보다 효과적으로 닮아 가기 위해서 우리가 누리며 소유하고 있는 그런 것들보다 더욱 주님을 의지하기를 소원해야 할 것이다.

준비 기도는 전과 동일하다.

구할 은총
그리스도의 방식과 사탄의 방식 즉 선과 악의 정체를 분명하게 인식하고, 그것들을 선택하고 저항할 수 있는 용기를 구한다. 그리고 예수 그리스도께서 보여 주신 참된 가치 체계와 참된 생명의 지식에 익숙하여 그분을 더욱 효과적으로 닮기를 구한다.

담화 기도
성부, 성자, 성령이신 주님께 담화 기도를 드리면서 기도를 끝낸다. 주님의 가치를 따르고 그 뜻을 선택하고 받아들일 수 있도록 완전한 마음의 청빈을 간구한다. 심지어 그리스도를 보다 잘 본받기 위해서 실제적인 가난과 멸시와 모욕까지도 감수할 수 있는 힘을 구한다(영신수련 147 참고).

기도 자료

a) 사탄의 작전을 관상한다(벧전 5:8-9). 곳곳에서 자기의 부하를 만들기 위해서 사람들로 하여금 자신의 가치관과 전략을 받아들이게 하는 사탄의 모습을 상상한다. 그 사탄은 정치, 경제, 사회, 문화, 종교 곳곳에서 활동하고 있다. 그의 전략은 사람들이 눈치챌 수 없을 정도로 매우 교묘하다. 그러나 공개적으로 드러내는 공통적인 특성은 대개 부귀를 탐하게 하고, 세상의 헛된 영광을 추구하도록 하며, 그리고 마침내 오만에 떨어지도록 한다.

b) 예수 그리스도의 방식을 관상한다(마 28:18-20; 막 8:31-34). 예수 그리스도도 그리스도의 나라를 세우기 위해서 그분을 따를 제자들을 모으신다. 사회의 모든 영역에서 그리스도의 나라를 세우기 위해서 각 사람들을 부르시는데, 이 직무를 수행하는 동안 치러야 할 많은 수고와 희생이 있다. 부귀보다는 가난을, 세속적인 명예보다는 업신여김과 모욕을, 오만한 자세보다는 겸손을 요구한다.

c) 막 6:17-29: 헤롯은 의롭고 거룩한 세례 요한을 자신의 관능적인 즐거움과 명예와 권력의 제물로 삼는다.

d) 눅 6:20-26: 예수님을 따른다는 것이 무엇인지를 핵심적으로 말하고 있다. 예수님을 따르는 동안 가난할 수도 있고, 주릴 수도 있고, 핍박을 받을 수도 수 있으나 그것은 저주가 아니라 복이다.

e) 네 번의 기도를 돌이켜보면서 수동적으로 감각적인 맛을 본다. 즉 보고, 듣고, 맛보고, 냄새를 맡아 보고, 느끼면서 사탄의 방식과 그리스도의 방식 즉 선과 악의 정체가 선명하게 드러나는 것을 경험한다.

다섯째 주간

우리가 처해 있는 사회적 지위, 건강 상태, 재정 상태, 가족 상황, 재능 정도에 맞도록 주님은 우리를 부르신다. 그러므로 각 사람은 자기의 사정에 맞도록 그리스도의 나라의 일꾼으로 나서기를 결단해야 한다.

준비 기도는 전과 동일하다.

구할 은총
이 시점에서 결단을 요구하는 나의 환경에 대한 깊은 인식과 깨달음을 구하고, 동시에 하나님의 뜻과 나의 영적인 진보에 크게 유익이 되는 것을 선택할 수 있는 은혜를 구한다.

담화 기도
여섯 번째 주간과 동일하다.

기도 자료
* 세 가지 유형의 사람들이 있다. 그들은 얼마간의 재물이 있다. 그들 모두는 이 재물에 대한 집착에서 자유로워지기를 바라고 있다. 첫번째 유형의 사람은 집착을 벗어 버리기를 바라면서 자신에게 늘 이렇게 말한다. "언젠가는 집착을 벗어 버리기 위해서 무슨 수를 써야 할 텐데…" 그러나 이 사람은 결코 아무 일도 하지 못한 채 죽음을 맞이한다.
* 두 번째 유형의 사람은 집착을 벗어 버리기 원하면서 그 재물을 어떻게 좋은 일에 쓸 수 있을까를 생각하기 시작한다. 그러나 하나님께 나아가는 데 방해가 되는 집착에서는 완전히 벗어나지 못한다. 하나님이 원하시는 방향으로 움직이기를 바라기보다는 자신이 원하는 방향으로 하나님이 자신을 움직여 주기를 바란다.

* 세 번째 유형의 사람은 집착을 벗어 버리기 원하면서 그 돈을 계속 가져야 할지 말아야 할지에 대해서 하나님의 뜻을 찾는다. 성급하게 재물을 포기하거나 투자하지 않는다. 그의 유일한 관심은 하나님을 보다 잘 받들어 섬기는 일에만 관심이 있기에 그 사람은 마치 재물을 전혀 가지지 않은 것처럼 행동한다. 오직 하나님께 영광이 되는 방향에 따라 그 재물을 취하거나 포기할 준비가 되어 있다.

a) 내가 전에 전혀 만나 본 적이 없는 낯선 사람이 내 앞에 서 있는 것을 상상한다. 그 사람은 위에서 보여 준 것처럼 자기가 가진 어떤 집착(물질에 대한 집착, 직업에 대한 집착, 생활 습관에 대한 집착, 명예에 대한 집착, 가족에 대한 집착 등)에서 벗어나고자 하는데, 적합한 충고를 원한다. 그 때 나는 어떤 충고를 해 줄 수 있는가? 위의 세 종류의 사람들을 고려하면서 그리고 지금까지 영성 수련을 해 오면서 얻었던 은총을 바탕으로 적합한 충고를 해 준다. 그리고 그것에 대해서 주님께 말하면서 지혜로운 충고인지를 확인한다.

b) 지금부터 수 년 후 혹은 수십 년 후 죽음의 문턱에 서 있는 나 자신을 상상해 본다. 그리고 그 시점에서 내가 집착하고 있는 그것에 대해서 생각한다. 그것이 직업이든, 생활 습관이든, 가족이든, 물질이든, 명예든 상관없이 그것에 대해서 어떤 태도를 취해야 할 것인지를 결정해 본다. 그리고 그 결정에 대해서 주님과 이야기해 본다.

c) 눅 18:18-30: 한 부자가 영생을 갈망하여 예수님께 나왔지만 그가 가진 많은 재물로 인하여 영생의 길로 결단하는 데 실패하고 있다.

d) 눅 12:13-21: 한 어리석은 부자가 창고에 소출을 풍성히 채우고 마시고 즐거워하지만 그 재물이 그 생명을 언제까지나 지켜 주지는 못한다. 오히려 그 재물은 하나님께 대하여 부요케 하는 데 실패하게 한

다.

e) 반 복

여섯째 주간

준비 기도는 전과 동일하다.

구할 은총

나를 위하여 사람이 되신 우리 주 예수 그리스도를 더욱 사랑하고 더욱 가까이 따를 수 있도록 그를 더 잘 알게 해 달라고 구한다.

기도 자료

a) 마 3:13-17: 예수님이 집을 떠나 세례 요한으로부터 세례를 받으시면서 공생애를 시작하셨다.

b) 마 4:1-11 (눅 4:1-13): 예수님이 본격적으로 공생애를 시작하시기 전에 광야에서 시험을 받으셨다.

c) 눅 4:16-30: 예수님이 은혜의 해를 선포하시기 위해서 오셨지만 고향 나사렛에서는 예수님을 거부했다.

d) 반 복

e) 오관을 활용한 관상[33]

---

[33] 로욜라의 이냐시오는 오관의 적용(application of senses)이라고 하는데, 이는 내적으로 보고, 듣고, 냄새 맡고, 맛보고, 느끼고 하는 등, 내적인 감각을 통해서 그 동안 해 왔던 기도를 내면화하는 작업이다. 위의 네 번의 기도(하루 동안의 기도, 혹은 지난 한 주간 동안의 기도)로부터 얻은 통찰력과 은총을 조용히 그리고 수동적인 상태에서 내면 안으로 스며들도록 하는 것이다. 이것은 오관을 활용하여 종합적으로 영성적인 유익을 얻기 위한 기도이다. 『영신수련』 121-125 참고.

일곱째 주간

준비 기도와 **구할 은총**은 전과 동일하다.

기도 자료

a) 눅 5:1-11: 게네사렛 호숫가에서 예수님은 베드로를 부르셨고 그는 즉시 모든 것을 버리고 예수님을 좇았다.
b) 요 2:1-11: 예수님은 어머니 마리아의 요청에 따라서 가나의 혼인 잔치에서 물로 포도주를 만들어 주심으로써 흥이 깨져 가는 잔치 자리에 흥을 돋우어 주셨다.
c) 요 1:35-42: 요한을 따르던 두 제자들(그 중 한 사람이 시몬 베드로의 형제 안드레)이 예수님을 따르게 되었다.
d) 반 복
e) 오관을 활용한 관상

여덟째 주간

준비 기도와 **구할 은총**은 전과 동일하다.

기도 자료

a) 눅 7:1-10: 자기 종을 사랑하는 마음으로 예수님의 도움을 요청했던 백부장의 믿음을 보시고 예수님이 크게 칭찬하셨다.
b) 막 5:25-34: 열두 해 동안 혈루증으로 고통당하던 한 여인이 예수님의 옷자락을 만짐으로써 고침을 받았다.
c) 눅 10:38-42: 예수님은 분주한 마르다보다는 예수님의 말씀을 조용히

경청하는 마리아를 칭찬하셨다.
d) 반 복
e) 오관을 활용한 관상

아홉째 주간

준비 기도와 **구할 은총**은 전과 동일하다.

기도 자료

a) 눅 6:1-11: 바리새인들과의 안식일 논쟁에서 예수님은 자신이 안식일의 주인이라고 하시면서 안식일의 진정한 의미를 일깨워 주셨다.

b) 요 2:13-22: 예수님은 성전을 장사꾼의 소굴로 만든 것에 대해서 분노하시면서 성전을 정화하시고 자신을 성전으로 비유하셨다.

c) 마 14:13-22 (막 6:31-44): 예수님은 큰 무리를 불쌍히 여기사 그들을 가르치시고 보리떡 다섯 개와 물고기 두 마리로 오천 명을 먹이셨다.

d) 반 복

e) 오관을 활용한 관상

열째 주간

준비 기도와 **구할 은총**은 전과 동일하다.

기도 자료

a) 마 14 22-33: 예수님은 밤중에 풍랑을 만나 고난을 당하고 있는 제자들에게 바다 위로 걸어오셔서 두려워하는 제자들 앞에서 바람을 잔잔

케 하셨다.
b) 마 8:23-27: 배 위에서 주무시던 예수님은 풍랑을 만나 두려워하는 제자들에게 믿음 없음을 꾸짖으시고 풍랑을 잔잔케 하셨다.
c) 막 6:7-13 (혹은 마 10:5-15): 예수님은 열두 제자들에게 권세를 주시고 복음을 전파하게 하시기 위해서 그들을 곳곳으로 파송하셨다.
d) 반 복
e) 오관의 활용

열한 번째 주간

준비 기도와 **구할 은총**은 전과 동일하다.

기도 자료

a) 요 11 : 1-44 : 나사로가 죽음에서 살아나게 된 그 사건 자체에 초점을 두거나, 예수님과 마리아와 마르다와의 대화와 나사로가 예수님으로 말미암아 죽음에서 살아나게 된 것 등으로 나누어 기도할 수 있다.
b) 마 26 : 6-16: 귀한 향유를 예수님의 머리에 부을 만큼 예수님을 사랑했던 마리아와 그것을 아깝게 여기는 가롯 유다.
c) 마 17 : 1-8: 베드로와 야고보와 요한이 변화산에서 모세와 엘리야가 예수님과 더불어 담론하는 것을 목격하고 예수님이 어떠한 분이심을 새롭게 확인하게 되었다.
d) 반 복
e) 오관을 활용한 관상

열두 번째 주간: 선택과 영성 식별 연습

4. 예수님의 수난·죽음과 함께 기도하기

주님의 공생애의 신비를 관상해 오던 수련자는 이제 무엇이 주님을 따르는 것인가를 내적인 체험을 통하여 확인한 상태이다. 주님의 부르심을 받고 있는 것을 인식하고 선택적인 결단을 한 수련자는 이제 하나님 나라를 세우기 위해서 그리스도와 함께 갈보리산까지 가고자 하는 열망을 가지게 된다. 그리스도가 겪었던 수난과 죽음이 오더라도 기꺼이 따르겠다는 일치의 결단이 있는 과정이다.

첫째 주간

준비 기도는 전과 동일하다.

구할 은총
주님이 나를 위해서 겪으신 고난으로 인하여 깊은 슬픔과 눈물 가운데 있는 예수님과 더불어 슬퍼하고 부끄러워할 수 있는 은총을 구한다.

기도 자료

a) 마 21:1-11: 예수님이 나귀 새끼를 타시고 예루살렘을 입성하셨다.

b) 마 26:17-30: 예수님이 제자들과 마지막 만찬을 드시고 가룟 유다가 예수님을 팔 것을 예언하셨다.

c) 요 13:1-17: 예수님이 제자들의 발을 씻기시고 어떻게 행할 것을 명하셨다.

d) 반 복

e) 오관을 활용한 관상

둘째 주간

준비 기도와 **구할 은총**은 전과 동일하다.

기도 자료

a) 마 26:36-46: 예수님이 겟세마네 동산에서 피땀 흘려 기도하시면서 아버지의 뜻을 구하고 마침내 고난에로 나아가셨다.

b) 마 26:47-56: 예수님이 가룟 유다의 안내로 대제사장의 하수인들에게 체포를 당하시고 제자들은 모두 도망 갔다.

c) 요 18:12-27 (마 26:57-75): 예수님은 베드로에게 배반을 당하시고 대제사장에게 심문을 받으셨다.

d) 반 복

e) 오관을 활용한 관상

셋째 주간

준비 기도와 **구할 은총**은 전과 동일하다.

기도 자료

a) 눅 22:66-71: 장로들과 대제사장들과 서기관들은 공회에 모여 예수님을 죄인으로 세울 구실을 찾아 심문하는 중 예수님은 자신이 하나님의 아들임을 공개적으로 드러내셨다.

b) 요 18:28-40: 빌라도가 예수님에게 죄를 정하지 못하는 동안 예수님은 스스로 고난을 당하고 있음을 천명하셨고 백성들은 예수님에게 사형 언도를 내리도록 빌라도를 위협했다.

c) 요 19:1-16: 빌라도는 예수님에게서 어떤 죄도 찾지 못하고 번민하면서 예수님을 놓아 줄 구실을 찾지만 유대인들의 거센 반발과 위협 때문에 결국 예수님을 십자가에 못 박도록 넘겨 주었다.

d) 반 복

e) 오관을 활용한 관상

넷째 주간

준비 기도와 **구할 은총**은 전과 동일하다.

기도 자료

a) 마 27:26-31: 총독의 군병들이 예수님을 희롱하며 홍포를 입히고 십자가에 못 박으려고 끌고 나갔다.

b) 눅 23:26-49: 예수님이 십자가에 못 박히시고 양쪽에 못 박힌 두 행악자 중 왼쪽에 있는 행악자로부터 구원 요청을 들으셨고 그리고 자신의 영혼을 아버지께 부탁하고 운명하셨다.

c) 요 19:23-30: 군병들은 제비를 뽑아 예수님의 옷을 나누어 가졌고, 예수님은 사랑하는 제자에게 어머니를 부탁하시고 "다 이루었다" 말씀하시고 돌아가셨다.
d) 반 복
e) 오관을 활용한 관상

다섯째 주간

준비 기도와 **구할 은총**은 전과 동일하다.

기도 자료

a) 눅 23:50-56: 공회 의원인 요셉이 예수님의 시체를 가져다가 자기의 묘실에 장사지내고 예수님을 따르던 여자들이 예수님의 시체를 확인하고 돌아갔다.
b) 사 52:13-53: 12: 예언자는 예수님이 십자가에 못 박히시어 어떻게 고난당하실 것을 예언하였다.
c) 막 14:12-72: 예수님의 수난의 전반부를 전체적으로 관상한다.
d) 막 15:1-47: 예수님의 수난의 후반부를 전체적으로 관상한다.
e) 오관을 활용한 관상: 마리아의 입장에서 예수님의 수난을 전체적으로 관상함으로써 고난당하신 주님과 더불어 머무른다.

5. 예수님의 부활·영광과 함께 기도하기

지난 과정에서 수련자는 주님의 수난의 고통을 깊이 경험했을 것이다. 이제는 엄청나게 대조가 되는 부활 사건으로 넘어가고 있으나, 그것은 그리스도와 더불어 수난의 길을 함께 걸을 때 얻을 수 있는 약속된 승리라는 점에서 일관성을 지닌다. 이 과정은 새로운 날을 시작하는 새벽부터 시작하는 것이 좋겠다. 지난 밤은 마치 주님과 더불어 무덤에 머물렀던 슬프고 고통스러운 기나긴 밤이었으나, 새 날이 밝으면서 무덤은 열리고 주님의 부활과 영광의 빛이 수련자의 영혼 속에 환히 다가온다. 이 기쁨과 환희는 이전의 주님의 수난과 얼마나 깊이 동행했는가에 따라서 그 정도가 달라질 것이다. 이 과정에 들어선 이들은 이제 주님의 부르심이 무엇이든지 간에 기꺼이 순종할 준비가 되어 있다.

첫째 주간

준비 기도는 전과 동일하다.

구할 은총

우리 주 예수 그리스도의 부활의 영광과 기쁨에 대해서 마음으로부터 깊이 즐거워하고 기뻐하는 은총을 구한다.

기도 자료

a) 마리아에게 나타나신 부활하신 예수님을 관상하기: 성경에는 나타나지 않지만 육신의 어머니인 마리아는 누구보다도 깊은 시름 가운데 지난 며칠을 지냈다. 예수님 자신도 누구보다도 사랑하는 어머니의 아픔을 잘 헤아렸을 것이고, 그래서 마리아에게 가장 먼저 나타났음 직하다. 이 점에 착안하여 수련자는 근심하는 마리아와 함께 있는 동안 부활하신 예수님을 가장 먼저 목격하게 된다.

b) a)를 반복하기

c) 막 16:1-11: 안식 후 첫날 예수님의 시신에 바를 향품을 준비해 간 여인들이 부활하신 예수님을 목격하고 그 사실을 예수님과 함께 하던 사람들에게 전했으나 믿지 않았다.

d) 반 복

e) 오관을 활용하여 관상하기

둘째 주간

준비 기도와 **구할 은총**은 전과 동일하다.

기도 자료

a) 요 20:1-10: 안식 후 첫날 막달라 마리아가 예수님의 무덤이 열린 것을 목격하고 그 사실을 제자들에게 알렸고, 베드로도 무덤이 열리고

예수님의 시신을 쌌던 수건과 세마포가 놓여 있는 것을 목격했고 다른 제자들도 그 사실을 목격했다.

b) 요 20:11-18: 마리아가 예수님의 시신이 없어진 것을 보고 울고 있을 때, 부활하신 예수님이 그 여인에게 나타나셨고, 그 여인은 이 사실을 제자들에게 전하였다.

c) 눅 24:13-35: 절망 가운데 엠마오로 내려가던 두 제자가 도상에서 부활하신 예수님을 만나게 되었고, 그들은 즉시 예루살렘으로 돌아가 제자들에게 그 사실을 알렸다.

d) 반 복

e) 오관을 활용하여 관상하기

셋째 주간

준비 기도와 **구할 은총**은 전과 동일하다.

기도 자료

a) 눅 24:36-48: 제자들이 모여 있는 곳에 예수님이 나타나셔서 자신의 손과 발을 보이시고 먹을 것을 달라 하여 드셨다. 그리고 이 모든 사실에 대하여 제자들이 증인 됨을 확인하셨다.

b) 요 20:24-29: 의심 많던 도마에게 예수님이 손과 발의 못자국을 확인시켜 주셨고, 비로소 도마는 '나의 주 나의 하나님' 이라고 고백하게 되었다.

c) 요 21:1-17: 일곱 제자들이 디베랴 바다로 돌아가 고기잡이를 하고 있을 때 부활하신 예수님이 그들에게 나타나셨고, 특별히 베드로를 불러 사랑을 확인하셨다.

d) 반 복

e) 오관을 활용하여 관상하기

넷째 주간

준비 기도와 **구할 은총**은 전과 동일하다.

기도 자료

a) 마 28:16-20: 예수님이 승천하시기 직전에 제자들을 불러 모든 족속으로 제자로 삼을 것을 명하시고 세상 끝날까지 함께 하시겠다고 약속하셨다.

b) 행 1:1-11: 예수님은 제자들에게 예루살렘을 떠나지 말고 성령이 임하기를 기다리고, 그래서 증인이 되기를 부탁하신 후에, 그들이 지켜보는 가운데 하늘로 승천하셨다.

c) 행 2:1-13: 오순절이 이르매 마가의 다락방에 급하고 강한 불의 혀 같은 성령이 임하였고, 그 곳에 모인 모든 사람들이 성령을 받고 방언을 말함으로써, 각각 다른 나라에서 모여든 사람들을 놀라게 하였다.

d) 반 복

e) 오관을 활용하여 관상하기

다섯째 주간: 사랑을 얻기 위한 관상(Contemplation to Gain Love)[34]

이번 주간의 기도는 그 동안 해 왔던 훈련 전체를 요약하는 과정이다.

---

34) 『영신수련』 230.

특별히 우리를 향하신 하나님의 사랑이 어떠한 것인지를 전체적으로 맛보고 내면화하는 작업이다. 사랑이란 서로 무엇을 주고받는 속성이 있다. 그렇다면 하나님과 그의 피조물(특히 나 자신)이 어떠한 사랑으로 주고받았는지를 나 스스로 깨닫고 나 자신을 드리는 결단을 한다.

준비 기도는 전과 동일하다.

구할 은총

하나님께로부터 받은 무수한 은혜를 진심으로 깊이 알기를 구한다. 그 모든 은혜를 앎으로 인해서 모든 곳, 모든 일에서 하나님을 사랑하고 섬길 수 있도록 하기 위함이다.

기도 자료

"주여 나를 받으소서." : "주여 나를 받으소서. 나의 모든 자유와 나의 기억력과 지력과 모든 의지와 내게 있는 것과 내가 소유한 모든 것을 받아들이소서. 당신이 내게 이 모든 것을 주셨나이다. 주여 그 모든 것을 당신께 도로 드리나이다. 모든 것이 다 당신의 것이오니, 온전히 당신의 의향대로 그것을 처리하소서. 내게는 당신의 사랑과 은총을 주소서. 이것이 내게 족하나이다."[35]

a) 정화의 과정에서 얻었던 주님의 사랑을 회상한다. 사랑받는 죄인으로서 내게 베풀어 주신 구속의 은혜를 생각하고 이제 나 자신도 주님을 사랑하며 그분께 모든 것을 바치겠다는 열망을 일으키면서 "주여 나

---

35) *The Spiritual Exercises* 234 후반부.

를 받으소서."라는 기도를 드린다(참고 말씀: 롬 8:17; 고후 4:5-14; 엡 1:3-14; 영신수련 234).

b) 조명의 과정을 통하여 주님과 어떻게 가까워졌고, 그분과 더불어 사는 것이 무엇인지, 그리고 그분이 어떻게 나를 부르고 계셨는지를 회상한다. 하나님께서 스스로 인간이 되셔서 피조 세계 안으로 들어오셨다. 33년 동안 사람이 되셨고 또한 오늘 우리와 함께 계시고 가르치시고 부르신다. 이제 그분이 자신을 나에게 어떻게 주고 계시는가를 깨달았다. 나도 그분의 사랑에 기꺼이 응답하고자 하는 열망을 가지면서 "주여 나를 받으소서."라는 기도를 드린다(참고 말씀: 요 1:1-18; 롬 8:11-17; 영신수련 235).

c) 주님의 수난과 함께 하는 일치의 과정을 통해서 얻은 주님의 사랑을 회상한다. 주님은 나를 구원하시기 위해서 얼마나 애쓰고 수고하셨는지를 생각하면서 다함없는 그분의 사랑을 떠올린다. 그리고 이제 그의 나라를 위해서 나도 나 자신을 드리면서 수고를 아끼지 않으리라는 열망으로 "주여 나를 받으소서."라는 기도를 드린다(참고 말씀: 요 3:16-17; 히 1:1-6; 고후 5:17; 영신수련 236).

d) 주님의 부활과 영광에 참여한 경험을 회상한다. 주님은 부활하심으로 말미암아 성령으로 우리를 위로하시고 보살피시고 충만케 하신다고 약속하셨다. 모든 정의와 선한 것과 아름다운 것과 자비로운 것 등 모든 좋은 것이 성령의 능력으로부터 비롯된 하나님의 선물이다. 주님은 자신을 우리에게 모두 주셨고, 이제도 주시고 계심을 기억하면서 "주여 나를 받으소서."라는 기도를 드린다(영신수련 237).

참고 문헌

원 서

- Appleton, George. *The Oxford Book of Prayer*. New York: Oxford University Press, 1987.
- Barclay, William. *Everyday Prayers*. New York: H.J., 1959.
- Barth, Karl. *Prayer*. India: Jitendra T. Desai, 2000.
- Brown, RaymondE. *A Retreat with John the Evangelist : That You May Have Life*. Cincinnati: St. Anthony Messenger Press, 1998.
- Carse, JamesP. *The Silence of God*. New york: Macmillan Publishing Company, 1985.
- Casey, Michael. *Sacred Reading*. Missouri: Liguori, 1996.
- Cooper, David A. *A Heart of Stillness*. Vermont: Skylight Paths Publishing, 1999.
- Duncan, Denis. *The Way of Love*. Philadelphia: The Westminister Press, 1980.
- Endres, John C. and Elizabeth Liebert. *A Retreat with the Psalms : Resources for Personal and Communal Prayer*. New York: Paulist Press, 2001.
- Evagrius Ponticus. *The Praktikos - Chapers on Prayer*. Michigan: Cistercian

Publications, 1981.
- Fritz, Maureena. *The Exodus Experience*. Minnesota: SMP, 1997.
- Green, Thomas H. *When the Well Runs Dry*. Indiana: Ave Maria Press, 1979.
  Darkness in the Marketplace. Indiana: ARP, 1981.
  Opening to God. Indiana: Ave Maria Press, 1977.
- Howard, EvanB. *Praying the Scriptures* : A Field Guide for Your Spiritual Journey. Downers Grove: IVP, 1999.
- Humbert, C. S., Blaylock, B.L., and Frank L Minirth. *One Step at a Time*. Nashville: Thomas Nelson Publishers, 1991.
- Igumen Chariton of Valamo. *The Art of Prayer: An Orthodox Anthology*. Great Britain: Faber and Faber, 1997.
- Jones, Timothy. *The Art of Prayer*. New york: Ballantine Books, 1977.
- Keating, Thomas, and Basil Pennington. Gustave Reininger ed., *The Diversity of Centering Paryer*. New York: Continuum, 1995.
- Keating, Thomas. *Active Meditations for contemplative Prayer*. New York: Continuum, 1977.
- Leshan, Lawrence. *How to Meditate*. Totonto: Banta, Books, 1974.
- Magrassi, Mariano, and Edward Hagman. *Praying The Bible*. Minnesota: The Liturgical Press, 1998.
- Masini, Mario. *Lectio Divina*. New York: Alba House, 1998.
- Merton, Thomas. *Praying The Psalms*. Minnesota: The Liturgical Press, 1960.
  Spiritual Direction & Meditation. Minnesota: The Liturgical Press, 1960.
- Michael, Chester P., and Marie C. Norrisey. *Prayer and Temperament*. Virginia: The Open Door INC., 1984.
- Nemeck, Francis Kelly, and Marie Theresa Coombs. *Contemplation*. Delaware: Michael Glazier, 1982.
- Nouwen, Henri. *Behold The Beauty of The Lord*. Indiana: Ave Maria Press, 1987.
- Pennington, Basil. *Lectio Divina*. New York: Crossroad, 1988.

- Powers, Isaias. *Quiet Places with Jesus*. Mystic: Twenty Third, 1978.
- Rice, Howard L. *A Book of Reformed Prayers*. Westminster: John Knox Press, 1998.
- Rupp, Joyce. *Praying Our Goodbyes*. Indiana: Ave Maria Press, 1988.
- Spencer, William David, and Aida Besancon Spencer. *The prayer Life of Jesus*. Louisville: University Press America, 1990.
- Ulanov, Ann and Barry Ulanov. *Primary Speech*. Atlanta: John Knox Press, 1971.
- Wickham, John. *The Real Presence of The Future Kingdom*. Montreal: Ignatian Centre Publications, 1990.
- Wright, John H. *A Theology of Christian Prayer*. New York: Pueblo Publishing Company, 1946.

저 서
- 김보록. 「기도하는 삶」. 서울: 생활성서사, 1988.
- 김영기. 「깊은 기도」. 서울: IVP, 1994.
- 김영봉. 「사귐의 기도」. 서울: IVP, 2002.
- 서인석. 「말씀으로 기도하기」. 서울: 성서와 함께, 2000.
- 송인설. 「영성의 길 기도의 길」. 서울: 겨자씨, 2003.
- 유해룡. 「하나님 체험과 영성수련」. 서울: 장로회신학대학교출판부, 2007.

역 서
- 돈 E. 샐리어스. 「영혼의 순례: 마음과 기도, 그리고 영성」. 이필은 옮김. 서울: 은성, 1998.
- 떼제 공동체. 「함께 기도할 때」. 서울: 분도출판사, 1984.
- 리차드 포스터. 「기도」. 송준인 역. 서울: 두란노, 1995.
- 리차드 포스터. 「명상 기도 : 소책자 시리즈 33」. 서울: IVP, 1987.
- 린 페인. 「듣는 기도」. 김경옥 역. 서울: 죠이선교회, 2000.
- 마가렛 막달렌. 「예수의 기도」. 이석철 역. 서울: 요단 출판사, 1990.
- 마더 테레사. 「모든 것은 기도에서 시작됩니다」. 이해인 역. 서울: 황금가지,

1998.
- 발 쇼크. 「기도와 인격 성숙」. 김미경 역. 서울: 성바오로, 1999.
- 발라모의 카리톤. 「기도의 기술」. 엄성옥 역. 서울: 은성출판사, 2000.
- 성 테레사. 「기도의 삶」. 이상원 역. 서울: 크리스챤 다이제스트, 1985.
- 세바스티안 부로크. 「시리아 교부들의 기도와 영성」. 이형호 역. 서울: 은성출판사, 1993.
- 안드레아 가스파리노. 「주님 저희에게 기도를 가르쳐 주십시오」. 작은 자매 전교회 역. 서울: 성바오로, 1997.
- 엄성옥 편역. 「기도의 모범」. 서울: 은성, 1994.
- 엔조 비앙키. 「말씀에서 샘솟는 기도」. 이연학 역. 서울: 분도출판사, 2001.
- 윌리엄 A. 베리, 윌리엄 J. 코놀리. 「영적 지도의 실제」. 김창재 · 김선숙 역. 경북 왜관: 분도출판사, 1995.
- 이디스 쉐퍼. 「살아 있는 기도 생활」. 강명식 역. 서울: 예영커뮤니케이션, 1997.
- 존 달림플. 「단순한 기도」. 엄성옥 역. 서울: 은성, 1999.
- 찰스 스탠리. 「하나님의 음성을 듣는 법」. 이미정 역. 서울: 두란노, 1987.
- 토머스 키팅. 「센터링 침묵 기도: 누구라도 할 수 있는 관상 기도 입문서」. 권희순 역. 서울: 가톨릭출판사, 1997.
- 프랑소아 페넬론. 「깊은 기도 생활을 위한 편지」. 엄성옥 역. 서울: 은성, 2001.
- 피터 테일러 포사이스. 「바른 기도와 그 열매」. 고만송 역. 서울: 대한기독교서회, 1999
- 하버트 알폰소. 「영성 수련을 통한 내면의 변화-개인 성소」. 김도미니까 역. 왜관: 분도출판사, 1995
- R. C. 반디. 「사랑과 기도」. 이후정 역. 서울: 컨콜디아사, 1994